U0115524

日本九州大學中國文學會主編

《文心雕龍》國際學術研討會論文集

文史哲出版社印行

國立中央圖書館出版品預行編目資料

《文心雕龍》國際學術研討會論文集／日本九州大學中國文學會主編.--初版.--臺北市:文史哲，民 81
面;　　公分,
ISBN 957-547-130-x(平裝)

1.文心雕龍-批評,解釋等-論文,講詞等

820.7　　81002538

《文心雕龍》國際學術研討會論文集

主編者：日本九州大學中國文學會
出版者：文史哲出版社
登記證字號：行政院新聞局局版臺業字五三三七號
發行人：彭正雄
發行所：文史哲出版社
台北市羅斯福路一段七十二巷四號
郵撥〇五一二八八一二彭正雄帳戶
電話：三五一一〇二八
印刷者：文史哲出版社

定價新台幣三五〇元

中華民國八十一年六月初版

ISBN 957-547-130-x

序

一九九一年五月，「九州中國學會」在九州大學國際會議廳舉行。始料未及地中國、臺灣、韓國著名的《文心雕龍》學者也參加了此次的會議。由於機會難得，九州大學「中國文學會」在學會結束後，於同一場所召開「國際文心雕龍研討會」。研討會按左記的方式進行。

特別講演

一、《龍學》研究在臺灣　王更生教授（臺灣師範大學）

二、近年來中國大陸《文心雕龍》研究現況及趨勢　馬白教授（中國汕頭大學）

主席　岡村繁教授（久留米大學）

張少康教授（北京大學）

與會者　約五十名

王、馬兩教授各作二十分鐘的特別講演。講演後，以臺灣師範大學黃錦鋐教授與韓國漢城大學李炳漢教授爲中心，各提出問題質詢，再由王、馬兩教授回答。其後，與會者亦有提問者，而擔任主席的岡村、張教授亦加入討論。一時會場展開熱烈的研討。預定時間瞬息而過，研討會圓滿結束。下午六時左右，逕於九州大學附近的餐廳會餐，舉杯交觥，把酒言歡，酒過數巡，幽情暢敍無盡。

事後，黃錦鋐、王更生兩教授以爲，「九大中國文學會」竭盡心力，邀中、臺、日、韓的《文心雕龍》專家共聚一堂，研討世界最早且體系極其嚴密之文學理論諸問題，若能將與會學者的論文及研討議論蒐輯成書，就更有意義了。東方各國的學者，透過《文心雕龍》而能有橫貫的連結會通，的確有非凡的價值。竊謂如果再邀請未克與會的學者也能共同執筆，那就更爲圓滿了。

六月間，王更生教授來函所述，論集出版計畫正與本人所想者不謀而合。預定出版的論述有中國七篇，臺灣五篇、日本兩篇、香港一篇。題目有研究狀況的報告、修辭論、批評論、《文心雕龍》與《淮南子》、《文心雕龍》與建安七子、《文心雕龍》與《詩品》的比較考察等琳琅滿目。則具有多面性的綜合研究論集之完成是可以預期的。此論集所收載的論文，雖未必能將有關《文心雕龍》的諸問題全部解決；但是確實能充分且清晰地指出問題的所在。僅此一點，本論集就極有意義了。

透過這次的「國際文心雕龍研討會」，本人深切地體認到，在文科的學術領域中，已然沒有國界的分際了。就中國學的研究而言，雖然各國的學者都有其獨特的方法以進行研究；但是，在今日，各國的專家學者薈集一堂，卽使有立場與方法的不同而能夠共同議論研討，就更顯得重要了。因爲透過思想的交流，研究方法的切磋，學問的更新開展，終究有實現的可能。在這個意義上，就要對與「九大中國文學會」共盡心力，並積極促成本論集出版的黃錦鋐、王更生兩位教授，謹致崇高的敬意。

「九州中國學會」附帶舉行的「國際文心雕龍研討會」，出人意表地有如此輝煌的成果，誠令人欣喜。因此，基於各種因緣而出刊的本論集，也希望能超越國界，爲廣泛的研究者所接受。則薪盡火傳，亦爲中國學研究的盛事。

九州大學文學部教授　**町田三郎**

一九九一年九月

《文心雕龍》國際學術研討會論文集 目次

《文心雕龍研究》序

楊明照

志惟深遠沿波討源事必勝任
才實鴻懿敍理成論文果載心

戶田浩曉教授大著《文心雕龍研究》漢譯本由上海古籍出版社出版，爰集《文心》句成聯以冠序端，聊寄敬佩之情云爾。

《文心雕龍》問世一千四百多年了。內容之豐富，體系之完整，眞知灼見也往往間出，在歷代「詩文評」論著中，是寡二少雙的。它的崇高地位，不只是我國的珍貴遺產，同時也是人類共有的精神財富。近些年來，由於海內外學者的各奏所能，多方研討，取得了一個又一個的輝煌成就，而被譽爲崛起於當代的顯學。

中日兩國僅一衣帶水之隔，在文化交流上，源遠流長。卽以《文心雕龍》而論，從遍照金剛、藤原佐世到今天的戶田浩曉教授，已千有餘歲；由徵引辭句、著錄書名而譯注全書和探討專題，範圍擴大，鑽研深入，後來居上，乃歷史發展的必然。

戶田浩曉教授友邦耆宿，學林宗師，研治《文心雕龍》有年，於舍人書愛之篤，習之久，知之審，了然於心，自能融會貫通，無入而不自得。先後發表的論著，除譯注《文心雕龍》上下兩巨册外，另有原各自單行的專題論文若干篇。今彙爲一書，共四編十四章，署曰《文心雕龍研究》，可以說是集多年力作之大成。

《文心雕龍研究》（後省稱《研究》）尚未出書，有幸得先覩其譯稿，雖因事未能反覆拜讀，但腦海裏卻留下了深刻的印象。現概述如左：

一、資料豐富　《研究》全書中使用的資料非常豐富，確屬難能可貴。姑以第一編第二章的「《文心雕龍》研究史」爲例：古往今來有關《文心雕龍》和劉勰的文獻，是相當繁多的。作者「據事類義，援古證今」，取精用弘，如數家珍。這正是「學堅才飽」的具體體現，也是長期「任力耕耨，縱意漁獵」的必然結果。故實也好，版本也好，中國的，日本的，無不得心應手，隨其驅遣。特別是涉及日本方面的那部分，對我國的研究者和讀者來說，更是値得珍視。再以版本爲例：第四編第二章的「《文心雕龍》校本的寫作」，列舉所用的版本凡二十一種，裏面就有十四種爲其自藏。海外的研究學者，所見所藏不同的版本竟如此之多，比其前輩鈴木虎雄、斯波六郎、吉川幸次郎諸先生，實有過之而無不及。稱之爲「良書盈篋」，恐怕也合適吧。

二、持論允當　《文心雕龍》成書的年代，自《隋書．經籍志》題爲「梁兼東宮通事舍人劉勰撰」後，都相承其說，信以爲然。而於〈時序篇〉末段劉勰本人的論述，則習而不察，等閒視之。到了淸代，才先後爲紀昀①、郝懿行②、顧廣圻③、劉毓崧④四家所重視，並據以推定舍人書實成於齊世。其中，尤以劉毓崧的考訂最爲翔實，不愧後出轉精。他們的論斷，總的來看，原是無可置疑的。但有的專著和論文，仍然相信《隋志》的題署，認爲《文心雕龍》不可能「成書於齊代」，有的則籠統地說是「寫於齊、梁時期」。其目的也許是爲了便於闡發各自先入爲主的論點的緣故。《研究》第一編第一章「《文心雕龍》序說」中引證《時序篇》「今聖歷方興，文思光被」兩句時說：「其中的『今』字，根據文章的前後措辭考慮，應指齊東昏侯（公元四九八——五〇一在位），或和帝（公元五〇一——五〇二在位）之時。《文心雕龍》之撰成，應在齊王朝的末期，卽五世紀末，六世紀初這段時間裏。」考東昏侯永泰元年七月卽位，和帝中興二年三月遜位於梁，其間雖有五個年頭，但以月分計，實際還不足四年。可見戶田浩曉教授的說法，是允當的，合乎情理的。

三、考證縝密 《文心雕龍》之稱有宋本，是明季錢允治首先提出的⑤。可是，他自詡從阮華山得宋本《文心雕龍》鈔補《隱秀篇》缺文後，既未臨校其它四十九篇，下落亦無片言道及，這本身就已可疑；而朱謀㙔⑥、徐𤊹⑦、馮舒⑧、何焯⑨四家所據者，也只是照錢本鈔補的《隱秀篇》缺文迻錄，並未見到所謝的阮華山宋本。他們各自的跋文說得非常淸楚，既是大可覆案的第一手資料；紀昀前後四次下的論斷⑩，又是評論者有的放矢地揭發其覆，爲最有說服力的旁證。這就不難看出，《皕宋樓藏書志》題署的「何義門校宋本」，是蓄意巧立名目，虛張聲勢，以湊「皕宋」之數，豈能貿然信以爲眞！《研究》第三編第二章的「《文心雕龍》何義門校宋本考」，旁搜遠紹，解釋結滯，或列表，或比對，夾敍夾議，有理有據，判定皕宋樓主人命名之不當，昭然若揭。全章不是簡單、抽象地予以否定，而是通過具體的事例來證實。其考證之縝密，卽此可見一斑。

四、見解新穎　全書中的卓越見解，不一而足。第二編第五章暢談「從『神思』到『沈思』——《文心雕龍》與《文選》的關係」，卽其突出的一例。記得拙撰《梁書劉勰傳箋注》裏曾指出：「昭明太子生於齊中興元年（公元五〇一）九月，時《文心》書且垂成，而後來選樓所選者，往往與《文心》之『選文定篇』合；是《文選》一書，或亦受有舍人之影響也」。但具體的影響，當時尚未進一步探索。近年海內外已有論著專門辨析《文心》與《文選》之關係，然多囿於「選文定篇」的具體援證，缺少文論思想上的影響研討。《研究》第二編第五章則著重闡述了《文心》「神思」與《文選》「沈思」的理論內涵及其影響關係，認爲「在《文選》編纂受《文心雕龍》重要影響這一問題上，增加了一個新證據。」然而，「神思」與「沈思」不僅用詞不同，其理論內涵也不盡相同，它們又是如何演變的呢？作者多方考索，論證了《文心》、《文選》與《南齊書》編纂的順序，辨析了《文選序》「沈思」語義和《南齊書·文學傳論》「神思」語義，清理了劉勰與蕭子顯的關係，從而提出：「《文選序》中『事出於沈思，義歸乎翰藻』一語，應是從《南齊書·文學傳論》『屬文之道，事出神思』一句觸發思路的。」而《南齊書·文學傳論》的「神思」，則又是受《文心》「神思」的影響。於是簡化爲：

《文心雕龍·神思篇》（神思）——→《南齊書·文學傳論》（神思）——→《文選序》（沈思）

以表明「三者的編纂順序和用語上的影響關係。」同時還斷定：〈文選序〉中的「沈思」，可以說是綰結在《文心雕龍·神思篇》和《南齊書·文學傳論》同一條延長線上的。」像這樣「沿波討源」，「敍理成論」，確是獨特而新穎的見解。

五、讎校周詳　《文心雕龍》流傳的時間久，在展轉鈔刻的過程中，滋生了各式各樣的繆誤：或脫簡，或漏字，或以音訛，或以文變，不勝枚舉。前人和時賢在這方面做了大量的工作，對我們今天的研究有極大幫助，這是應該充分肯定的。但落葉尙未掃淨，還須再事點勘。因爲一字一句的差錯，並非無關宏旨。《研究》第三編「《文心雕龍》諸本」中的一、三、四章，就是從事讎校較爲周詳的具體範例。敦煌唐寫本、明梅慶生音註本和日本岡白駒校正本，是作者考索的主要對象：其第一章對唐寫本「在校正《文心雕龍》原文方面所具有的資料價值」，分爲糾正形似之訛、糾正音近之誤、糾正語序的錯倒、補脫文、刪衍文和訂正記事內容六個節目論述，並一一舉例證實其勝義所在。其第三章對梅本的五種版本的概要、文字比較和校刻先後，分別三節論述，並列有比較表，使不同五種版本的字句異同，瞭如指掌。其第四章對岡白駒本的刊刻始末和意圖、初刻本的改訂和岡本價值，作爲四節分述，當中還列有岡本刊刻的申請書和岡氏的著作年譜。就我國讀者來說，這一章的參考價值，顯得更爲重要，因爲文中引用的資料，在國內是不易物色到的。

通過以上五個方面的簡介，《研究》確是一本有質量的優秀專著。不僅中日兩國讀者將大受其益，《文心雕龍》本身（如錯訛衍脫之類）也是受了益的。不過，由於探討的問題多，涉及的範圍廣，書中偶因疏忽致誤，是勢所難免的。這裏無妨列舉兩例，並各附管見於後：

㈠第三編第一章第一節㈠「雖欲訾聖不可得也」（〈徵聖〉第二）條　「敦煌本此句如右，而汪一元校本，張之象本……張松孫本中，『訾』字均作『此言』二字。黃叔琳『訾』作一字，校曰：『「訾」字一作「此言」二字誤。』黃氏斷案不會別有版本可據，而是從文理上推定的，他看破了明代許多校訂者都未能看出的誤字，可謂別具慧眼。如今敦煌本的出現，可證黃氏校語之確。」

今按：明季謝恆鈔本《文心雕龍》亦作「此言」二字。馮舒硃筆校云：「『此言』當作『訾』。」謝鈔馮校本⑪，黃氏曾見之⑫。傳錄何焯、沈巖校本⑬，底本爲梅慶生第六次校定本，「此言」二字硃筆點其中心後，旁校一「訾」字；上闌引何（焯）云：「『此言』乃『訾』之譌。」何焯校本，黃氏亦見之⑭。是疑「此言」爲「訾」之誤者，馮舒、何焯已先言之矣。黃叔琳乃貪人之功以爲己力⑮，並非從文理上推知也。

㈡同上第六節「〈招魂〉、〈大招〉耀豔而采華」（《辨騷》第五）條　敦煌本此句如右。《訓故》本作『《招魂》、〈大招〉耀豔而深華』。其它諸本並作『〈招魂〉、〈招隱〉耀豔而深華。鈴木博士《校勘記》曰：『案：洪本亦作〈大招〉，是也。』據鈴木博士的《黃叔琳本〈文心雕龍〉校勘記》可知：所謂洪本，卽指楊升庵先生批點《文心雕龍》（明張墉、洪吉臣參注，康熙三十四年重鐫，武林抱靑閣刊），筆者未見。又，黃叔琳本校語云：『馮云：「《招隱》，《楚辭》本作〈大招〉。下云：屈、宋莫追，疑〈大招〉爲是。」』按：黃校中所云馮氏，當指馮允中。馮允中在明弘治甲子（十七年，一五四〇）於吳中刊刻《文心雕龍》。」

今按：鈴木博士所稱之洪本，乃指宋洪興祖《楚辭補注》本。其卷一於〈離騷〉後附有劉勰的〈辨騷篇〉全文，故云然。非謂清抱青閣梓行之明張墉、洪吉臣參注本也⑰。又按：黃叔琳校語所稱之馮爲馮舒，其校本具在，可覆按⑱。馮允中刻於吳門者，今尚有傳本。全書正文既無夾注，上闌亦無眉批，且未聞其曾撰校勘記，何從而有校語？

「奇文共欣賞，疑義相與析。」欣賞《研究》之餘，聊陳管見如上，無非相與析疑義罷了。中日兩國邦交正常化以來，兩國的睦鄰友好關係不斷向各個領域發展。《文心雕龍研究》漢譯本的出版，是值得慶幸之事。它必將在中日兩國人民的友好關係和兩國文化交流方面，起到良好的作用。操觚至此，能不欣然！

一九九一年四月戣翁撰於四川大學禹樓學不已齋時年八十有二。

附　註

① 紀昀說：㈠「據《時序篇》，此書實成於齊代。」（見芸香堂本《文心雕龍》卷一「梁劉勰撰」眉批）㈡「又據《時序篇》中所言，此書實成於齊代。」（見《四庫全書總目提要》卷一九五《文心雕龍》提要）

② 郝懿行說：㈠「按：劉氏此書，蓋撰於蕭齊之世，觀《時序篇》可見。」（見傳錄郝氏批校本《文心雕龍》

卷首「《南史》本傳」眉批）(二)「劉氏此書，蓋成於蕭齊之季，東昏之年。」（見《時序篇》「曁皇齊馭寶」等句眉批）

③ 顧廣圻說：「按：此所題非也。《時序篇》有『曁皇齊馭寶，運集休明。』是彥和此書作於齊世。」（見傳錄顧、黃合校本《文心雕龍》卷一「梁劉勰撰」眉批）

④ 劉毓崧說：「《文心雕龍》一書，自來皆題梁劉勰著，……而此書之成，則不在梁時，而在南齊之末也。……所謂『今聖歷方興』者，雖未嘗明有所指，然以史傳核之，當是指和帝而非指東昏也。」（見《通義堂文集》卷十四《書文心雕龍後》）

⑤ 錢允治跋：「按：此書……至〈隱秀〉一篇，均之缺如也。余從阮華山得宋本鈔補，始爲完書。」（據謝恒鈔馮舒校本《文心雕龍》卷末附頁迻錄）

⑥ 朱謀㙔跋：「〈隱秀〉中脫數百字，旁求不得。……萬歷乙卯（一六一五）夏，海虞許子洽於錢功甫（允治字）萬卷樓檢得宋刻，適存此篇，喜而錄之。來過南州，出以示余，遂成完璧。」（據梅慶生天啓二年重修本《文心雕龍》卷末迻錄）

⑦ 徐𤊹跋：「第四十〈隱秀〉一篇，客游南昌，王孫孝穆（朱謀㙔字）云：『曾見宋本，業已鈔補。』予亟從孝穆錄之。」（據徐𤊹校本《文心雕龍》（今藏北京大學圖書館）卷末附頁迻錄）

⑧ 馮舒跋：「歲丁卯（卽天啓七年，一六二七），予從牧齋（錢謙益字）借得此本（錢允治鈔補本），……其〈隱秀〉一篇，恐遂多傳於世，聊自錄之。」（據謝鈔馮校本附頁迻錄）

⑨ 何焯跋：(一)〈隱秀篇〉……錢功甫得阮華山宋槧本鈔補，後歸虞山（卽錢謙益），而傳錄於外甚少。康熙庚

辰（一七〇〇），心友（名煌）弟從吳興賈人得一舊本，適有鈔補〈隱秀篇〉全文。……走筆錄之。」（據《義門先生集》卷九迻錄）㈡辛巳（一七〇一）正月，過隱湖訪毛先生斧季（名扆），從汲古閣架上見馮己蒼（舒字）先生所傳功甫本（卽錢允治所鈔補者），記其闕字以歸。」（同上）

⑩ 紀昀說：㈠「此篇（〈隱秀篇〉）出於僞託，義門（卽何焯）爲阮華山所欺耳。」（見芸香堂本《文心雕龍》卷首黃叔琳「例言」第三條眉批）㈡「此一頁詞殊不類，究屬可疑。……似乎明人僞託，不如從元本缺之。」（同上〈隱秀篇〉篇末眉批）㈢癸巳（一七七三）三月，以《永樂大典》所收舊本校勘，凡阮本所補悉無之，然後知其眞出僞撰。」（同上〈隱秀篇〉篇末黃叔琳識語後批）㈣明末常熟錢允治稱得阮華山宋槧本，……然其書晚出，別無顯證，其詞亦不類。……又考《永樂大典》所載舊本，缺文亦同。其時宋本如林，不應內府所藏，無一完刻。阮氏所稱，殆亦影撰。何焯等誤信之也。」（見《四庫全書總目提要・文心雕龍》提要）

⑪ 謝恒鈔馮舒校本，今藏北京圖書館。

⑫ 養素堂本〈原道篇〉「則煥乎始盛」句黃叔琳校云：「（『始』）馮本作『爲』。」馮本，卽馮舒校本。（它篇引馮舒校語，則稱馮云。）

⑬ 馬曰璐傳錄何焯、沈巖校本，今藏南京圖書館。

⑭ 見養素堂本卷首「例言」第三條。（何焯曾多次批校《文心》，底本亦不止一種（其弟子沈巖、蔣杲、張位等傳錄者不盡相同）。黃叔琳所據之本，已無法指實。）

⑮ 黃氏校語因襲前人說者，它篇尙多有之。

⑯ 朱謀㙔〈辨騷篇〉所稱「宋本《楚辭》，馮舒校語所稱「《楚辭》本」，皆指洪興祖《楚辭補注》本。

⑰ 抱青閣刊本，杭州大學圖書館藏有一部（原爲葉德輝藏），〈招隱〉並不作〈大招〉。

⑱ 黃氏所引馮說，與馮舒校本校語全同。

《文心雕龍》中的五經和文章美

〔日〕岡村繁著
竹村則行 周龍梅 合譯

一

衆所周知，劉勰將〈原道〉、〈徵聖〉、〈宗經〉、及〈正緯〉、〈辨騷〉這五篇列置於《文心雕龍》五十篇之首，並在〈序志〉篇中指出：

> 蓋《文心》之作也，本乎道，師乎聖，體乎經，酌乎緯，變乎騷。文之樞紐，亦云極矣。

對於這一「文之樞紐」的解釋，在中國，自始至終展開著熱烈的討論，直到最近才終於看出大致的結論。據此結論，「文之樞紐」是使詩文成爲眞正詩文的關鍵。既然如此，不言而喩，本書開頭的五篇「文之樞紐」則是闡述劉勰文學思想核心的最重要部分，是表明他貫穿整箇《文心雕龍》創作思想的基本態度的部分。

而在這「文之樞紐」五篇中，尤其揭示了劉勰文學基本思想的壓卷部分、當爲本書開卷的第一篇〈原道〉。開頭，劉勰首先對文章的本源作了如下論述：

文之爲德也大矣。與天地並生者何哉。夫玄黃色雜，方圓體分，日月疊璧，以垂麗天之象；山川煥綺，以鋪理地之形。此蓋道之文也。仰觀吐曜，俯察含章，高卑定位，故兩儀旣生矣。惟人參之，性靈所鍾，是謂三才。爲五行之秀，實天地之心。心生而言立，言立而文明，自然之道也。傍及萬品，動植皆文：龍鳳以藻繪呈瑞，虎豹以炳蔚凝姿；雲霞雕色，有踰畫工之妙；草木賁華，無待錦匠之奇；夫豈外飾，蓋自然耳。至於林籟結響，調如竽瑟；泉石激韻，和若球鍠；故形立則章成矣，聲發則文生矣。夫以無識之物，鬱然有彩，有心之器，其無文歟。

根據這一大段文字的論述，劉勰認爲：以輝映天空之「日月」，生彩大地之「山川」爲首，「龍鳳」「虎豹」「雲霞」「草木」「林籟」「泉石」等，世上森羅萬象中，蘊含著所有絢麗的文采。這些文采，均爲「自然之道」的顯現。而凝集天地靈氣之「人」所創作的詩文，亦同樣，本來卽爲「自然之道」的生成物，故愈加具有絢麗的文采。如此，將詩文以文采作爲本質講解的〈原道〉篇第一大段論旨，與本書卷尾〈序志〉篇中「古來文章，以雕縟成體」的文學思想恰相呼應。

我們在劉勰以前的典籍中，何曾接觸過如此格調高昂，宏偉壯觀，且充滿浪漫色彩的有關文學本源的思想？劉勰的這種新穎的文學思想，與我們從當時他最賞識的兩漢、建安、太康、永明各代傑出的詩文中感受的麗雅意象，幾乎是完全吻合的。可以想像，劉勰一邊在腦海裏回味著這些歷代久經雕琢的名著，一邊以他那激昂的抱負和華麗的駢文，揮寫下撰述《文心雕龍》的第一筆。

然而，這〈原道〉篇第一大段，特別是占了很大篇幅的天地萬物產生發展思想，決非皆爲劉勰一箇人的創見。如〈原道〉篇中「仰觀吐曜，俯察含章，高卑定位，故兩儀生矣。惟人參之，性靈所鍾，是謂三才」這一連串文字，幾乎每一句都是依據〈繫辭傳〉的詞句而作的。這一現象，一針見血地表明劉勰是如何重視周易的！又如，〈原道〉篇中「日月疊璧，以垂麗天之象，山川煥綺，以鋪理地之形」這四句對偶，是在引用周易離卦彖辭・繫辭傳詞句的同時，還依據後漢王充《論衡》中「天有日月星辰，謂之文。地有山川陵谷，謂之理」（《意林》卷三引）①，及馬融的「日月如疊璧，五星如連珠」（《尚書》顧命「重光」釋文引）而作。這一現象，是劉勰還采納了不少漢儒學說的一箇證據。進之，作爲第一大段著眼點的「自然之道」這一天地萬物之本源概念，雖在本書中，確與周易的「太極」一詞同義使用，但其用語本身卻淵源於《老子》、《莊子》，乃屬道家宇宙萬物本源思想範疇。②

但正如〈原道〉篇第一大段中所見，以《周易》的儒敎宇宙起源思想爲中樞，融合吸收「自然之道」這一道家宇宙本源概念及漢儒學說等，最早將此應用於確立自然美與藝術美之關係的，不是別人，正是劉勰。劉勰首先將宇宙萬物之美的根源確認爲「自然之道」，並把由此產生的自然美和藝術美予以同等位。③因此與其說天地萬物之起源，不如說，當劉勰將其美的起源確認爲「自然之道」時，他所謂的「自然之道」，儘管在觀念上將此與《周易》的「太極」作爲同義概念使用，但實際上這既非漢儒學所說的「元氣」「北辰」，亦非玄學之徒所云之「無」了。更確切地說，他也許是將佛教中理想世界卽萬花盛開，百鳥爭鳴的極樂淨土作爲「自然之道」的具體形象在腦海裏描繪的吧！

此且不論，無論是天地萬物的自然美，還是詩文的藝術美，均爲美之根源「自然之道」的自然顯現和自然流露。那麽，若按劉勰此論，「性靈所鍾」之「人」，比「無識」的禽獸草木更易發揚美，且必然精采動人。何況，只要人間充滿對森羅萬象中自然美共鳴的美之憧憬，其詩文則同山川草木一樣，不需任何媒介，便可煥發出文采豐富的完美藝術。

然而，緊接上文的〈原道〉第二大段及第三大段，劉勰並沒有按照我們以常規所設想的那樣，通過直接的因果關係來聯繫「自然之道」與純粹的詩文藝術美，而進行進一步論述，卻把看上去與藝術美相當疏遠的「聖人」「經典」搬出加以顯揚。

爰自風姓，曁於孔子，玄聖創典，素王述訓，莫不原道心以敷章，研神理而設敎。取象乎河洛，問數乎蓍龜，觀天文以極變，察人文以成化。然後能經緯區宇，彌綸彝憲，發揮事業，彪炳辭義。故知道沿聖以垂文，聖因文而明道，旁通而無滯，日用而不匱。《易》曰：鼓天下之動者，存乎辭。辭之所以能鼓天下者，乃道之文也。

這一論調與上述第一大般的旨趣截然相異，半道德、半文學，評價模棱兩可。還有，《周易》中所見的「辭」原指卦爻辭，而劉勰卻硬將它轉用爲文辭之意，論述頗顯牽強附會。但是，按劉勰的這一見解，唯有「聖人」才是領會「自然之道」的先覺者，唯有「經典」才是顯現「自然之道」的規範文采。

這樣，劉勰在〈原道〉篇後的〈徵聖〉和〈宗經〉兩篇中，將「聖人」和「經典」介入于「自然之道」與詩文藝術美之間，指出只有「聖人」著述編纂的「經典」才是詩文創作的最佳楷模。他說：

> 至於根柢盤固，枝葉峻茂，辭約而旨豐，事近而喻遠。是以往者雖舊，而餘味日新，後進追取而非晚，前修久用而未先。可謂「太山徧雨，河潤千里」者也。〈宗經〉

而劉勰進一步推行這一儒學文學思想，最終達到提倡極其牽強附會的文體起源論的地步。如下：

> 故論說辭序，則《易》統其首；詔策章奏，則《書》發其源；賦頌謌讚，則《詩》立其本；銘誄箴祝，則《禮》總其端；紀傳盟檄，則《春秋》為根。〈同上〉

這一文體起源論，雖不久就被北齊顏之推的《顏氏家訓·文章篇》所繼承④，但如從文學史的客觀角度來考察，很明顯這是由劉勰儒教文學思想而產生的操之過急，是由他的唯心主義文學史思想而產生的邏輯飛躍和邏輯破綻。那麼，劉勰究竟是出於何種意圖，來構成這一牽強附會的儒家文學理論的呢？

二

在此，為引申我以下的論述和結論，有必要略述一下漢魏六朝時代的各種詩文文體的生成情況。漢魏六朝時代，有識階層之間流行的各種詩文文體，依我所見，似乎大多是在與儒學《五經》無緣的創作環境中產生成長起來的。下面，為便於論述，從這些文體中，特取當時文壇上有代表性的辭賦和五言詩爲例，概述一下我關於二者產生原由的己見。

首先論述辭賦。歷來認爲以〈離騷〉爲首的《楚辭》作品，是由楚國悲劇愛國詩人屈原所創。主張這一屈原創始論的鼻祖，衆所周知，正是前漢司馬遷的《史記·屈原傳》。但是《史記·屈原傳》的大部分，並非特別依據當時珍貴的屈原傳記資料，而只不過是轉用了我們常見的《周易》、《史記·楚世家》、〈漁夫〉、〈懷沙〉而已。剩餘的一小部分，也多半可能是從與司馬遷同時代的淮南王劉安所撰〈離騷傳〉中借用來的。因此，青木正兒對屈原傳之編述，提出過以下尖銳的推論：

在整篇傳中，關於時代背景，關於〈離騷〉篇的評論，及對懷王昏庸的指責，費辭甚多，而屈原本身的事迹，敍之甚少，故顯得朦朧。由此可見，在漢代，屈原的事迹，似已不甚可知。《史記》的編者，殆出於對其同情，故作傳記時，儘量努力使之顯出光輝。⑤

這一推論，頗富啓示，突出了問題的核心。由此可見，屈原傳原本卽便是一韻味無窮的故事，但未必成爲一篇可以全面信賴的事迹記錄。

於是，我試圖從被推定爲相對較早期所作的楚辭作品中，選取以屈原爲主人公的三部曲〈離騷〉〈九章〉、〈九辯〉，就這三部作品共同使用的類似句，來觀察其相互關係，以探索這些《楚辭》作品的創作過程。我之所以運用這一研究方法，是由於我認爲：這三部作品中，使用類似句特別多。可以肯定，此爲其表達上的一大顯著特色。另外，與其從作品的內容角度，不如從表達形式方面來考察，更可以客觀地、確切地洞察全局。

第一，從〈離騷〉與〈九章〉各篇之間（除以四言歌謠形式而作的〈橘頌〉外），可查找出，有如下類似句授受關係的，共計二十八例。

指九天以為正兮〈離騷〉——指蒼天以為正〈惜誦〉

芳與澤其雜糅兮〈離騷〉——芳與澤其雜糅兮〈思美人〉、〈惜往日〉

寧溘死以流亡兮《離騷》——寧溘死而流亡兮〈惜往日〉——寧逝死而流亡兮〈悲回風〉

現暫且不論〈離騷〉與〈九章〉各篇間的具體先後關係。《楚辭》這一朗讀形式的作品，如此頻繁地採用明瞭的模仿表達，顯然是有意識的手法。可以說這是爲了謀求非眼觀，而用耳聞的朗讀文學演出效果。〈九章〉各篇分別與〈離騷〉共含的類似句數，如以其出現頻率爲序，可以得出以下結果：

哀郢	懷沙	涉江	抽思		惜往日	惜誦	悲回風	思美人
			本文·少歌	倡·亂				
0	1	2	2	1	4	5	5	8

據此句數表，從大致的傾向看，與〈離騷〉在類似句方面關係密切的，有〈惜誦〉、〈思美人〉、〈惜往日〉、〈悲回風〉這些不具備〈亂〉的作品。相反，含有亂的四篇〈涉江〉、〈哀

郢〉、〈抽思〉、〈懷沙〉，相對來講，與〈離騷〉的授受關係淡薄。不僅如此，甚至〈哀郢〉中連一句與《離騷》有關聯的詩句也沒有。

第二，讓我們把視線移到宋玉的作品〈九辯〉上來吧。分析這部作品與〈離騷〉、〈九章〉各篇間被確認的類似句授受關係，可得出以下句數結果：

離騷	哀郢	悲回風	惜誦	思美人	涉江	抽思	懷沙	惜往日
15	13	3	2	2	1	0	0	0

根據此表可以看出，如上所述，〈離騷〉和〈哀郢〉兩篇，雖然類似句上的相互關係全然被否認，但卻又奇特地與〈九辯〉有著明顯的、密切的授受關係。而〈悲回風〉以下諸篇與〈九辯〉之間的相互關係卻淡薄得微不足道，甚至完全沒有。

那麼，圍繞著〈離騷〉、〈哀郢〉這兩篇之間出現的奇特的類似句現象，究竟是由於怎樣的必然性產生的呢？說明這一問題時，比較研究長短不一的五篇〈離騷〉、〈哀郢〉、〈涉江〉、〈抽思〉、〈懷沙〉中所含〈亂〉的詩歌形式，是最爲有效的辦法。在這五篇中，唯有〈離騷〉、〈哀郢〉兩篇的〈亂〉辭儘不過數句，故押韻也是以簡單的一韻呵成。而且，每句結構也是採用對表現正文無關緊要的朗誦形式。與此相反，〈涉江〉、〈抽思〉、〈懷沙〉三篇的〈亂〉辭，不僅句數分別長篇化爲十二句、二十句、二十句，另外押韵也三番五次地變換，以求音調的變化，而且採用了與正文朗讀形式截然不同的四言歌謠形式。從這些亂辭表現形式的不同來推斷，顯然可見，〈離騷〉、〈哀郢〉兩篇是遠比〈涉江〉、〈抽思〉、〈懷沙〉三篇更早時期的作品。

而早期作品的〈離騷〉和〈哀郢〉兩篇，如前從類似句授受關係上考察所表明，在類似句方面，爲相互毫無關係的作品。〈離騷〉這一虛構的長篇作品和〈哀郢〉這一非虛構的短篇作品，也許分別是由寫作風格和構思均異的不同作者，二者相互雖無直接影響，但幾乎是在同一時期發表的最早的傑作。另外還可以肯定，宋玉的〈九辯〉重視《楚辭》這最早的兩大傑作，並企圖將其最大限度地運用於創作之中。

另一方面，與〈離騷〉有較密切類似句授受關係的〈惜誦〉、〈思美人〉、〈惜往日〉、〈悲回風〉及宋玉的〈九辯〉這五篇，與上述〈離騷〉、〈哀郢〉等五篇，在創作手法上有很多不同之處。因爲〈惜誦〉等四篇與〈九辯〉篇尾均不含有〈亂〉辭，另外，押韵方法也錯綜複雜，甚至連篇名的命名方法也完全不同。尤其是押韵法，〈涉江〉等三篇的正文和〈離騷〉的正文相同，始終嚴格採用四句二韵的押韵法。而這〈惜誦〉等四篇和〈九辯〉卻均或六句三韵、或多句同韵地混合使用，創作技巧顯得相當複雜。由此現象推測，可以明顯地看出，〈惜誦〉等四篇和〈九辯〉中無論那一篇，都比前述的〈涉江〉、〈抽思〉、〈懷沙〉三篇作品問世要晚。

概括以上考證，可以推定：以屈原爲主人公的初期《楚辭》文學，最先產生的是〈離騷〉、〈哀郢〉二篇，其後接踵問世的是〈涉江〉、〈抽思〉、〈懷沙〉三篇。再以後，由於亂的長篇化、歌謠化的發展，朗誦形式的正文和歌謠形式的〈亂〉辭，自然而然地分裂，並各自獨立。因此，當只有朗誦形式的〈惜誦〉、〈思美人〉、〈惜往日〉、〈悲回風〉等出現的同時，與〈亂〉辭形式相同的歌謠〈橘頌〉也誕生了。

總之，以〈離騷〉、〈哀郢〉爲始的《楚辭》各篇作品，均爲完整的、精雕細鏤的珍貴藝術品。因而，這些作品與其說是主人公屈原自身的創作，毋寧說是當時楚國宮廷詩人們指望從追悼這位苦命忠臣的人們那裏得到共鳴或喝采，出於職業性質而竟相創作出的產物。⑥

而在戰國末期的楚國宮廷上下，作爲純粹的貴族文學而產生發展起來的辭賦，其正統風格不久便被江淮出身的枚乘、莊忌等所繼承，直到前漢武帝時代。武帝排斥陸賈、賈誼等不正規辭賦，在宮廷文壇上重新採納江淮系的正統辭賦。就這樣，《楚辭》以來的辭賦，方始確立了在宮廷文學中的核心地位。⑦

三

五言詩的發生發展及其進入中央文壇的過程，與辭賦的情況有不少相似之處。而劉勰在論及五言詩源流時，在其《文心雕龍．明詩篇》中指出：

按〈召南〉〈行露〉，始肇半章；孺子〈滄浪〉，亦有全曲；〈暇豫〉優歌，遠見春秋；〈邪徑〉童謠，近在成世。閱時取徵，則五言久矣。

但在劉勰提出的最早的五言歌謠中，無論是《詩經·召南》的〈行露〉，還是《國語》〈晉語〉中優施的詩歌，都不過是劉勰從古籍中隨意搜羅出來的例子而已。決不能肯定這就是漢魏六朝五言詩產生的淵源。另外，上二字、下三字的五言詩基本構造形式，與七言詩形式不同，它不具有從以《詩經》爲首，占古代歌謠主流地位的四言詩形式自然產生的性質。因爲四言同五言，從本質上看，節奏是水火不相容的。

下面，試據較可信賴的文獻，拾取與前漢時期直接相聯的戰國秦漢時期五言詩，得到以下各例。

首先是劉勰已經指出的《孟子·離婁》上篇中所載：

有孺子歌曰：滄浪之水清兮，可以濯我纓。滄浪之水濁兮，可以濯我足。孔子曰：小子聽之；清斯濯纓，濁斯濯足矣；自取之也。

這童謠，衆所周知，在《楚辭·漁父篇》中曾作爲江潭一老漁夫之歌再現。既然如此，我們可以推定，在滄浪（漢水）流域產生的這一童謠，在楚地，至少從孟子活動的公元前四世紀末，至〈漁父〉篇產生的秦漢時期，持續流行了相當長時期。

而當楚漢抗爭之際，項羽於垓下寫下著名的楚調詩歌。曰：

力拔山兮氣蓋世，時不利兮騅不逝；騅不逝兮可奈何，虞兮虞兮奈若何。（《史記》項羽本紀、《漢書》項籍傳引）

於是就有虞美人的和作。前漢陸賈的《楚漢春秋》裏，記載著當時虞美人所作的這一詩歌：

歌曰，漢兵已略地，四方楚歌聲；大王意氣盡，賤妾何聊生。（《史記》項羽本紀《正義》引）

虞美人這一五言四句的歌謠，《史記》項羽本紀及《漢書》項籍傳俱未採錄。因此，此歌歷來常被疑爲僞作。可是，《漢書》項羽傳之文，幾乎全是承襲《史記》項羽本紀，僅以《史記》《漢書》中未見爲理由，便疑此歌爲僞作，未免過於輕率。因我按照茆泮林的《楚漢春秋》輯本，逐一檢查其逸文時發覺，《楚漢春秋》中記載著，而《史記》《漢書》未收錄的事例，實際上還有另外幾例。⑧

此外，在虞美人與項羽唱和咏吟的上述五言歌謠（公元前二〇二年）後僅十年，漢高祖戚夫人也作有如下詩歌：

高祖崩，惠帝立。呂公為皇太后，乃令永巷囚戚夫人，髡鉗衣赭衣，令舂。戚夫人舂且歌曰，子為王，母為虜；終日舂暮，常與死為伍；相離三十里，當誰使告女。（《漢書》外戚傳上）

此歌很顯然是以五言爲主體的，實際上，開頭的三言二句也很可能是以五言的節奏吟誦的。而且這一詩歌是以三言重疊的形式開始，這種現象暗示了它原爲一首帶有楚調色彩的詩歌。不僅如此，根據《史記》留侯世家、《漢書》張良傳所記，咏頌此歌的戚夫人，是當時楚國能歌善舞的出色才女。

由以上各例推測，五言歌謠的韻律，似乎受楚地婦人女子們所愛好。而五言詩形，至少在前漢初期，就已形成大致的骨架。

另外，這種五言歌謠，還曾由「孺子」歌咏過。《宋書・樂志》的〈相和曲〉中，也出現如下的

極爲樸實的江南「古辭」(漢舊歌)

江南可採蓮，蓮葉何田田。魚戲蓮葉間，魚戲蓮葉東，魚戲蓮葉西，魚戲蓮葉南，魚戲蓮葉北。

這是一首典型的田園詩歌。由此事實推測，確實五言歌謠原本已在楚國的民衆生活中根深蒂固。另在《樂府詩集》卷四十一的〈相和歌辭〉中，「楚調曲」的「古辭」雖只有〈白頭吟〉二首、〈怨詞行〉一首共三首，但這三首楚調均爲完整的五言歌謠。這一現象也啓示了楚歌曲調與五言詩形的密切關係。

概括而言，楚項羽的〈垓下歌〉和漢高祖的〈大風歌〉等所代表的〈九歌〉系統歌謠，皆爲楚國男性們愛用的形式。與此相對，五言歌謠似乎原爲由楚國民衆生活中所產生，而主要受楚國婦人女子青睞。因而，其旋律原以甜美、悲切爲特徵。

前漢初這一段時期，一直被楚國婦人女子間愛好並流行的五言歌謠，有進入首都長安的絕好機會。因爲漢高祖九年(公元前一九八年)，依照由西域歸朝的婁敬的建議，斷然實行了將楚齊兩國的豪族名門十餘萬人移至關中這一重大國防政策。⑨於是，原來「實少人」的長安街市，便被大量和國家統治者有聯繫的新來集團所淹沒。這樣一來，整個首都，無論宮廷和街市，不流行楚國的民謠，反倒不可想像。

總之，在楚國，無論是受男子喜愛的辭賦文學，還是婦人女子間流行的五言歌謠，從其進入中央文壇的過程來看，幾乎是命運般地經歷了同樣的途徑。之後，從漢室草創，經過數十年，到武帝時代，武帝的寵臣李延年，咏有以下著名的五言歌謠：

北方有佳人，絶世而獨立；一顧傾人城，再顧傾人國；〔寧不知〕傾城與傾國，佳人難再得。

（《漢書》外戚傳上）

可以斷定，在這首輕鬆的五言歌謠出現前後，五言詩形式已在長安宮廷上，占有了牢固的文學地位⑩。

四

如上所述，構成漢魏六朝文學主流的辭賦和五言詩，是在基本上與儒學五經無緣的創作環境中產生成長起來的。而尤其是辭賦的高度藝術性和麗雅的表達技巧，時常對詩歌及其他各種文體創作予以極大的影響，對促進其藝術上的成熟，貢獻甚多。因此，當時的詩文創作，正如〈原道〉篇第一大段早已論述過的那樣，可以說，無論是從內容，還是從表達上，都是在一心一意地追求藝術美。

總之，當時的正統文體論，最初一直是忠實地沿着兩漢以來這條傳統的詩文創作路線，使詩文徹底擺脫「聖人」與「經典」的影響，而從純粹的創作美學觀點出發去創作的。卽如魏曹丕在〈典論〉論文中所指：

夫文本同而末異。蓋奏議宜雅，書論宜理，銘誄尚實，詩賦欲麗。此四科不同，故能之者偏也。唯通才能備其體。

西晉的陸機也在其〈文賦〉中指出：

> 詩緣情而綺靡，賦體物而瀏亮，碑披文以相質，誄纏綿而悽愴，銘博約而溫潤，箴頓挫而清壯，頌優遊以彬蔚，論精微而朗暢，奏平徹以閑雅，說煒曄而譎誑。雖區分之在茲，亦禁邪而制放。要辭達而理舉，故無取乎冗長。

可是劉勰在〈序志〉篇中卻嚴厲批評〈論文〉、〈文賦〉是「魏〈典〉密而不周」「陸〈賦〉巧而碎亂」。然而此舉曹丕、陸機的各種不同文體創作法則，均爲突出核心的提示，並且是具有普遍價值的創作思想。尤其是〈文賦〉所論，與劉勰從經學文體起源論（既見）中歸納出的下列詩文創作法則，並沒有什麼本質性的差別。⑪如前所述，劉勰在提倡各種文體的起源均始於五經之後，繼而又作出以下論述：

> 故文能宗經，體有六義：一則情深而不詭，二則風清而不雜，三則事信而不誕，四則義貞而不回，五則體約而不蕪，六則文麗而不淫。（〈宗經〉）

劉勰的這一所謂「六義」，從創作觀點上加以提煉的話，便可以看出，這只不過是文賦中所謂的「雖區分之在茲，亦禁邪而制放；要辭達而理擧，故無取乎冗長」這一概括性美文法則的細則而已。

再說，雖然梁昭明太子蕭統的《文選》序爲《文心雕龍》以後出現的文體論，但是亦與劉勰志向於復歸儒教的文學起源論的文學思想，有着本質性的不同。卽，蕭統非主張復歸的文學起源論，而是認爲詩文應完全立足於「隨機應變」這一激進的文學發展思想之上。他指出：

若夫椎輪爲大輅之始，大輅寧有椎輪之質。增冰爲積水所成，積水曾微增冰之凜。何哉？蓋踵其事而增華，變其本而加厲。物既有之，文亦宜然。

他立足於這一觀點，又論述了其他「賦」「詩」「論」「銘」等三十幾種文體的生成情況，說明各種文體均與過去無關，而是順應作者的創作目的不斷呈現出其「源流」的。蕭統的這一文體生成論，是切合各種文體的歷史性產生實態而得出的現實見解，因此可以說是極富於說服力的客觀卓見。

通覽以上所述，由曹丕的典論論文、陸機的文賦，至蕭統的〈文選序〉這一系列文體論，均爲由辭賦、詩歌爲首的各種文體在傳統創作路線上的延伸，是以純粹的創作美學爲基礎而構成的。因而，由這些文體論中歸納出來的純藝術創作法則，如前所述，與前面劉勰所提倡的儒教創作方法，在本質上基本是相同的。

不僅如此，劉勰的儒教文體起源思想中，還明顯地存在着不合理的一面。如劉勰稱《楚辭》是「雅頌之博徒，而詞賦之英傑也」（〈辨騷〉），稱賦是「受命於詩人，而拓宇於《楚辭》也」（〈詮賦〉），對五言詩也說「若夫四言正體，則雅潤爲本；五言流調，則清麗居宗」（《明詩》）。他的這些論述，是完全無視文體生成實態而產生的唯心主義強辯。可是，劉勰若按照〈文選序〉那樣，將辭賦和五言詩與《詩經》分開，而展開其文學理論，必定會構成思路更加分明的卽現實主義文學思想。而且，在典論論文、文賦中，早已蘊藉着他有可能實現此論的基礎。

那麽，劉勰爲何特地在這一時期，要從「聖人」「五經」中探求詩文創作的具體基點呢？的確，追溯到比劉勰稍早的劉宋時代，便確實已出現過把聖人作爲自然之道感受者的藝術思想。以下所舉宗炳的《畫山水序》中的論述卽是如此。

聖人含道暎物，賢者澄懷味像。至於山水，質有而趣靈。……夫聖人以神法道，而賢者通；山水以形媚道，而仁者樂；不亦幾乎。（《歷代名畫記》卷六）

但宗炳所謂的「聖人」，僅管是能體驗神奇天地之「道」，並能感知體現了「道」之「山水」靈氣的偉大存在。但決非是可以把「道」繪畫般地在實際中再現的理想巨匠。

然而，比這更高，將昇華了的「聖人」編述的「五經」明確斷定爲各種文體的起源，實以《文心雕龍・宗經篇》爲嚆矢。況且，正是劉勰這一五經起源學說，成爲支撑《文心雕龍》全篇詩文創作思想的一大支柱。由此來看，我們可以推測到，在劉勰主張的這種牽强附會的文體起源學說的背後，似乎曾經存在着某種强烈的意圖。

五

關於劉勰在「五經」中探求各種文體的起源，並企圖把這「五經」與詩文的藝術美密切聯係起來，當我們想弄清這一問題時，首先馬上想到的便是劉勰自己的話。如《文心雕龍・序志篇》云：

唯文章之用，實經典枝條，五禮資之以成，六典因之致用，君臣所以炳煥，軍國所以昭明，詳其本源，莫非經典。而去聖久遠，文體解散，辭人愛奇，言貴浮詭，飾羽尚畫，文繡鞶帨，離本彌甚，將遂訛濫。蓋《周書》論辭，貴乎體要；尼父陳訓，惡乎異端；辭訓之異，宜體於要。於是搦筆和墨，乃始論文。

又如〈通變〉篇云：

練青濯絳，必歸藍蒨。矯訛翻淺，還宗經誥。

劉勰的這些論述，與前述〈文選序〉中所見激進的詩文分化發展論相異，是基於完全對峙的文學觀而構成的。總之，如僅依據劉勰本人的這些話，那麼他的確是爲了糾正當時流俗文人們「浮詭」「訛濫」之創作傾向，而提倡、要求向詩文藝術美之基本楷模「經典」回歸的。

誠如劉勰所指出，在他撰述《文心雕龍》的六朝末期，那種過於炫耀新奇、玩弄技巧的創作思潮，確實彌漫於流俗文人之間。而形容他所嫌惡的當時的那種「詭巧」俗風，倘若借用劉勰自己的話，可具體表述如下：

自近代辭人，率好詭巧。……效奇之法，必顚倒文句，上字而抑下，中辭而出外。回互不常，則新色耳。（〈定勢〉）

但是，劉勰指出的那種詩文創作的墮落現象，自古以來，每個時代都或多或少地出現過。對這種「詭巧」俗風的警告，早在西晉陸機的〈文賦〉中便可見。陸機是這樣論述的：

或仰逼於先條，或俯侵於後章；或辭害而理比，或言順而義妨。離之則雙美，合之則兩傷。考殿最於錙銖，定去留於毫芒。苟銓衡之所裁，固應繩其必當。

況且，如以前論述的，陸機對當代文人發出的這一警告，決非按照「經典」的觀點，而是專心立足於他那純文藝審美感出發的。

另外，在整個漢魏六朝時代，歷代知識階層所持的傳統的詩文價值觀，也大多與「經典」很疏遠。如梁蕭統的〈文選序〉，前已論述過，在對三十幾種文體的特性和由來進行逐一論述後，又就這些不同文體，概述了作者如下的價值觀：

譬陶匏異器，並為入耳之娛，黼黻不同，俱為悅目之玩。作者之致，蓋云備矣。

換句話說，對於當時的知識階層，詩文只是娛樂玩具。卽便蕭統的這一見解過於極端，我們也可以由此了解到，漢魏六朝時代，知識階層的詩文價值觀，大致與此大同小異。而這種享樂性詩文價值觀的性格，可以直接溯源於遠在楚漢的辭賦、詩歌創作環境和欣賞態度。

單從如上的漢魏六朝時期的詩文創作思想、文學價值觀來看的話，劉勰爲糾正當時詩文創作上的墮落現象，而大張旗鼓地捧出「五經」，並以此作爲各種文體的淵源，未免顯得唐突，也很不自然。既然如此，南齊末葉，劉勰煞費苦心地在「五經」上尋求詩文藝術美之淵源，其眞實意圖並非在其所謂的「矯訛翻淺，還宗經誥」，而實際上別有所在。對此，我不能不抱有強烈的懷疑。

於是，我重溫《文心雕龍》的〈序志〉篇，發現在論述本書撰著動機的部分中，過度地濫用敬慕孔子之辭甚多。試摘其一例如下：

予生七齡，乃夢彩雲若錦，則攀而採之。齒在踰立，則嘗夜夢執丹漆之禮器，隨仲尼而南行。旦而寤，迺怡然而喜。大哉聖人之難見哉，乃小子之垂夢歟。自生人以來，未有如夫子者也。敷讚聖旨，莫若注經。而馬鄭諸儒，弘之已精。就有深解，未足立家。

劉勰就是這樣遵循聖人「貴乎體要」「惡乎異端」的教誨來撰述《文心雕龍》的。那麼，他爲何要如此強調自己對孔子的崇拜和讚頌呢？

我以爲，劉勰如此有意識地崇拜讚頌孔教，其背景似乎應取決於南齊武帝永明年間（四八三——四九三）推行的重視儒教政策。《南齊書》劉瓛、陸澄傳論，概述了古今儒教變遷史，據其記載，晉宋二代儒教衰退後，直到南齊武帝時期，儒教纔又大爲興隆起來。其曰：

永明纂襲，克隆均校，王儉為輔，長於經禮，朝廷仰其風，胄子觀其則。由是家尋孔教，人誦儒書，執卷欣欣，此焉彌盛。

以後，經過數年，到東昏侯時期（四九九——五〇一年），據推斷，這也許正是劉勰《文心雕龍》脫稿之時，對當時的儒教盛況，劉勰是這樣贊揚的：

今聖歷方興，文思光被。……經典禮章，跨周轢漢，唐虞之文，其鼎盛乎。（〈時序〉）

他的這些贊辭，儘管多有溢美，但從後世史書有關東昏侯的記載來看，似也未必全系虛構。此外，這種重視儒教的政策，直到南齊以後，又被梁武帝將儒教置於佛教、玄學之先的政策所繼承。《梁書·

儒林傳》序云：

高祖（武帝）有天下，深愍之，詔求碩學，治五禮，定六律，改斗曆，正權衡。天監四年（五〇五），詔曰，「二漢登賢，莫非經術，服膺雅道，名立行成。魏晉浮蕩，儒教淪歇，風節罔樹，抑此之由。朕日昃罷朝，思聞俊異，收士得人，實惟醻奬。可置五經博士各一人，廣開館宇，招內後進。

這篇序文，記錄了梁武帝推行儒教優先政策的實情。⑫

而南齊時期，在這種重視儒教政策的情況下，驅使劉勰撰述《文心雕龍》的直接契機，依我之見，似乎是由於受到了沈約《宋書》謝靈運傳論的強烈啓發。沈約完成《宋書》紀傳七十卷的時間，是南齊武帝永有六年（四八八）二月，比劉勰《文心雕龍》脫稿的南齊末年，約早十年。而且，劉勰在撰述《文心雕龍》之前，肯定閱讀過《宋書》謝靈運傳論。其證據，可以從兩者內容上的若干共同點中看出，此待後敘。下面，首先列舉若干兩者在表達上的相似之處，見下例：

。自漢至魏，四百餘年。辭人才子，文體三變。（〈謝靈運傳論〉）

爰自漢室，迄至成哀，雖世漸百齡，辭人九變。（〈時序〉）

。為學窮於柱下，博物止乎七篇。（〈謝靈運傳論〉）

詩必柱下之旨歸，賦乃漆園之義疏。（〈時序〉）

劉勰「辭人九變」「柱下」「漆園」這些表達，如無沈約的文章作樣板，恐怕是難以想出的吧！

另一方面，如就《宋書》謝靈運傳論的內容而論，沈約在其開頭，對詩歌產生的原因作了如下論述：

民稟天地之靈，含五常之德，剛柔迭用，喜慍分情。夫志動於中，則歌詠外發。六義所因，四始攸繫，升降謳謠，紛披風什。雖虞夏以前，遺文不覩，稟氣懷靈，理或無異。然則歌詠所興，宜自生民始也。

沈約這一詩歌起源思想，不用說，一部分是依據以《毛詩》大序爲首的一些古典詞句而形成的。但我們從沈約這一論說中，終於可以明確看到，以密切的因果關係將「自然之道」和「經典」聯系起來的儒教文學思想早已存在的事實。

緊接序論，沈約在概述漢魏六朝詩賦史時，確實是根據劉宋檀道鸞《續晉陽秋》的觀點⑬，並以其爲骨幹來論述的。正是沈約的這種詩賦史觀給予了劉勰的文學史觀以決定性的影響。尤其是沈約的漢、魏時期的清辭麗曲，以「詩經」和「楚辭」爲濫觴、爲規範的文學史思想，及沈約對晉宋時期的玄風所作的批評性見解，加之沈約那種使「文」與「質」、「情」與「文」並立，以考察詩文創作的美學文藝思想，均爲始終引導《文心雕龍》全篇論點的重要文學觀念。

此外，謝靈運傳論最後附記的沈約音律論，也許既是文心雕龍五十篇中特地設立〈聲律〉一篇的一大契機，同時又是啓導〈聲律〉篇論述方向的有力舵手吧！

總之，劉勰在「五經」中探求各種文體的起源，用密切的因果關係將「五經」與詩文藝術美結合起來的眞正意圖，進而言之，他要撰述《文心雕龍》的眞正意圖，卽，欲立足於上述沈約的詩賦觀、詩賦史觀等觀點之上，將沈約的這些詩賦觀念，進一步全面地向整個詩文有組織地引申；以此構成一大細致、精密的創作理論體系。

加之，劉勰將儒敎「五經」作爲自己文論根基的做法，也是他進入當時官界的最有效手段。《梁書》文學傳下的正傳中，有如下記載：

初，勰撰《文心雕龍》五十篇，論古今文體，引而次之。……既成，未爲時流所稱。勰自重其文，欲取定於沈約。約時貴盛，無由自達。乃負其書，候約出，干之於車前，狀若貨鬻者。約便命取讀，大重之，謂為深得文理，常陳諸几案。

《文心雕龍》五十篇，如不呈請沈約親閱，對劉勰將是毫無意義的事了。

附註

① 楊明照「從《文心雕龍》〈原道〉〈序志〉兩篇看劉勰的思想」（香港滙文閣書店刊《文心雕龍研究論文集》初編五一頁）。

② 蔡鍾翔「論劉勰的『自然之道』」（一九八三年濟南齊魯書社刊《文心雕龍學刊》第一輯一三八－一五五頁）。

③ 王元化「劉勰的文學起源論與文學創作論」（一九七九年上海古籍出版社刊王元化著《文心雕龍創作論》四

八頁）。又「《文心雕龍》研究的若干問題」（一九八三年九州大學中國文學會刊《中國文學論集》第十二號七頁）。

④《顏氏家訓・文章篇》曰：夫文章者，原出《五經》。詔命策檄，生於《書》者也。序述論議，生於《易》者也。歌詠賦頌，生於《詩》者也。祭祀哀誄，生於《禮者》者也。書奏箴銘，生於《春秋》者也。

⑤青木正兒《新譯楚辭》（一九五七年東京春秋社刊）一八—一九頁。

⑥以上詳細論證見岡村繁「《楚辭》和屈原——關於主人公和作者的分離——」（一九六六年《日本中國學會報》第十八集八六—一〇一頁）。又「〈橘頌〉的出現——《楚辭》騷體文學的分裂現象——」（一九七九年《森三樹三郎博士頌壽記念東洋學論集》二五五—二七〇頁）。

⑦岡村繁「漢初辭賦文學的動向」（一九七二年《鳥居久靖先生華甲記念論集中國的語言和文學》四七—七二頁）。

⑧比如下列《楚漢春秋》的記載，一般認爲屬實。然《史記》《漢書》均未載錄。

□□惠帝崩。呂太后欲爲高墳，使從未央宮而見之。諸將諫不許。東陽侯垂泣曰：陛下見惠帝冢，悲哀流涕無已。是傷生也。臣竊哀之。太后乃止。東陽侯，張相如也。（《太平御覽》四五七引）

⑨《漢書》高祖紀下，劉敬傳。

⑩以上詳細論證見岡村繁「五言詩文學的確立過程」（一九七一年《九州中國學會報》第十七卷一—十三頁）。

⑪〈文賦〉的文體法則里，劉勰在其《文心雕龍・論說篇》中，唯就「說」進行了以下批評：

□□披肝膽以獻主，飛文敏以濟辭，此「說」之本也。而陸氏直稱「說煒曄以譎誑」，何哉？這也許只是劉勰對陸機辭句表達不清而產生的詰責。」「直稱」的「直」字，則表明了這一語氣。

⑫ 張少康「《文心雕龍》的原道論——劉勰文學思想的歷史淵源研究之一——」（一九八三年濟南齊魯書社刊《文心雕龍學刊》第一輯一六七頁）。

⑬ 《世說新語・文學篇》，劉注引。

(※) 原載於《中國文學論集》第十三號（九州大學中國文學會，昭和五十九年）。《中華文史論叢》一九八五年第二輯已有李慶先生的譯文。

（竹村則行・周龍梅譯）

《文心雕龍》文學理論的思想淵源

黃錦鋐

一

文學一詞，早見於《論語》，但那只是文章博學而已①，儒家經典中的文學意義，姑且不談。先秦時代的諸子，一般人也認爲是以「主意爲宗，不以能文爲本」②，兩漢爲經學興盛之時代，以通經致用爲進身之階，文學淪爲經學附庸，更無論矣。身爲作家的揚雄，也認爲辭賦是「雕蟲篆刻」，「壯夫不爲」。③一直到曹丕的《典論・論文》問世，才賦予文學的歷史地位。它一面繼承漢世儒家實用的文學觀，認爲「文章乃經國之大業，不朽之盛事」，一面又揉合道家超事物的直觀宇宙論，主張「文以氣爲主，氣之清濁有體，不可力強而致，……雖在父兄，不能以移子弟」。④以充實文學的內涵，使文學內容邁進了新的境界，開創文學理論的新紀元。從此以後，無論是論文或是創作，都在儒、道兩家思想的路線上徘徊，不是右偏於儒，就是左袒於道，偏於儒者，重啓引人生方向，祖於道者，重提高人生境界，但以儒道思想調和不分的境界，爲寫作及批評理論的共同準則。所以造成這種趨勢，固然是由於曹丕《典論．論文》開其端，另一方面，也有它的時代背景。

溯自正始時代，王弼主張貴無論，以道家自然爲本，儒家名敎爲末，於是自然名敎之爭，蔚爲風氣，謂之玄談。開始是何晏王弼以自然爲本，名敎爲末，接著阮籍嵇康等崇尚自然，排斥名敎，於是又有裴頠的尊崇名敎，以至於郭象的調和名敎與自然，所謂「天下雖宗堯，而堯未嘗有天下也。故窅然喪之，而嘗遊心於絕冥之境，雖寄坐萬物之上，而未始不逍遙也」。⑤把名敎與自然混而爲一，這種調和名敎與自然的理論，雖然不自郭象開始，也不是自郭象而結束，但無疑的，郭象的理論，在兩晉南北朝期間，卻有廣泛的影響，促進儒(名敎)道)自然)的結合，對文學理論的影響，有啓誘的作用。而淸談者，往往是玄學家，也是文學家，是儒家的信徒，也是道家的服膺者。像何晏王弼是《論語》、《易經》的權威，也是老學的專家，阮籍、嵇康，是淸談陣營的名士，也是文壇的詩人。這種儒道調和的風氣對當時文學的風格，也有直接或間接的影響。

論其原因，大概是儒家的文學觀，太偏於指導人生方向，則難免流於敎訓，如《荀子》書中，卽使以詩，賦名篇，其內容都帶有濃厚的敎訓意味，很少爲文學界人士所重視。道家的文學觀，太偏於提高人生境界，則必流於玄遠，如阮籍的詠懷詩，雖然名高一時，後世仍嫌其「百代之下，難以情測」，「厥旨淵放，歸趣難求」。⑥所以必須兩者調和，才能恰到好處，指導人生方向而不嫌其爲敎訓，提高人生境界而不流於玄遠，才是文學的極致。自從曹丕提出混合儒道兩家思想色彩的文學觀以後，文學創作理論與批評的標準，大致是循著這個方向發展。曹植一方面站在儒家立場，認爲「辭賦小道，固未足以揄揚大義，彰示來世。」然亦有「遊綠林而逍遙，臨白水以悲嘯」之志。陸機〈文賦〉則具體指出文學創作，應熟讀儒家經典，「頤情志於典墳」，同時又必須體會自然的變化，「遵四時以歎逝」。應瑒之〈文質論〉，摯虞的《文章流別》，論議評文，都有這種傾向。不過都是零篇短簡，而能歸納各家意見，作系統的著述流傳於今者，當推劉彥和的《文心雕龍》。

二

《文心雕龍》集前代論章評文的大成，章學誠《文史通義》稱：「《詩品》之論詩，《文心雕龍》之於文，皆專門名家，勒爲專書之初祖」。論其內容，則謂「體大而慮周」。(〈文理篇〉)總之，《文心雕龍》在文學理論上雖然是多方面的。而其根本的思想，則是以儒家思想爲核心，以道家思想爲創作的源泉。《文心雕龍》首先提出有關儒家思想的〈原道〉、〈徵聖〉，〈宗經〉各篇以爲文學理論的主要根據，事實上要做一個創作家或批評家，都必須有其基本的要求，所謂「積學以儲寶，酌理以富才」，以爲創作的準備。以及「操千曲而後曉聲，觀千劍而後識器」，然後批評作家作品才會有眞知灼見。有了主觀的修養，然後才能有客觀的批評。這是不易的定論。不過，劉勰的主觀修養，是源於儒家的經典。因此，他特別重視聖人之敎，〈徵聖篇〉云：

> 夫作者曰聖，述者曰明。陶鑄性情，功在上哲，夫子文章，可得而聞，則聖人之情，見乎文辭矣。先王聖化，布在方册，夫子風采，溢於格言，是以遠稱唐世，則煥乎為盛，近褒周代，則

郁哉可從，此政化貴文之徵也。

劉勰把聖人之教，藉文而傳，而文章又爲宣揚政教之工具，所以說「子政論文、必徵於聖，稚圭勸學，必宗於經」。要立文，必徵於聖。這種意見，可以說是以儒家的經義，爲文章的源泉。〈宗經篇〉說：

《春秋》辨理、一字見義，五石六鷁，以詳略成文，雉門兩觀，以先後顯旨。……《尚書》則覽文如詭，而尋理卽暢。《春秋》則觀辭立曉，而訪義方隱。此聖人之殊致，表裏之異體者也。至根柢槃深，枝葉峻茂，辭約而旨豐，事近而喻遠，是以往者雖舊，餘味日新，後進追取而非晚，前修文用而未先，可謂太山徧雨，河潤千里者也。

這裏不但認爲文章都是經典的枝葉，而且以文章的邏輯、結構，也都是出於經典的理則。例如文中所稱「五石六鷁」見於《春秋》僖公十六年。原文是這樣的：

隕石於宋，五。六鷁退飛，過宋都。

《公羊傳》曰：「曷爲先言隕、而後言石、隕石記聞，聞其磌然，視之則石、察之則五。曷爲先言六而後言鷁退飛，記見也。視之則六，察之則六，徐而察之，則退飛」。劉勰說以「詳略成文」、「先後顯旨」，大概就是指「記聞」、「記見」的邏輯結構的技巧表現。劉勰之重視儒家經典，不是沒有原因的。

然而，從此發展，必會給《文心雕龍》帶來很大的局限性，幸好《文心雕龍》在論述創作的過程時，卻拋棄了儒家經典的說理原則，而是在儒家的經典義理觀念上求創新。那就是〈通變篇〉所說的：

名理有常，體必資於故實，通變無方，數必酌於新聲。故能騁無窮之路，飲不竭之源，然綆短者銜渴，足疲者輟塗，非文理之數盡，乃通變之術疎耳。

「名理有常」，應該指的是儒家的經典義理觀念，所以說「體必資於故實」。那「通變無方」，應該是道家抽象的理論藝巧。不過，文學的理論，任何的創新、變化，總離不開繼承前人的遺產，然一味的繼承，不知發展「雖踰本色、不能復化」終是「齷齪於偏解、矜激乎一致」，不能「騁無窮之路」（通變篇）了。

儒、道思想結合的文學觀，在先秦、兩漢已經涉及這一問題，曹丕則比較具體的主張文章應該以「雖在父兄、不可以移子弟」的「氣」爲主。劉勰則主張「變文之數無方」。這個「數」與曹丕所說的「氣」，多少有若干的關聯。可以說都是道家思想中的名詞。《莊子・天道篇》說：

桓公讀書於堂上，輪扁斲輪於堂下，釋椎鑿而上，問桓公曰：「敢問公之所讀者何言邪？」公曰：「聖人之言」。曰：「聖人在乎？」公曰：「已死矣」。曰：「然則君之所讀者，古人之糟粕已夫！」桓公曰：「寡人讀書，輪人安得議乎！有說則可，無說則死」。輪扁曰：「臣也以臣之事觀之。斲輪，徐則甘而不固，疾則苦而不入。不徐不疾，得之於手而應於心，口不能言，有數存焉於其間，臣不能以喻臣之子，臣之子亦不能受之於臣，是以行年七十而老斲輪」。

劉勰所說的「變文之數無方」，與這裏所說的「口不能言，有數存焉於其間」，可以看出其間繼承的線索。而「臣不能以喻臣之子，臣之子亦不能受之於臣」，也是曹丕「引氣不齊，巧拙有素，雖在父兄，不能以移子弟」之所本。不過，莊子是以這段寓言說明「意不可以言傳」，而曹丕則用以說明作家的才氣，因人而各異。即使是父兄，也不能相傳授。劉勰則轉成爲鎔鑄經典的藝巧，使之「孚甲新意，雕畫奇辭」。

以儒家思想爲體，以道家思想爲用，是劉勰論文的藝巧運用，這個體用結合的樞紐，劉勰稱之爲「神思」，什麼叫「神思」，〈神思篇〉說：

> 古人云：「形在江海之上，心存魏闕之下」，神思之謂也。文之思也，其神遠矣，故寂然凝慮，思接千載，悄焉動容，視通萬里，吟詠之間，吐納珠玉之聲，眉睫之前，卷舒風雲之色，其思理之致乎！

這完全是魏晉時以老莊爲主的玄學家的口吻。劉勰把它用爲寫作靈感神思的另一說明。然而抽象的神思還是寄托在「恒文之至道」，「不刊之鴻教」的經書上。因此要「積學以儲寶，酌理以富才，研閱以窮照，馴致以懌辭」。然後才能「尋聲律而定墨」、「闚意象而運斤」。積學、酌理，是儒家不易之教言；神思、凝慮，又是道家習慣的用語，劉勰就是結合儒，道兩家思想轉化爲文學創作，批評的理論根據：儒家的經書，是外在的典籍，屬於具體的物；道家的神思、凝慮，是內在的意念，屬於抽象的情。具體的物與抽象的情，是相反相成，互爲因果的。所以劉勰常把「物」與「情」，具體與抽象，外在與內在，相提並論。〈體性篇〉說：

夫情動而言形，理發而文見，蓋沿隱以至顯，因內而符外者也。

抽象的「情」與「理」，與具體的「言」與「文」，「隱」與「顯」，「內」與「外」，都是互相依賴的，是一體的兩面。推而廣之，主觀的情和客觀的景，也是互相影響，互相轉化的，如〈詮賦篇〉說：

原夫登高之旨，蓋睹物興情，情以物興，……物以情觀……麗詞雅義，符采相勝，如組織之品朱紫，畫繪之著玄黃，文雖新而有質，色雖糅而有本。

劉勰認爲本與末要兼顧主觀與客觀要並重，如果是逐末棄本，即使是熟讀千賦，必會讀愈多愈迷惑，其結果必將「繁華損枝，膏腴害骨」，那作品就不足貴了。這都是內在與外在「情」與「物」相互關係的重要性，物色篇也曾提到說：

歲有其物，物有其容，情以物遷，辭以情發。一葉且或迎意，蟲聲有足引心；況清風與明月同夜，白日與春林共朝哉；是以詩人感物，聯類不窮。

劉勰認爲只有細心觀察宇宙物象，才能引發內心深摯的情感。然後作者移情於物，讓外物也感染作者的情感。使情景不分，物我一體，這才是藝術表現的極致。

《文心雕龍》強調從儒家經典通變爲「文辭氣力」，從物到情，從外在到內在，以至於物我不分，表裏一致，正可以說明劉勰以儒、道兩家思想轉化爲文學理論根據之具體說明。

蓋外在的物，則必「言徵實而難巧」，所以必以道家抽象的意濟其窮。何則：「意翻空而易奇」。所以神思之塗，必以積學酌理爲其體，而以虛住無形成其用。〈神思篇〉說：「夫神思方運，萬塗競萌」而「規矩」又是「虛位」的，「刻鏤」又是無形，然後才能物我一體，達到創作的最高境界。到那時候，將是「登山情滿於山，觀海意溢於海，我才之多少，將與風雲並驅矣」。

魏晉文風，雖然都在儒、道兩家思想上徘徊，但各有所偏，魏代文學風格，受正始玄風的影響，多屬於玄遠的風格，受到劉勰的批評。《文心雕龍・明詩篇》說：

正始明道，詩雜仙心，何晏之徒，率多膚淺，唯嵇志清峻，阮旨遙遠，故能標焉。

這種風氣，一直到東晉，並不稍退，所謂「江左製篇，溺乎玄風」，《宋書・沈約傳》也說：

有晉中興，玄風獨振，為學窮於柱下，博物止乎七篇，馳騁文學，義單於此，自建武既乎義熙，歷乎百載，雖綴響聯辭，波屬雲委，莫不寄言上德，托意玄珠。

劉勰爲什麼對於何晏的詩歌，評其「率多膚淺」呢？推原其意，大概是以何晏的詩歌趨向，太偏於玄遠抽象，缺乏儒家人生方向的指標。所以鍾嶸也批評他的擬古詩太過虛無，不切實際。《詩品》說：「何晏爲老莊，崇尚虛無，讀鴻鵠之篇，風規可見」。能夠把儒、道思想調和得恰得好處，除了魏的阮籍以後，要數晉的陶淵明了。陶淵明他能夠在出世與入世之間悠然自得，沒有入世的係累，也沒有出世的虛遠。不以做官爲汚濁，也不以不做官爲清高，如行雲流水，見山則忘言，流臨則賦詩。雖然「結廬在人境」，能夠「而無車馬喧」。這是陶淵明的眞本領，唐代很多詩人，都要學他，但都不近似，《捫蝨新語》說：

柳子厚、韋蘇州、白香山、蘇子瞻、皆善學陶、刻意髣髴、而氣韻終不似。子厚語近而氣不近，樂天學近而語不近，東坡和陶百餘首，亦傷微巧，蓋皆難近自然也。

這大概是因爲陶淵明受到儒家思想的洗禮，又受到道家思想的薰陶，把儒、道思想調和轉化到藝術的境界，造成他曠達、放逸、出世而又不避世的人生觀。即使努力去學他的人，也只能及其一偏，不能得到他無處不合自然的情致。這恐怕也是《文心雕龍》沒有批評陶淵明的原因吧！

儒、道思想的調和，以後成爲文學理論批評的準則，這是因爲儒家思想是指導人生方向，道家思想是提升人生的境界，而這兩種因素，正是文學所必須具備的基礎條件。而首開風氣之先的，當以曹丕《典論·論文》爲代表，繼而成爲系統的著述，則爲劉勰的《文心雕龍》爲巨擘，爲後世文學批評的理論，開闢一條康莊的大道。

三

儒家思想與道家思想在某一方面說，是有矛盾的，但就其本質而論，儒、道有其共通之處。儒家主張救世，所以告訴人的都是具體的主張，道家主張避世，所以告訴人的都是抽象的規律。不過，儒家並不是不重視抽象的規律，而是把抽象的規律寓在具體的主張之中。道家也不是不重視具體的主張，而是認爲具體的主張不能適應時代的變化。何晏王弼首先把兩者給結合起來，以老莊思想注釋《論語》與《易經》，於是有儒道同、儒道合之說。劉勰則更進一步，把兩者的思想，結合爲文學發展的規律。《文心雕龍》的文學史觀，就是一面要繼承前人具體的主張，所謂「還宗經誥」，一面又要掌握時代的變化，要「日新其業」。所以他在〈通變篇〉說：

是以規略文統，宜宏大體，先博覽以精閱，總綱紀以攝契。然後拓衢路，置關鍵，長轡遠馭，從容按節，憑情以會通，負氣以適變，采如宛虹之奮鬐，光若長離之振翼，迺穎脫之文矣。

劉勰雖然主張爲文要變，所謂「時運交移，質文代變，歌謠文理，與世推移」，但也主張任何「變」，都離不開繼承。所謂「名理有常，體必資於故實」。把儒、道兩家思想轉化運用在文學的理論上，這可能也是劉勰自己在實踐「昭體故意新而不亂，曉變故辭奇而不黷」的具體表現吧，（風骨）。要出新意、創奇辭，都不能離開宗經與師聖的呀！

《文心雕龍》雖有繼承《典論・論文》和陸機〈文賦〉的地方，但它的發展創作的文學理論，影響卻是深遠的。

附　註

① 《論語・先進篇》：「文學、子游、子夏」。邢昺疏：「若文章博學，則有子游、子夏二人也」。
② 《昭明文選》序：「老莊之作、管孟之流、蓋以主意爲宗、不以能文爲本、今之所撰，又以畧諸」。
③ 楊雄《法言・吾子篇》：「或問：『吾子少而爲賦』？曰：『然，童子雕蟲篆刻』。俄而曰：『壯夫不爲也』」。
④ 詳見黃錦鋐撰〈曹丕典論論文對魏晉文風的影響〉。文刋《書目季刋》十七卷第三期。
⑤ 見《莊子・逍遙遊》篇郭象注。
⑥ 見《昭明文選》卷二十三阮嗣宗〈詠懷〉十七首李善注。

釋「楚豔漢侈，流弊不還」

王運熙

《文心雕龍》的〈宗經〉篇末尾有曰：「建言修辭，鮮克宗經。是以楚豔漢侈，流弊不還。正末歸本，不其懿歟！」慨嘆後世作文者跟踪楚辭之豔、漢賦之侈，竭力追求文辭之華麗，形成末流的許多弊病；因而要求正末返本，學習《五經》的優良文風。《文心雕龍・通變》曰：「商周麗而雅，楚漢侈而豔」。《五經》主要出自商周，劉勰認爲《五經》之文具有雅麗的特色，〈徵聖〉篇也有「聖文雅麗，銜華佩實」之語。所謂「正末歸本」，就是要求矯正楚豔漢侈的流弊，使文風歸於雅麗。這是貫穿《文心》全書的一個重要思想。

劉勰認爲，楚辭文風的特點是豔。〈辨騷〉篇對《楚辭》評價很高，說它是「奇文鬱起」，「自鑄偉辭」，「爲辭賦之英傑」。篇中評述《離騷》等各篇曰：

故〈騷經〉〈九章〉，朗麗以哀志；〈九歌〉〈九辯〉，綺靡以傷情；〈遠游〉〈天問〉，瓌詭而慧巧；〈招魂〉〈大招〉，耀豔而深華；〈卜居〉標放言之致，〈漁父〉寄獨往之才。故能氣往轢古，辭來切今，驚采絶豔，難與並能矣。

不但總的贊美楚辭爲「驚采絕豔」，而且分評各篇時的朗麗、綺靡、瓌詭、耀豔、深華等詞語，均寓有豔麗之意。劉勰對《楚辭》評價很高，對它的豔麗文風也給予充分肯定。

劉勰充份肯定《楚辭》的豔麗，但又認爲它描寫有過份夸飾、鋪張之處，華而不實，形成弊病；到漢代賦家又進一步加以發展，麗而侈，弊病就更加顯著了。〈夸飾〉曰：

> 自宋玉、景差，夸飾始盛。相如憑風，詭濫愈甚。故上林之館，奔星與宛虹入軒；從禽之風盛，飛廉與焦明俱獲。及揚雄〈甘泉〉，酌其餘波，語瓌奇則假珍於玉樹，言峻極則顛墜於鬼神。至〈東都〉之比目，〈西京〉之海若，驗理則理無可驗，窮飾則飾猶未窮矣。又子雲〈羽獵〉，鞭宓妃以饟屈原；張衡〈羽獵〉，困玄冥於朔野。變彼洛神，旣非魑魅；惟此水師，亦非魍魎；而虛用濫形，不其疎乎！此欲夸飾其威，而忘其事義睽刺也。

這裏指出，自宋玉、景差的辭賦，誇張描寫之風開始興盛；到司馬相如等漢賦家的作品，更加發展，不少誇張描寫，憑空造作，內容不合事理，形成了「詭濫」、「虛用濫形」之弊。〈物色〉篇更指出辭賦因着意描繪，以致文辭繁冗：

> 是以詩人（指《詩經》作者）感物，聯類不窮。……故灼灼狀桃花之鮮，依依盡楊柳之貌，……皎日嘒星，一言窮理；參差沃若，兩字連形。並以少總多，情貌無遺也。雖復思經千載，將何易奪。及〈離騷〉代興，觸類而長，物貌難盡，故重沓舒狀，於是嵯峨之類聚，葳蕤之羣日積矣。及長卿之徒，詭勢瓌聲，模山範水，字必魚貫，所謂詩人麗則而約言，辭人麗淫而繁句

也。

這裏贊美《詩經》作者描繪事物，常常只用一字兩字，而情貌無遺，言簡意賅。至《楚辭》《離騷》一類作品，就往往疊用形容詞彙，漢賦家更是變本加厲，形成了「辭人麗淫而繁句」之弊病。

對於漢代傑出辭賦家司馬相如，《文心雕龍》在評述其作品時，常常指出它們具有繁豔侈麗的特色。〈詮賦〉篇曰：「相如〈上林〉，繁類以成豔。」〈體性〉篇曰：「長卿傲誕，故理侈而辭溢。」〈才略〉篇曰：「相如好書，師範屈宋，洞入夸豔，致名辭宗。然覈取精意，理不勝辭；故揚子以爲『文麗用寡者長卿』，誠哉是言也！」

從以上所述，可以大致看出，劉勰所謂楚豔漢侈之弊，主要是指內容憑空虛構，不合事理；文辭重疊堆積，繁豔冗長。劉勰認爲，魏晉以迄南朝文章（主要指詩賦）的弊病，卽是從楚豔漢侈承襲、發展而來。〈情采〉篇曰：

昔詩人（指《詩經》作者）什篇，為情而造文；辭人（主要指宋玉和漢賦家）賦頌，為文而造情。何以明其然？蓋風雅之興，志思蓄憤，而吟詠情性，以諷其上，此為情而造文也；諸子之徒（指辭人），心非鬱陶，苟馳夸飾，鬻聲釣世，此為文而造情也。故為情者要約而寫真，為文者淫麗而煩濫。而後之作者，採濫忽真，遠棄風雅，近師辭賦；故體情之製日疏，逐文之篇愈盛。

指出魏晉以來作者，著重學習楚辭漢賦，片面追求文辭華美，形成思想感情不眞實、文辭淫麗煩濫之弊。〈明詩〉篇評劉宋時期流行的山水詩曰：

宋初文詠，體有因革，莊老告退，而山水方滋，儷采百字之偶，爭價一句之奇，情必極貌以寫物，辭必窮力而追新，此近世之所競也。

儷采百字之偶，指劉宋山水詩篇較過去文人五言詩加長，注意對偶、辭采，寓有淫麗之意。過去詩論家指出謝靈運山水詩注意細緻描繪，以賦體寫詩，足見漢賦侈麗特色對謝靈運山水詩的影響。鍾嶸《詩品》評謝詩「頗以繁蕪爲累」①，與《文心》意思相通，而貶意更明。對「爭奇」、「追新」，劉勰亦有不滿。〈通變〉篇曰：「宋訛而新」，將「新」與「訛」連在一起。〈體性〉篇曰：「新奇者，擯古競今，危側趣詭者也。」擯古競今，與〈情采〉篇的「遠棄風雅、近師辭賦」句意相通，均可爲證。結句「此近世之所競也」，冷冷一句，表現了劉勰對山水詩刻意追求繁豔、新奇的創作風尚，隱寓不滿和批評。

搉而論之，則黃、唐淳而質，虞、夏質而辨，商、周麗而雅，楚、漢侈而艷，魏、晉淺而綺，宋初訛而新。從質及訛，彌近彌澹。何則？競今疎古，風末氣衰也。

〈通變〉篇論歷代文風變遷大勢曰：指出商、周之文（即《五經》之文麗而雅，最爲理想；商、周以前之文偏於質樸，以後之文偏於豔麗新奇，均有缺點。魏、晉之文淺綺，宋初之文訛而新，則均由楚豔漢侈變化發展而來，也就是楚豔漢侈流弊的具體表現。風末氣衰，指文章風力衰弱，即缺乏風骨。據〈風骨〉篇的論述，具有風骨的作品，風貌清明爽朗，文辭剛健有力，即所謂「風清骨峻」。那些片面追求華艷之作，麗藻紛披，缺乏爽朗的風貌和有力的文辭，風骨不振。〈風骨〉篇慨嘆後代文人「習華隨侈，流遁忘反」，實際就是批評魏晉以來文風崇尚綺靡新巧，缺少風骨，其含義與「楚豔漢侈，流弊不還」是一致的。

由上所述，可見劉勰認爲楚豔漢侈的流弊，具體表現爲：敍述事物虛妄，背離事理；表現思想感情不眞摯；文辭繁豔淫麗；缺乏爽朗剛健的風貌。前二者就思想內容而言，後二者指文辭風格而言。〈序志〉篇曰：「去聖久遠，文體解散，辭人愛奇，言貴浮詭，飾羽尚畫，文繡鞶帨，離本彌甚，將遂訛濫。」指的也是當時那種習華隨侈的文風。

爲了矯正這種文風，劉勰大力提倡宗經，卽作文須以《五經》爲規範，他認爲這是文章剷除流弊、正末歸本的重要途徑。〈宗經〉篇還具體指出文章宗法《五經》，則具有「六義」之美：

故文能宗經，則體有六義：一則情深而不詭，二則風淸而不雜，三則事信而不誕，四則義貞而不回，五則體約而不蕪，六則文麗而不淫。

六義中的情深、風淸、事信、文麗四項，都是針對當時華侈文風而發，對照上文所述，不難明白。義貞、體約兩項，也與矯正華侈文風相關。義貞而不回，指思想貞正而不迴曲。〈雜文〉篇批評枚乘〈七發〉以下的「七體」一類文章道：

觀其大抵所歸，莫不高談宮館，壯語畋獵；窮瓌奇之服饌，極蠱媚之聲色；甘意搖骨髓，艷辭動魂識。雖始之以淫侈，而終之以居正。然諷一勸百，勢不自反。

即是批評這類文章文風淫侈，其思想內容有回曲而不貞正之處。體約而不蕪雜。《文心》一書中體常指體制規模，它與語言的繁簡密切相關。

在〈徵聖〉篇中，劉勰引用《易・繫辭下》和《尚書・畢命》的話，指出文章應當正言、體要，〈序志〉篇也有類似的話。其中「正言」指雅正的文風，它涉及到內容、文辭兩方面，重點更在於思想內容的規正。六義中的情深、事信、義貞三項，大致可歸屬於正言範圍。「體要」指樸實精要的文風，它以思想內容爲基礎，但主要指語言風格。六義中的風清、體約、文麗三項，大致可歸屬於體要範圍。通過〈徵聖〉、〈宗經〉兩篇，劉勰把《五經》優良文風的標準，作文必須宗法《五經》的道理，論述得可說是很具體和系統化了②。

必須指出，劉勰儘管大力提倡宗經，企圖藉以矯正當時他認爲過於華豔的文風；但他並沒有因此摒棄華豔的文風，而是要求華實互相結合。〈辨騷〉篇對《楚辭》的藝術成就評價甚高，指出它們「氣往轢古，辭來切今，驚采絕艷，難與並能矣」，實際是肯定《楚辭》的藝術成就有突過《詩經》之處。因此他主張把學習《詩經》和學習《楚辭》結合起來，以《詩經》的貞實文風爲基點，吸取《楚辭》的奇華藝術，所謂「憑軾以倚雅頌，懸轡以馭楚篇，酌奇而不失其貞，翫華而不墜其實。」（〈辨騷〉）對《楚辭》以後文學創作的發展和新變，他也持同樣態度，有所肯定而不是籠統抹煞。〈夸飾〉篇在批評漢賦某些內容背離事理（詳見上文）之後，接着說：

至如氣貌山海，體勢宮殿，嵯峨揭業，熠耀焜煌之狀，光采煒煒而欲然，聲貌岌岌其將動矣。

莫不因夸以成狀，沿飾而得奇也。

這是肯定漢賦通過夸張手段，把外界物象描繪得十分具體生動。〈物色〉篇曰：

自近代以來，文貴形似，窺情風景之上，鑽貌草木之中。吟詠所發，志惟深遠；體物為妙，功在密附。故巧言切狀，如印之印泥，不加雕削，而曲寫毫芥。故能瞻言而見貌，卽字而知時也。

這是肯定宋齊時代山水詩賦一類作品描繪景物十分逼眞細緻。在〈風骨〉篇中，劉勰提出風骨與采應二者兼備。這裏的采，自應包含着吸取楚辭、漢賦以至魏晉以來作品的藻采在內。在〈通變〉篇中，劉勰提出糾正魏晉淺綺、劉宋訛新文風的主張說：「矯訛翻淺，還宗經誥。斯斟酌乎質文之間，而檃括乎雅俗之際，可與言通變矣。」要求質樸和文采相結合，雅正和綺麗（時俗風尙追求綺麗相結合，其寓言與宗經、酌騷的主張相溝通。儘管劉勰認爲經書文章既雅且麗，實際它總體上畢竟偏於質樸，在華麗這方面，楚辭、漢賦及以後文學有不少發展和創新，劉勰認爲應當加以吸取，而不像某些復古派那樣籠統地加以排斥。他只是要求矯正楚豔漢侈的流弊，而不是摒棄楚豔漢侈。這應當說是他文學理論的高明之處。

在對待文學遺產的態度上，同時代的《詩品》作者鍾嶸，見解和劉勰很是接近。鍾嶸重視風骨，贊美建安風力；但也重視文采，主張風力與采丹相結合。（見《詩品序》）這一主張與《文心·風骨》的論點一致。鍾嶸對上品中的曹植、劉楨、陸機、謝靈運等人最爲推崇，認爲他們都源出國風，與劉勰的宗經思想相通。他對源出楚辭的張華、鮑照、謝朓等人，貶語稍多，置於中品，但又有所肯定，則與劉勰的酌騷思想相通。總之，劉、鍾兩人對南朝華艷文風均有不滿，並企圖通過提倡經書比較質樸雅正的文風來加以矯正和改進。

南朝梁代裴子野的〈雕蟲論〉，對楚辭、漢賦及以後的華艷文風，則採取鄙棄態度，與劉、鍾兩人頗不相同：

後之作者，思存枝葉，繁華蘊藻，用以自通。若悱惻芳芬，楚騷為之祖；靡漫容與，相如扣其音。由是隨聲逐影之儔，棄指歸而無執。賦詩歌頌，百帙五車，蔡邕等之俳優，揚雄悔為童子。聖人不作，雅鄭誰分？

裴子野是一位史學家，撰有《宋略》（全書今佚），上引〈雕蟲論〉即出自《宋略》。他主張文章應為政治教化服務，否定吟詠情性、崇尚辭藻的詩賦，立論是片面的。以後唐代文人，也發表過一些與裴子野類似的言論，如：

王勃〈上吏部裴侍郎啓〉：「自微言旣絶，斯文不振，屈、宋導澆源於前，枚、馬揚淫風於後。」

李華〈贈禮部尚書清河孝公崔沔集序〉：「屈平、宋玉，哀而傷，靡而不返，《六經》之道遁矣。」

獨孤及〈唐故殿中侍御史贈考功員外郎蕭廳君文集錄序〉：「嘗謂揚、馬言大而迂，屈、宋詞侈而怨。沿其流者，或文質交喪，雅鄭相奪，盍為之中道乎？」

李白《古風·其一》：「正聲何微茫，哀怨起騷人。揚、馬激頽波，開流蕩無垠。廢興雖萬變，憲章亦已淪。自從建安來，綺麗不足珍。」

這些言論，對楚辭、漢賦及其以後的華豔文風，批判都很嚴厲。但像王勃、李白，只是理論上說大話，實際在創作時還是充份注意吸取楚辭以後作品的營養。而古文運動的一些前驅者，過份強調文章的政治教化作用和質樸文風，結果他們的作品寫得往往乾癟而缺少文學性。直到韓愈出來，重視多方面向遺產學習，「沉浸醲郁，含英咀華」，包括楚辭、漢賦，「下逮《莊》、《騷》、太史所錄。子雲、相如，同工異曲。」（〈進學解〉）古文創作方始進入盛境。以上這些唐代文人對待遺產的態度及其成敗得失，很值得我們思考和借鑑。

註釋

① 繁蕪，一作「繁富」。按此處語含貶意，當作「繁蕪」。

② 參考拙作〈文心雕龍序志篇先哲之誥解〉一文，收入拙著《文心雕龍探索》，上海古籍出版社出版。

現代實際批評的雛型

——《文心龍雕・辨騷》今讀

黃維樑

一

研究《文心雕龍・辨騷》的學者，一向最關心的，大概是這個問題：〈辨騷〉究竟應該屬於總論部份，即「文之樞紐」？還是應該屬於文體論部份？評論這個問題的文章有不少，但爭論已愈來愈不多見了。學者們基本上已取得共識，就是說，〈辨騷〉屬於「文之樞紐」。對於此，周振甫下面的說法頗具代表性：

〈序志〉裏把這篇列入「文之樞紐」，不作為文體論中之一體，稱為「變乎騷」，這是極有見地的。蕭子顯在《南齊書・文學傳論》裏指出「若無新變，不能代雄。」看來劉勰早已看到這一點，所以把「變」列入文之樞紐。那麼他的〈辨騷〉，表面上是承接〈宗經〉辨別楚騷和經書的同異，實際是經過這種辨別來研究文學的新變，只有經過辨別才能認識它的新變，「辨」

和「變」是結合的，而以「變」為主。所以〈通變〉裏說：「文辭氣力，通變則久。」①

大家所關心的，就像張長青、張會恩所說，還有：劉勰以什麼標準來評價〈離騷〉及其他《楚辭》篇章？通過這些評論劉氏表達了什麼樣的文學見解？〈辨騷〉篇是否含有對浪漫主義的看法？②

對於以上種種，向來的爭論也不多，絕不像對「風骨」的解釋那樣衆說紛紜。

本文要討論的，和以上種種有若干關連，但並不直接針對上述各項問題。筆者打算把〈辨騷〉視作一篇「實際批評」(practical criticism)的文章，說明它在今天文學批評上的意義。

粗略地說，實際批評，或稱爲實用批評(applied criticism)，就是把某些理論應用於某些作品上，對作品加以批評。不過，實際批評有進一步的涵義。倫納(Laurence D. Lerner)在六〇年代初期說：「實際批評並不很古老。十八世紀以前，對文學作品的評論，能夠做到面面兼顧、發人深省的，並不多見。……眞正的實際批評之父是柯立基(Coleridge)。在他筆下，我們發現最佳的『新批評家』(The New Critics)的本色：聚精滙神地思考作品，以把握其要義，並唯恭唯謹地徵引作品細節，以說明他的看法。……實際批評就是對某些作品的深入研究。」③倫納說的，雖然只是英國的情形，但整個西方文學批評界的樣子，大概也如此。

中國傳的統文學批評，其實際批評部份，向來被稱爲印象式批評，也就是說，批評家對作品的評論，籠統概括，不夠精微深入，不是倫納所說的那種實際批評。翻閱中國傳統的文學批評資料，我們發覺例外的情形雖然有，但上面所講的，大抵不差。④《文心雕龍》的〈辨騷〉篇，是這方面一個罕見的例外，而且是極出色、極具現代意義的一個例外。

二

批評家從事實際批評時，把他對文學的觀點放在所評作品上面。劉勰反對「準的無依」、「褒貶任聲」；他對文學的見解，到底如何？他的文學主張，既見於《文心雕龍》開頭總論那幾篇，見於〈知音〉篇，見於全書其他很多篇，甚至可以說全書各篇無一不體現了他的主張；在〈辨騷〉篇，他也明確地宣稱：

> 若能憑軾以倚雅頌，懸轡以馭楚篇，酌奇而不失其貞，翫華而不墜其實，則顧盼可以驅辭力，欬唾可以窮文致，……。

「倚雅頌」就是憑倚《詩經》所代表的儒家思想。「馭楚篇」則是在儒家的主導思想之下，善加利用辭采和想像——這些是《楚辭》的藝術特徵。相對而言，《詩經》爲正（貞），《楚辭》爲奇；《詩經》爲實，《楚辭》爲華。這些思想，在《文心雕龍》的〈原道〉、〈情采〉、〈知音〉等篇，劉勰一以貫之地表現出來。質文、情采、正奇、實華的相結合，構成劉勰中庸之道，集大成式的文學觀。

把上述理論應用於〈離騷〉等《楚辭》作品，劉勰這樣說：

> 故其陳堯舜之耿介，稱湯武之祗敬，典誥之體也；譏桀紂之猖披，傷羿澆之顛隕，規諷之旨也；虬龍以喻君子，雲蜺以譬讒邪，比興之義也；每一顧而掩涕，歎君門之九重，忠怨之辭

也；觀茲四事，同於風雅者也。

范文瀾在《文心雕龍注》中說：「《詩》無典誥之體。彥和云『觀茲四事，同於《風》《雅》』，似宜云『同於《書》《詩》』。」⑤范氏所評甚是。其實這裏劉勰所言，一語以蔽之，就是《離騷》這些地方符合儒家及其詩教思想。〈辨騷〉篇接著說：

至於託雲龍，說迂怪，豐隆求宓妃，鴆鳥媒娀女，詭異之談也；康回傾地，夷羿彃日，木夫九首，土伯三目，譎怪之談也；依彭咸之遺則，從子胥以自適，狷狹之志也；士女雜坐，亂而不分，指以為樂，娛酒不廢，沉湎日夜，舉以為歡，荒淫之意也。摘此四事，異乎經典者也。

以上「異乎經典」的事，主要出於奇幻、夸誕的想像，劉勰對此並不予否定。用今天的術語來說，就是劉勰在標榜文學的正統意識之餘，並不排斥它的神話色彩。所謂「取鎔經意」、「自鑄偉辭」，正顯示他的兼容並蓄精神。假如劉勰有機會讀到《伊利亞德》(Iliad)和《奧德賽》(Odyssey)，則一近《詩經》之典誥，一似《楚辭》之夸誕，他都會喜歡。

劉勰在《知音》篇提出「六觀」說，這是從事作品批評時應觀察的六個方面——位體、置辭、通變、奇正、事義、宮商。位體指主題、情思、整體風格。置辭指用字修辭。通變指繼承與新變。奇正指正統與新奇。事義指素材與用事。宮商指音樂性。從這六個觀點看作品，才能面面兼顧。劉勰在實際批評《離騷》等《楚辭》篇章時，即應用了六觀說。〈辨騷〉的析評，多處涉及《楚辭》諸篇的主題和情思；論及〈卜居〉「標放言之致」、〈漁父〉「寄獨往之才」，更直接點明其主題。形容《離騷》

〈九章〉時，劉勰用「朗麗」；形容〈九歌〉〈九辯〉時，用「綺靡」；形容〈遠游〉〈天問〉時，用「瓌詭」，形容〈招魂〉〈招隱〉時，用耀艷；這些都與作品的置辭有關。至於「論山水，則循聲而得貌」，則涉及宮商，雖然點到即止，殊嫌簡略。「同於風雅者」四事，「異乎經典者」四事，這些上文已有引述，自然是屬於事義的範疇。「典誥」者正，「夸誕」者奇，文風的奇與正，受到所用事義的影響。「固知《楚辭》者，體憲於三代」，這是「通」；「而風雜於戰國」，這是「變」。〈辨騷〉篇開宗明義說：「自《風》《雅》寢聲，莫或抽緒，奇文鬱起，其〈離騷〉哉！」這也從奇正與通變主論，和下文說的《楚辭》是《雅》《頌》之博徒，而詞賦之英傑」一樣，都從文學的發展與演變而言，爲《楚辭》定位、評價。因爲如此，有人認爲，「辨騷」在「辨」之外，還有「變」的意思，就是探尋《離騷》等新變的軌迹⑥

倫納認爲現代的批評家，在實際析評作品時，「唯恭唯謹地徵引作品細節，以說明他的看法」。劉勰有沒有徵引作品的細節呢？有的，主要是引了同於風雅的四事、異乎經典的四事那些。二十世紀的「新批評家」如布魯克斯（Cleanth Brooks），爲文解說英詩時，徵字引句，剖析釐毫。現代中國學者如陳世驤、劉若愚、顏元叔等，受新批評學派影響，也常常用一頁篇幅分析一行詩，深入而細緻。〈辨騷〉篇雖然徵引細節，微觀作品，但其觀詩引文之微，還遠遠不能與上述中西諸學者相比。劉勰甚至不能和金聖嘆評點小說那種精細手法相提並論。然而，和中國詩話詞話裏經常出現的籠統概括作風相較，〈辨騷〉篇細微多了。唐詩如酒，宋詩如茶。「唐詩如貴介公子，舉止風流；宋詩如三家村乍富人，盛眼揖賓，辭容鄙俗。」⑦——〈辨騷〉篇用的，絕非上述二例爲代表的印象式批評手法。

三

〈辨騷〉篇徵引原文細節時，容或不夠多，不能和現代的實際批評家相比。作爲一篇文學論文，它也沒有西方現代學院式那種三句五句一註釋的格局。不過，劉勰歷引劉安、班固、王逸、漢宣帝、揚雄對《楚辭》的意見，然後平議之，這樣的做法，卻很有現代學術論文的精神。「將核其論，必徵言焉。」有多少分證據說多少分話，很有實是求是的態度。

劉勰的《文心雕龍》，體大慮周，其規模、識見，到二十世紀的今天，依然可說罕有其匹。《辨騷》篇一句「風雜於戰國」（「內容已雜有戰國時的東西」⑧），正如〈時序〉篇所說「時運交移，質文代變」一樣，使我們知道劉勰早就注意到文學與時代社會的關係。劉勰有一套通達的文學發展史觀，前面引述過的「自風雅寢聲，莫或抽緒，奇文鬱起，其《離騷》哉！」是這一史觀的又一說明。劉勰本人「積學儲寶」，「操千曲而後曉聲，觀千劍而後識器」，是個博觀的批評家，因此他能觀作品的「通變」，看到《楚辭》的「雖取鎔經意，亦自鑄偉辭」。他的這些說法，使現代的讀者不禁想起艾略特影響深遠的《傳統與個人才華》(Tradition and the Individual Talent)一文，而認爲劉勰是具有現代意義的批評家。

其實所謂現代意識、現代意義，並不容易說得清楚。在所謂「後現代主義」思潮已流行多年的今天，何者爲「現代」，何者爲「後現代」⑨，就更難分說了。也許《文心雕龍》，特別是〈辨騷〉這一篇，表現了發展的史觀，表現了對事實和前人成說的尊重，表現了兼容正統和奇變的器度，還表現了一些與當代流行理論相近的概念，這些就是它的現代意義了。

「與當代流行理論相近的概念」一項，需要作以下的說明。先看看這四句：「故才高者菀其鴻裁，中巧者獵其艷辭，吟諷者銜其山川，童蒙者拾其香草。」郭晉稀對此有這樣的語譯：

> 才華極高的人倣法他們（指《楚辭》作者）他們的鴻偉布局，心靈精巧的人獵取他們的艷麗辭藻，吟味諷誦的人愛好他們的模山範水，初學寫作的人拾取他們的花草字眼。⑩

不同氣質不同程度的讀者，受了《楚辭》不同的影響；換言之，讀者之接受《楚辭》，各有不同。〈辨騷〉篇這幾句話，正屬於當代「接受美學」(reception aesthetics) 的範圍。一如艾薩（Wolfgang Iser）說的，「接受美學」強調讀者反應對作品所起的作用：「完全不同的讀者，可以受到某一作品的不同影響」⑪。「接受美學」的主要見解，非常簡易。《易經》早就說過：「仁者見之謂之仁，知者見之謂之知。」可說是「接受美學」的先聲。《文心雕龍》體大慮周，或就作品本身立論，或論作品與作者之關係，或論作品與時序環境之關係，或論作品與讀者之關係，誠然面面兼顧。〈辨騷〉篇「才高者……」所論，是作品與讀者之關係。

說〈辨騷〉篇有「接受美學」的思想，就像說它注意到文學作品有古典主義和浪漫主義（劉勰用的字眼分別是「典誥」和「夸誕」）的特質一樣，並非穿鑿附會之談；因爲劉勰實在想得廣，想得深，把種種文學問題都想通想透了。他的文學思想不但通透，而且通達恢宏，足以涵古蓋今，是一偉大的架構。所謂「現代意義」，不容易一語界定。我們知道現代社會是思想和結構都多元化的社會，「現代意義」應該會有多元化這個特點。劉勰論文學，雖然有其原道徵聖、情經辭緯的鮮明立場，但他對各種不同體裁、內容、風格的作品，卻能夠兼容並蓄，不亂加排斥。他這種態度，在〈辨騷〉篇也表現出來。受影響者氣質、程度不同，但「鴻裁」「艷辭」「山川」「香草」各有其可愛可親之美。《楚辭》雖然是《雅》《頌》之博徒，但不害其爲詞賦之英傑。劉勰有容乃大，其文論具有可貴的多元並蓄的思想。因此其〈辨騷〉一篇，是中國古代罕見的實際批評佳構，是一個現代實際批評的雛型；它所包涵的思想，輝照後世，啓悟今人，饒有現代意義。

註釋

① 見周氏《文心雕龍注釋》（北京人民文學出版社，一九八一），頁四二一。

② 見二氏《文心雕龍詮釋》（長沙，湖南人民出版社，一九八二），頁三八。

③ 見 *Princeton Encyclopedia of Poetry and Poetics* (Princeton, N. J., 1957) 一書中 criticism 條目。

④ 參看拙著《中國詩學縱橫論》（臺北，洪範，一九七七）。

⑤ 見范氏《文心雕龍註》（香港，商務，一九六〇），頁五三。

⑥ 見註①所引文字。

⑦ 見註④頁一九所引。後者出於《霏雪錄》。

⑧ 見陸侃如、牟世金《文心雕龍注》(濟南，齊魯出版社，一九八一)，頁五二。

⑨ 參看羅青《什麼是後現代主義》(臺北，五四，一九八九)一書。

⑩ 見郭氏《文心雕龍譯注十八篇》(香港，建文書局)頁二八。

⑪ 見 Wolfgang Iser, *The Implied Reader* (Baltimore, The John Hopkins University Press, 1974), p.279.

志深而筆長，梗概而多氣

——劉勰論「建安七子」

穆克宏

「建安七子」，最早見於曹丕的《典論·論文》，是指生活在漢獻帝建安（一九六—二二〇）時代的七位著名作家。他們是孔融、陳琳、王粲、徐幹、阮瑀、應瑒、劉楨。劉勰對他們都有評論。劉勰對作家的評論，往往三言兩語，抓住要害，十分精采。這樣的例子很多，他對「建安七子」的評論就是其中一例。

孔融氣盛於爲筆

孔融是「建安七子」之一。但是，他與其他六人不同，他既不是曹氏父子的僚屬，也沒有參加鄴下文人集團，關係比較疏遠。所以，曹丕在〈與吳質書〉中評論建安諸子，只有徐幹、應瑒、陳琳、劉楨、阮瑀、王粲六家。曹植在〈與楊德祖書〉中提及建安諸子，也只有王粲、陳琳、徐幹、劉楨、應瑒、楊修六家。《三國志・王粲傳》說：「始文帝爲五官將，及平原侯植皆好文學。粲與北海徐幹字偉長、廣陵陳琳字孔璋、陳留阮瑀字元瑜、汝南應瑒字德璉、東平劉楨字公幹，並見友善。」皆未提到孔融，爲什麼又把他列入「七子」呢？我認爲這是由於：一、孔融的散文成就。曹丕《典論・論文》說：「孔融體氣高妙，有過人者，然不能持論，理不勝詞，以至乎雜以嘲戲；及其所善，揚、班儔也。」認爲孔融的佳作，只有揚雄、班固能夠與他相匹敵。李充〈翰林論〉說：「或問曰：『何如斯可謂之文？』答曰：『孔文舉之書，陸士衡之議，斯可謂成文也。』」認爲孔融的書信，才可以說是文章。評價都是相當高的。二、曹丕對他的作品喜愛。《後漢書・孔融傳》說：「魏文帝深好融文辭，嘆曰：『揚、班儔也。』募天下有上融文章者，輒賞以金帛。」所以，他在《典論・論文》中，把他列爲「七子」之一。

劉勰《文心雕龍》論及「建安七子」主要有三處：

〈明詩〉：「曁建安之初，五言騰踊。文帝、陳思，縱轡以騁節；王、徐、應、劉，望路而爭驅。」

〈時序〉：「建安之末……仲宣委質於漢南，孔璋歸命於河北，偉長從宦於青土，公幹徇質於海隅，德璉綜其斐然之思，元瑜展其翩翩之樂……」

〈才略〉：「仲宣溢才，捷而能密，文多兼善，辭少瑕累，摘其詩賦，則七子之冠冕乎！琳、瑀以符檄擅聲；徐幹以賦論標美；劉楨情高以會采；應瑒學優以得文。」

〈明詩〉篇，由於論述的是詩歌，只是提到王粲、徐幹、應瑒、劉楨。〈時序〉篇提到王粲等六人，也沒有提到孔融。〈才略〉篇論述有魏一代作家，先論述曹丕、曹植兄弟，然後品評王粲等六人，也沒有論及孔融，只是在論述漢代作家時說：「孔融氣盛於爲筆，禰衡思銳於爲文，有偏美焉。」但是，〈才略〉篇提到「七子」，根據《典論・論文》的提法，劉勰自然也認爲孔融是「七子」之一。

孔融的作品，《後漢書・孔融傳》說：「所著詩、頌、碑文、論議、六言、策文、表、檄、教令、書記凡二十五篇。」《隋書・經籍志》載「後漢少府《孔融集》九卷。梁十卷，錄一卷」。至宋始散失。明人有輯本流傳。孔融詩今存七首。明胡應麟說：「漢名士若……孔融……輩詩，存者皆不工。」又說：「北海不長於詩。」（《詩藪》外編卷一）孔融詩歌成就不高，劉勰沒有論及。孔融的文學成就主要表現在散文方面。這方面劉勰的論述較詳。

《文心雕龍・誄碑》篇說：「自後漢以來，碑碣雲起。……孔融所創，有慕伯喈。張、陳兩文，辨給足採，亦其亞也。」意思是說，東漢以來，碑文盛行，蔡邕的碑文十分著名。孔融寫作碑文就是摹仿蔡邕的。他的〈衞尉張儉碑銘〉和陳碑語言巧捷而富於文采，僅次於蔡邕。這個評價是比較高的。可惜〈衞尉張儉碑銘〉殘缺，陳碑失傳，今天已無法清楚地看出其「辨給足采」的特點了。

〈論說〉篇說：「至如張衡〈譏世〉，韻似俳說；孔融〈孝廉〉，但談嘲戲；曹植〈辨道〉，體同書抄；言不持正，論如其已。」這是說，孔融的〈孝廉〉，只說一些開玩笑的話，言論不保持正道，還不如不寫。對孔融的〈孝廉〉作了嚴肅的批評。〈孝廉〉一文今已散失，我們無從了解劉勰的批評正確與否，不過，聯系曹丕說孔融「……不能持論，理不勝辭，以至雜以嘲戲」的話，劉勰對孔融〈孝廉〉的批評是可以理解的。

〈詔策〉篇說：「教者，效也。出言而民效也。……孔融之守北海，文教麗而罕於理，乃治體乖也。」「於理」，《太平御覽》作「施」，是。劉勰認爲，教就是效法，說出語來老百姓照著做。孔融做北海相，他的教令文辭雅麗，卻很少能夠實行，是他的治理方法不合。范文瀾同志不同意劉勰此說，認爲「本傳謂融爲北海相，到郡收合士民，起兵講武，表顯儒術，薦賢舉良，在郡六年，日以抗羣賊輯吏民爲事，似非『罕於理』者」（《文心雕龍註・詔策》註㉝）。其實司馬彪《九州春秋》中已經說到孔融「高談教令，盈溢官曹，辭氣溫雅，可玩而誦。論事考實，難可悉行。但能張磔網羅，其自理甚疏。」（《三國志・崔琰傳》註引）葛洪也說：「孔融邊讓，文學邈俗，而並不達治務，所在敗績。」（《抱朴子・外篇・清鑒》），可見劉勰的說法是有根據的。如再稽之史傳，更可以證明劉勰的論述是符合實際的。應該指出，孔融在北海時寫給僚屬的教令今存八篇，多以禮賢愛士爲內容，文辭雅雋。這樣的內容似不存在「罕施」問題。

〈章表〉篇說：「至於文舉之〈薦禰衡〉，氣揚采飛；孔明之〈辭後主〉，志盡文暢：雖華實異旨，並表之英也。」諸葛亮的〈出師表〉，與本文無關，玆不置論。劉勰認爲，孔融的〈薦禰衡表〉氣勢高昂，文采飛揚，和諸葛亮的〈出師表〉同是傑出的表文。禰衡，漢末文學家，少有才辨。孔融在〈薦禰衡表〉中是這樣介紹他的：

竊見處士平原禰衡，年二十四，字正平，淑質貞亮，英才卓躒。初涉藝文，升堂睹奧。目所一見，輒誦於口，耳所暫聞，不忘於心，性與道合，思若有神。弘羊潛計，安世默識，以衡準之，誠不足怪。忠果正直，志懷霜雪，見善若驚，疾惡如仇。任座抗行，史魚厲節，殆無以過也。

於此可見禰衡的品質、才能，亦可看出文章「氣揚采飛」的特點。確是一篇好文章，無怪乎昭明選入《文選》。

〈書記〉篇說：「逮後漢書記，則崔瑗尤善。魏之元瑜，號稱翩翩；文舉屬章，半簡必錄；休璉好事，留意詞翰，抑其次也。」劉勰指出，後漢時的書信，崔瑗的最好。魏之阮瑀，曹丕稱他「書記翩翩」；孔融的書信，雖是殘篇亦必抄錄；應璩好事，留心書信的寫作，都差一點。其中說到孔融的書信「有簡必錄」。這是指魏文帝曹丕喜愛孔融的作品，蒐集他的文章，有獻孔融文章者賞以金帛。見前引之《後漢書·孔融傳》。孔融的書信以《文選》選錄的〈論盛孝章書〉最著名。這是孔融向曹操推薦盛孝章的一封信。盛孝章名憲，吳會稽人，曾任吳郡太守。氣量宏偉，愛重士人，聲名爲孫策所忌，借故投入監獄。正當孔融請求曹操援救他時，爲策弟孫權所害。這封信抒寫作者愛才之心，情辭迫切，有豪邁之氣，爲後人所推重。這樣的書信「半簡必錄」，自然是有所價值的。

〈風骨〉篇說：「故魏文稱文以氣爲主，氣之清濁有體，不可力強而致；故其論孔融，則云體氣高妙；論徐幹，則云時有齊氣；論劉楨，則云有逸氣。公幹亦云：孔氏卓卓，信含異氣，筆墨之性，殆不可勝。並重氣之旨也。」這是劉勰論「氣」時引用曹丕和劉楨的兩段話。恰好這兩段話裏都論到孔融。曹丕說孔融「體氣高妙」，劉楨說孔融「信含異氣」，都說明了孔融文章富於氣勢的特點。《文心雕龍·才略》篇說：「孔融氣盛於爲筆。」劉勰認爲，無韵者爲「筆」，有韵者爲「文」（見《文心雕龍·總術》）。這裏的「筆」，當指散文。這是說孔融的書表等散文富於氣勢。這一論斷和曹丕、劉楨的看法是一致的。

王粲——「七子之冠冕」

曹丕在《典論·論文》中說：「今之文人，魯國孔融文舉，廣陵陳琳孔璋，山陽王粲仲宣，北海徐幹偉長，陳留阮瑀元瑜，汝南應瑒德璉，東平劉楨公幹。斯七子者，於學無所遺，於辭無所假，咸以自騁驥騄於千里，仰齊足而並馳，以此相服，亦良難矣。」這是說「七子」皆如良駿，並馳千里，不相上下。曹植在〈與楊德祖書〉中也說：「昔仲宣獨步於漢南，孔璋鷹揚於河朔，偉長擅名於青土，公幹振藻於海隅，德璉發跡於此魏，足下高視於上京。當此之時，人人自謂握靈蛇之珠，家家自謂抱荆山之玉。」這是說，王粲、陳琳等人，個個自恃其才，各不相讓。如此說來，他們在當時是不分高下的。在歷史上首先指出他們有高下之分的是劉勰。《文心雕龍·才略》篇說：「仲宣溢才，捷而能密，文多兼善，辭少瑕累，摘其詩賦，則七子之冠冕乎！」這是認爲王粲的文學成就超過「建安七子」中的其他六人。這個論斷是符合實際的。

劉勰認爲，標誌王粲文學成就的是詩賦。先說賦。曹丕說：「王粲長於辭賦，……如粲之〈初征〉〈登樓〉〈槐賦〉〈征思〉……雖張、蔡不過也。」（《典論·論文》）又說：「仲宣獨自善於辭賦，惜其體弱，不足起其文，至於所善，古人無以遠過。」（〈與吳質書〉）對王粲的辭賦評價較高。《文心雕龍·詮賦》篇說：「及仲宣靡密，發端必遒……亦魏晉之賦首也。」端，唐寫本《文心雕龍》作「篇」，是。這裏的意思是，王粲賦細膩周密，篇章遒勁有力，是「魏晉之賦首」八家之一。劉勰所謂的「魏晉之賦首」八家是指王粲、徐幹、左思、潘岳、陸機、成公綏、郭璞和袁宏。其中魏代辭賦家只有王粲、徐幹二人。徐幹後文將要論及，這裏且說王粲。王粲的賦今存二十六篇（包括殘篇），以《文選》收錄的〈登樓賦〉最有名，也最有代表性。〈登樓賦〉寫王粲流落荆州，不爲劉表所重視。他懷才不遇，因而產生思鄉之情，登樓原爲消憂，而觸景生情，思鄉更甚，全賦表達了他的濃郁的思鄉之情。這篇抒情小賦，先寫登樓所見，次寫詩人眷眷懷歸之情，最後寫時光飛逝，壯志難酬的苦悶。從登樓寫到下樓，從白天寫到傍晚，以時間和遊覽活動爲順序，段落分明，脈絡清晰，並注意前後照應，充分表現本篇結構緊密，寫情細膩的特點，這大概就是劉勰所說的「靡密」吧！在表現手法上，詩人善於把寫景和抒情緊密地結合起來，如：

> 步棲遲以徙倚兮，白日忽其將匿。風蕭瑟而並興兮，天慘慘而無色。獸狂顧以求羣兮，鳥相鳴而舉翼。原野闃其無人兮，征夫行而未息。

這裏描寫傍晚的景色，景中有情，情景交融，字裏行間流露出來的強烈的感情，使人感到作品充沛有力。這也許就是劉勰所說的「發篇必遒」。王粲的其他賦作如〈羽獵賦〉、〈游海賦〉、〈浮淮賦〉等都在不同程度上表現出王粲辭賦描寫細膩，風格遒勁的特點。劉勰對王粲辭賦的評論確能一語破的。

王粲的詩歌創作成就很高。鍾嶸《詩品》列於上品。《文心雕龍・明詩》篇說：「暨建安之初，五言騰踊，文帝、陳思，縱轡以騁節，王、徐、應、劉，望路而爭驅；並憐風月，狎池苑，述恩榮，敍酣宴，慷慨以任氣，磊落以使才；造懷指事，不求纖密之巧；驅辭逐貌，唯取昭晰之能：此其所同也。」這一段話總論建安詩歌。劉勰認為建安時期是五言詩的繁榮時期。在當時詩壇上，曹丕、曹植兄弟和王粲、徐幹、應瑒、劉楨等人都具有「慷慨以任氣，磊落以使才」的特徵。〈時序〉篇論述建安文學說：「觀其時文，雅好慷慨，良由世積亂離，風衰俗怨，並志深而筆長，故梗概而多氣也。」這個分析深刻地道出了建安文學的特色，是極為精湛的。作為建安時期著名作家的王粲，他的詩篇具有建安文學的共同特色。王粲詩今存二十七首。這些詩歌的主要內容和建安時期的其他作家一樣，反映了東漢末年動亂的社會現實，表現了詩人渴望統一祖國的理想和建功立業的雄心。如〈七哀詩〉三首中為人們所熟知的第一首：

西京亂無象，豺虎方遘患。復棄中國去，遠身適荆蠻。親戚對我悲，朋友相追攀。出門無所見，白骨蔽平原。路有饑婦人，抱子棄草間。顧聞號泣聲，揮涕獨不還。「未知身死處，何能兩相完？」驅馬棄之去，不忍聽此言。南登霸陵岸，迴首望長安。悟彼下泉人，喟然傷心肝！

這首詩描寫了他在董卓部將李傕、郭汜的變亂中離開長安所見的情景。詩歌一開始就點出李傕、郭汜之亂，正是在這次變亂中，他被迫離開長安的。一走出長安城的大門，他所見到的是什麼呢？只有「白骨蔽平原」的凄慘景象。他還見到路旁的「饑婦人」，棄子草間，揮淚離去的慘絕人寰的事實。「未知」二句，令人耳不忍聞，深刻地揭露了當時的戰亂給人民帶來的災難和痛苦。「南登」四句，透露了詩人生活在亂世而思念賢明的君主、渴望政治清明的思想。這首詩寫得悲涼沉痛，眞切動人，是建安詩歌中的名作。〈七哀詩〉三首的第二首是寫詩人寄居荆州思念故鄉的詩篇，第三首是寫邊地寒冷，荒漠的慘景，都生動地體現了建安詩歌的特色。

劉勰論述四言詩和五言詩的特點時，又論及王粲，他說：「若夫四言正體，則雅潤爲本；五言流調，則清麗居宗；華實異用，惟才所安。故平子得其雅，叔夜含其潤，茂先凝其清，景陽振其麗。兼善則子建、仲宣，偏美則太冲、公幹。」（《文心雕龍・明詩》）劉勰認爲，詩歌的特點，四言詩以雅正、潤澤爲主；五言詩以清新、華麗爲主。張衡、嵇康、張華、張協各具其中一種特點，而王粲兼善四言、五言，具備上述各種特點。這裏對王粲的評價是很高的。

王粲的四言詩今存只有四首。《文選》收入〈贈蔡子篤〉、〈贈士孫文始〉、《贈文叔良》三首。這三首詩都是贈別之作，主要是寫離情別緒，有的流露出對「悠悠世路，亂離多阻」的感嘆，有的表現了眞摯的友情，有的是對奉使友人的勸戒，都是較好的詩篇，具有雅正、潤澤的特點。王粲的五言詩標誌著他詩歌創作的主要成就，如《七哀詩》、《從軍行》、《雜詩》等，其語言風格都表現了清新、華麗的特點。這就是劉勰所說的「兼善則子建、仲宣」。除了詩賦之外，劉勰對王粲的弔、七、論等其他作品也有所評述，因爲無關緊要，這裏就不再論列了。

琳、瑀以符檄擅聲

陳琳、阮瑀以章表書記享有盛名。所以，劉勰說：「琳、瑀以符檄擅聲。」（《文心雕龍·才略》）其實，遠在陳琳、阮瑀生活的建安時代，曹丕在《典論·論文》中已指出了這一點，他們對陳琳、阮瑀的章表書檄給予較高的評價。

陳琳，初爲何進主簿。何進被害後，北依袁紹。紹敗，歸附曹操，任司空軍謀祭酒，管記室。當時軍國書檄多是他和阮瑀草擬的。《典略》說：「琳作諸書及檄，草成呈太祖。太祖先苦頭風，是日疾發，臥讀琳所作，翕然而起曰：『此愈我病。』數加厚賜。」（《三國志·王粲傳》註引）可見曹操對陳琳所擬書檄的喜愛。陳琳所作檄文名篇是〈爲袁紹檄豫州〉。此文選入《文選》，李善註云：「《魏志》：琳避難冀州，袁本初使典文章，作此檄以告劉備，言曹公失德，不堪依附，宜歸本初也。後紹敗，琳歸曹公。曹公曰：卿昔爲本初移書，但可罪狀孤而已，惡惡止其身，何乃上及父祖邪？琳謝罪曰：矢在絃上，不可不發。曹公愛其才而不責之。」豫州在河南，袁紹要往河南進攻曹操，命陳琳草此檄文。這篇檄文是寫給豫刺史劉備和豫州的地方官的，其中對曹操的醜行多有揭露。可是在陳琳歸附曹操之後，曹操因爲愛惜人才而不咎既往，並加官重用。劉勰對這篇檄文也發表了意見，他說：「陳琳之檄豫州，壯有骨鯁，雖奸閹携養，章密太甚，發丘摸金，誣過其虐；然抗辭書釁，皦然露骨矣。敢指曹公之鋒，幸哉免袁黨之戮也。」（〈檄移〉）劉勰認爲，陳琳的〈爲袁紹檄豫州〉，寫得理直氣壯，雖然其中罵曹操的父親曹嵩是奸臣太監的養子，揭露私事太過分，又說曹操挖墳盜墓，誣蔑超過了他的暴虐，但是，他罡用直率的文辭寫下曹操的罪惡，寫得十分明白。他敢於觸犯曹操的鋒鋩，幸而免於作爲袁紹的黨羽而被殺。劉勰對文章是贊賞的，只是認爲所揭露的事，或「章密太甚」，或「誣過其虐」，稍有不滿，而對他免爲曹操所殺感到慶幸。

劉勰還論到陳琳的〈諫何進召外兵〉，他說：「至於陳琳諫辭，稱掩目捕雀；潘岳哀辭，稱掌珠伉儷：並引俗說而爲文辭者也。」（〈書記〉）這是說陳琳諫辭中引用民間諺語「掩目捕雀」。而劉勰認爲「夫文辭鄙俚，莫過於諺」，即文辭的鄙俗，沒有超過諺語的，對陳琳提出批評。陳琳的諫辭見於《三國志・王粲傳》。其文開頭就說：「《易》稱『卽鹿無虞』。諺有『掩目捕雀』。夫微物尚不可欺以得志，況國之大事，其可以詐立乎？」這裏以諺語「掩目捕雀」比喻不可自欺欺人，增強了文辭的形象性和說服力，用得很好，爲什麼劉勰對此提出批評呢？這是因爲他具有封建士大夫的正統思想，輕視民間文學和語言，認爲這些不登大雅之堂。

〈章表〉篇說：「琳、瑀章表，有譽當時，孔璋稱健，則其標也。」劉勰的這一看法，完全繼承了曹丕的觀點。曹丕《典論・論文》說：「琳、瑀之章表書記，今之雋。」〈與吳質書〉說：「孔璋章表殊健。」是爲劉勰所本。陳琳章表筆力殊健的例子頗多，何倬認爲〈爲曹洪與魏文帝書〉就是一例（《義門讀書記·文選》卷五）。上文提及的〈諫何進召外兵〉，亦是一例：

今將軍總皇威，握兵要，龍驤虎步，高下在心；以此行事，無異于鼓洪爐以燎毛髮。但速發雷霆，行權立斷，違經合道，天人順之；而反釋其利器，更徵於他。大兵合聚，强者為雄，所謂倒持干戈，授人以柄；功必不成，祇為亂階。

陳琳諫何進的這一番話，闡明事理，語言確實矯健有力。惜何進不接受他的讜言，終於僨事。〈知音〉篇在論述「文人相輕」時，說到「及陳思論才，亦深排孔璋。」認爲這是「文人相輕」的一種表現。曹植〈與楊德祖書〉說：「以孔璋之才，不閑於辭賦，而多自謂能與司馬長卿同風。譬畫虎不成，反爲狗者也。」這是劉勰立論的根據。陳琳辭賦，成就不高。只有〈武軍賦〉，受到葛洪的推崇（見《抱朴子·鈞世》）。但今已殘缺，無由窺其全豹。張溥說：「孔璋賦詩，非時所推，〈武軍〉之賦，久乃見許於葛稚川，今亦不全，他賦絕無空羣之目。」（〈漢魏六朝百三家集·陳記室集〉題辭）此說甚是。我認爲，曹植對陳琳批評是正確的，只是語含譏刺，盛氣凌人，流露出「文人相輕」的惡習，因此，受到劉勰的批評。

〈時序〉篇說：「孔璋歸命於河北。」這是指袁紹敗亡後陳琳歸順曹操。〈程器〉篇又說：「孔璋傯恫以麤疏。」說陳琳草率而粗魯，魚豢《魏略》中引韋誕的話已經說到：「孔璋實自粗疏。」（《三國志·王粲傳》註引）但是，確指什麼？我們已不得而知。張溥說：「（陳琳）棲身冀州，爲袁本初草檄，詆操，心誠輕之，奮其怒氣，詞若江河，及窮窘歸操，預管記室，移書吳會，即盛稱北方，無異《劇秦美新》。文人何常，唯所用之，茂惡爾矛，夷懌相讎，固恒態也。」（《漢魏六朝百三家集・陳記室集題辭》）這一段話也許有助於我們理解陳琳立身傯恫和粗疏的缺點。我想，劉勰對陳琳的批評一定是有根據的。

阮瑀在建安中歸附曹操，和陳琳同爲司空軍謀祭酒，管記室，善作章表書記，與陳琳齊名。劉勰對阮瑀亦有所論述。

《文心雕龍・時序》篇論述建安諸子時說：「元瑜展其翩翩之樂。」《書記》篇又說：「魏之元瑜，號稱翩翩。」翩翩，形容文辭之美好。曹丕《與吳質書》說：「元瑜書記翩翩，致足樂也。」是爲劉勰所本。這是說，阮瑀的書記之類文章，文采斐然，教人讀了十分愉快。阮瑀的書記之類文章今存三篇，即《謝太祖箋》、《爲魏武與劉備書》和《爲曹公作書與孫權》。前兩篇只殘存隻言片語。《謝太祖箋》殘文是：「一得披玄雲，望白日，唯力是視，敢有二心。」這不過是表示對曹操的忠心。《爲魏武與劉備書》殘文是：「披懷解帶，投分託意。」只是表達知己之意。全篇內容已不可詳。後一篇是完整的，蕭統選入《文選》，是陳琳的代表作。此書中說：「離絕以來，於今三年。」又說：「昔赤壁之役，遭離疫氣，燒舡自還，以避惡地。」當作於赤壁之戰三年之後。赤壁之戰發生於建安十三年（二〇八），此書當作於建安十六年。次年，阮瑀卒。這封書信是阮瑀代曹操寫給孫權的。此時孫權據有江東，西連蜀漢，與劉備和親。曹操作書與孫權，望他同來事漢。其實，建安十三年後，曹操任丞相，總攬了軍政大權，漢獻帝只是一個傀儡，這時漢王朝已是名存實亡了。這封書信的開頭是這樣寫的：

離絕以來，於今三年，無一日而忘前好。亦猶姻媾之義，恩情已深；違異之恨，中間尚淺也。孤懷此心，君豈同哉！每覽古今所由改趣，因緣侵辱，或起瑕舋，心忿意危，用成大變。若韓信傷心於失楚，彭寵積望於無異，盧綰嫌畏於已隙，英布憂迫於情漏，此事之緣也。孤與將軍，恩如骨肉，割授江南，不屬本州，豈若淮陰捐舊之恨。抑遏劉馥，相厚益隆，寧放朱浮顯露之奏。無匿張勝貸故之變，匪有陰構賁赫之告，固非燕王淮南之舋也。而忍絕王命，明棄碩交，實為佞人所構會也。

阮瑀以此書說服孫權事漢，動之以情，曉之以理，引古證今，出之駢比，果眞文辭翩翩。張溥說：「阮掾爲曹操遺書孫權，文詞英拔，見重魏朝。」（《漢魏六朝百三家集。阮元瑜集題辭》）確實如此。

〈神思〉篇說：「人之禀才，遲速異分，文之制體，大小殊功：相如含筆而腐毫，揚雄輟翰而驚夢，桓譚疾感於苦思，王充氣竭於思慮，張衡研京以十年，左思綜都以一紀，雖有巨文，亦思之緩也。淮南崇朝而賦騷，枚皐應詔而成賦，子建援牘如口誦，仲宣舉筆似宿構，阮瑀據案而制書，禰衡當食而草奏，雖有短篇，亦思之速也。」這裏論構思的遲速所舉諸例，其中有阮瑀，說「阮瑀據案而制書」。案，當作鞍。這是說阮瑀靠在馬鞍上作文書，很快寫成了。《典略》說：「太祖嘗使瑀作書與韓遂。時太祖適近出，瑀隨從，因於馬上具草。書成，呈之。太祖擥筆欲有所定，而竟不能增損。」（《三國志・王粲傳》註引）曹操與韓遂書已失傳，而阮瑀構思敏捷的故事卻傳下來了。阮瑀不但構思敏捷，而且文書寫得十分周密，連曹操這樣的文章高手竟也不能增刪一字。此亦可見其善作文書。蕭繹《金樓子》說：「劉備叛走，曹操使阮瑀爲書與備，馬上立成。」（《太平御覽》六百引）此爲構思敏捷之又一例。

〈哀弔〉篇說：「胡、阮之弔夷、齊，褒而無聞（間），仲宣所制，譏呵實工，然則胡、阮嘉其清，王子傷其隘，各〔其〕志也。」意思是，胡廣的弔夷齊文，只有贊揚沒有批評，王粲的的〈弔夷齊文〉，譏刺指斥得確實巧妙。但是，胡廣、阮瑀是贊美他們的清高，王粲是不滿他們的狹隘，各有其用意。胡廣等三篇〈弔夷齊文〉，今皆殘存。胡廣文說夷齊「恥降志於汚君，溷雷同於榮勢，抗浮雲之妙志，遂蟬蛻以偕逝」，阮瑀文說夷齊「重德輕身，隱景潛暉；求仁得仁，報之仲尼；沒而不朽，身沉名飛」，都是贊美夷齊的清高。唯有王粲文有贊美，也有批評，贊美夷齊「守聖人之清槩，要既死而不渝。厲清風於貪士，立果志於懦夫」；批評夷齊「知養老之可歸，忘除暴之爲念；絜已躬以騁志，愆聖哲之大倫」，似較全面。劉勰指出「王子傷其隘」，只看到一方面，不免有些片面。

陳琳和阮瑀的詩，劉勰均未論及，說明他們都不長於作詩。但是，他們都有佳篇，如陳琳的〈飲馬長城窟行〉，阮瑀的〈駕出北郭門行〉，都是我國古代文學史上的名作。〈飲馬長城窟行〉寫秦築長城給人民帶來的深重苦難，格調蒼勁悲凉。陳祚明評曰：「可與漢人競爽。辭氣俊爽，如孤鶴唳空，翮堪淩霄，聲聞於天。」（《采菽堂古詩選》卷七）〈駕出北郭門行〉寫一個受後母虐待的孤兒的悲慘遭遇，富有漢樂府民歌風味，與漢樂府〈孤兒行〉是一類作品。陳祚明評曰：「質直悲酸，猶近漢調。」（《采菽堂古詩選》卷七）這些都是比較傳誦的篇什。鍾嶸的《詩品》沒有評到陳琳，將阮瑀列入下品，評曰：「平典不失古體」雖然品評過簡，卻道出這兩首詩的主要特色。張溥論陳琳詩時說：「詩則〈飲馬〉、〈遊覽〉諸篇，稍見寄託，然在建安諸子中篇最寥寂。」（《漢魏六朝百三家集・陳記室集題辭》）陳琳詩在建安七子中爲數較少，今存只有五首，除〈飲馬長城窟行〉外，張溥提到〈遊覽〉二首。其一云：

高會時不娛，羈客難爲心。慇懷從中發，悲感激清音。投觴罷歡坐，逍遙步長林。蕭蕭山谷風，黯黯天路陰。惆悵忘旋反，歔欷涕霑襟。

這首詩寫游子羈旅在外，滿懷悲愁。是游子思念故鄉，還是仕途失意？就難以斷定。不過詩中自有寄託。其二寫秋風清涼，詩人閑居不娛，驅車訪友，見花木凋零，深感「騁哉日月逝，年命將西傾。建功不及時，鐘鼎何所銘？」表現了「立德垂功名」的思想，都是較有內容的作品。張溥論阮瑀詩時說：「悲風涼日，明月三星，讀其諸詩，每使人愁。」（《漢魏六朝百三家集・阮元瑜集題辭》）「悲風」二句化用阮瑀詩句。其〈七哀詩〉云：「臨川多悲風，秋日苦清涼。」又云：「三星守故次，明月未收光。」川多悲風，秋日清涼，參星在位，明月當空。此時此景，易生悲愁。所以阮瑀諸詩，如〈七哀詩〉感嘆「良時忽一過，身體爲土灰」。寫客子「還坐長嘆息，憂憂難可忘」。〈雜詩〉寫詩人歸來又離別「思慮益惆悵，淚下霑裳衣」。〈苦雨〉寫「客行易感悴，我心摧已傷」。〈失題詩〉寫「自知百年後，堂上生旅葵」。皆爲愁苦之音，確是讀之「每使人愁」。陳琳，特別是阮瑀詩，流露了人生無常的悲傷，表現了詩人對人生強烈的追求和留戀，顯示了人的覺醒，値得一提，故而補上一筆。

徐幹以賦論標美

劉勰認爲徐幹因爲他善於寫辭賦和論說文章而享有美名。其實曹丕早已說過：「王粲長於辭賦，徐幹時有齊氣，然粲之匹也。如粲之〈初征〉、〈登樓〉、〈槐賦〉、〈征思〉，幹之〈玄猿〉、〈漏卮〉、〈圓扇〉、〈桔賦〉，雖張、蔡不過也。」（《典論・論文》）又說：「觀古今文人，類不護細行，鮮皆能以名節自立。而偉長獨懷文抱質，恬淡寡欲，有箕山之志，可謂彬彬君子者矣。著《中論》二十餘篇，成一家之言，辭義典雅，足傳於後，此子爲不朽矣。」（〈與吳質書〉）顯然，劉勰的立論是繼承了曹丕的觀點。

徐幹的辭賦，曹丕提到的四篇，除〈圓扇賦〉殘留「惟合歡之奇扇，肇伊洛之纖素。仰明月以取象，規圓體之儀度」四句（《太平御覽》七〇二、八一四引）外，其他三篇全都散失。徐幹賦今存八篇，即〈齊都賦〉、〈西征賦〉、〈序征賦〉、〈從征賦〉、〈哀別賦〉、〈喜夢賦〉、〈圓扇賦〉

和〈車渠椀賦〉，皆爲殘篇。大都剩下數句，實在看不出他在辭賦方面的卓越成就。〈齊都賦〉殘文較多，其開頭指出齊都是「神州之奧府」，接著寫道：

其川瀆則洪河洋洋，發源崑崙，九流分逝，北朝滄淵，驚波沛厲，浮沫揚奔。南望無垠，北顧無鄂，蒹葭蒼蒼，莞菰沃若，鴛鴦鵁鶄，鴻雁鷺鵠，連軒翬霍，覆水掩渚。瑰禽異鳥，羣萃乎其間。戴華蹈縹，披紫垂丹，應節往來，翕習翩翩，靈芝生乎丹石，發翠華之煌煌。……

徐幹筆下的洋洋黃河，其景色確實氣勢雄壯，優美動人。無怪乎劉勰將他列爲「魏晉之賦首」之一，說「偉長博通，時逢壯采」（《文心雕龍・詮賦》）。

此外，值得一提的是〈序征賦〉。這是建安十三年（二〇八），徐幹跟隨曹操南下，參與了赤壁之戰後寫的。賦云：「餘因茲以從邁兮，聊暢目乎所經。……沿江浦以左轉，涉雲夢之無陂。從青冥以極望，上連薄乎天維。刊梗林以廣塗，塡沮洳以高蹊。攣循環其萬艘，亘千里之長湄。行兼時而易節，迄玄氣之消微，」都與赤壁之戰有關。「涉雲夢」，寫曹操在赤壁敗後，至雲夢大澤。「萬艘」寫赤壁之戰中劉袁的蒙沖斗艦數以千計，被曹操部署在沿江。「玄氣之消微」，寫赤壁之敗，時在冬末。惜此賦殘缺過甚，僅殘存百餘字，已無法見到其大部分內容了。

徐幹有〈七喩〉一篇，雖不以賦名篇，實屬賦體。自漢代枚乘作〈七發〉以來，歷代「七」體作品頗多。蕭統《文選》選錄枚乘〈七發〉、曹子建〈七啓〉、張景陽〈七命〉三篇。《文心雕龍・雜文》篇說：「自〈七發〉以下，作者繼踵。……觀其大抵所歸，莫不高談宮館，壯語畋獵。窮瓌奇之服饌，極蠱媚之聲色。甘意搖骨體，艷詞動魂識，雖始之以淫侈，而終之以居正。然諷一勸百，勢不自反。子雲所謂先騁鄭衞之聲，曲終而奏雅者也。」這裏，劉勰對「七」體作品的內容和特點進行了概括。徐幹的〈七喻〉並沒有超出劉勰所概括的「七」體內容。〈七喻〉是寫一位逸俗先生，隱居山岩之下，「萬物不干其志，王公不易其好」。有一位「賓」勸他說：

大宛之犧，三江之魚，雲鶬水鵠，熊蹯豹胎。黼幬施於宴室，華蓐布乎象床。懸明珠於長韜，燭宵夜而為陽。玄鬢擬於雲霧，艷色過乎芙蓉。揚蛾眉而微睇，雖毛，施其當。……

以鋪陳的方法寫飲食之可口，住所之豪華，婦女之艷麗。語言夸飾而華美，是典型的「七」體作品。只是殘缺不全，無法窺其全豹了。

徐幹的論說文章，據曹丕說有《中論》二十餘篇。今存《中論》二十篇，當有殘缺，《羣書治要》收錄其〈復三年喪〉、〈制役〉逸文二篇。《四庫全書總目》九十一說它「大都闡發義理，原本經訓，而歸之於聖賢之道，故前史皆列之儒家」，是屬於思想方面的著作。雖然如此，它仍有文學方面的論述，如：

《詩》曰：「執轡如組，兩驂如舞。」言善御者可以為國也。（〈賞罰〉）

《詩》曰：「駕彼四牡，四牡項領。我瞻四方，蹙蹙靡所騁。」傷道之不遇也。（〈爵祿〉）

《詩》曰：「相彼鳴鳩，載飛載鳴。我日斯邁，而月斯征。夙興夜寐，無忝爾所生。」遷善不懈之謂也。（〈貴驗〉）

《詩》曰：「高山仰止，景行行止。」好學之謂也。（〈治學〉）

《詩》曰：「伐木丁丁，鳥鳴嚶嚶。出自幽谷，遷於喬木。」言朋友之義，務在切直，以升於善道也。（〈貴驗〉）

《詩》曰：「禺禺卬卬，如珪如璋，令聞令望，愷悌君子，四方為綱。」舉珪璋以喻其德，貴不變也。（〈脩本〉）

徐幹對《詩經》的評論，充滿了濃厚的儒家思想。《中論》大約作於建安二十一年（二一六），當時儒家思想日趨衰微，像《中論》這種以儒家思想爲指導的學術著作是不多見的。在文學理論批評方面，像徐幹這樣評論《詩經》的也是不多見的。《中論》受到劉勰的重視，這是因爲劉勰的學術思想和徐幹是完全一致的。

徐幹的詩歌，劉勰在《文心雕龍．明詩》篇中論及。他認爲建安初年，五言詩飛躍發展。在詩歌創作的道路上，曹丕、曹植兄弟，「縱轡以騁節」；王粲、徐幹、應瑒、劉楨，「望路而爭驅」。他們詩歌的內容和風格基本上是相同的。這說明徐幹的詩歌創作是有成績的。鍾嶸《詩品》將他列入「下品」，說：「……偉長與公幹往復，雖曰以莛扣鍾，亦能閑雅矣。」意思是說，徐幹和劉楨唱和，雖然是以小草撞巨鐘，但也能寫得頗爲優雅。徐幹雖被列入「下品」，但鍾嶸說：「預此宗流者，便稱才子。」（《詩品序》）也說明徐幹詩是可取的。

徐幹詩今存九首。其中〈爲挽舡士與新娶妻別〉一首作者，《玉臺新詠》卷二作魏文帝（曹丕），

《藝文類聚》二九作徐幹，尚有爭議，難以斷定。徐幹詩以〈室思〉最爲著名。此詩一組六首，前五首寫女子對遠方丈夫的思念，最後一首寫女子希望對方不要忘卻舊情。其三云：

浮雲何洋洋，愿因通我詞。飄颻不可寄，徒倚徒相思。人離皆復會，君獨無返期。自君之出矣，明鏡暗不治，思君如流水，何有窮已時。

女子想請天上的浮雲把自己的思念之情帶給丈夫。但是，浮雲飄走了，她低徊無告，空自相思。他人離別了都會再次歡聚，唯獨你沒有歸期！自君離別後，我的明鏡已蒙上灰塵，我思念你啊好似滔滔不絕的流水，哪有停止奔流之時。這個女子思念丈夫之情，細膩委婉，如泣如訴。「自君」四句，親切自然，尤爲傳誦。其六云：

人靡不有初，想君能終之。別來歷年歲，舊恩何可期？重新而忘故，君子所尤譏。寄身雖在遠，豈忘君須臾？既厚不為薄，想君時見思。

寫女子在痛苦的思念之中，希望丈夫不忘故人，表現了女子對被遺棄的擔心和恐懼。寫得如見其人，如聞其聲，親切動人。語言樸素，情感眞摯，描寫細緻，有一唱三嘆的情韵。沈德潛謂此詩「情極深至」(《古詩源》卷六)，誠然。

除了賦、論、詩之外，劉勰還論到徐幹的哀辭。《文心雕龍·哀弔》篇說：「建安哀辭，惟偉長差善，〈行女〉一篇，時有惻怛。」說明徐幹有〈行女哀辭〉之作。摯虞《文章流別論》說：「建安中，文帝、臨淄侯各失稚子，命徐幹、劉楨等爲之哀辭。」這樣事情就更清楚了，是曹丕、曹植各失幼子，徐幹、劉楨奉命爲他們作哀辭。但是，徐、劉所作哀辭均已散失，我們今天已無從見到。劉勰說徐作〈行女哀辭〉「時有惻怛」，看來，寫得還是比較感人的。

《文心雕龍·程器》篇在指出許多文士、將相的品德缺點之後，肯定了徐幹「沉默」，卽沉靜淡泊的品德。並且說：「豈曰文士，必其玷歟？」難道說文人都一定有缺點嗎？不是也有徐幹等人品德高尚嗎？據〈先賢行狀〉說：「幹清玄體道，六行修備，聰識洽聞，操翰成章，輕官忽祿，不耽世榮。」（《三國志·王粲傳》注引）劉勰認爲徐幹的這一品德是應受到贊揚的。

《徐幹集》五卷，《隋書·經籍志》、《舊唐書·經籍志》、《新唐書·藝文志》皆著錄，唯《宋史·藝文志》不見著錄。大約是宋代散失了。明代張溥輯《漢魏六朝百三名家集》，沒有《徐幹集》。直至淸宣統三年（九一一），丁福保輯《漢魏六朝名家集初刻》，才輯得《徐偉長集》一卷，可見建安七子中，徐幹的作品散失最爲嚴重。但是，生活在齊、梁時代的劉勰，見到徐幹的作品有五卷之多，他的論斷應是比較全面的，也是比較正確的。

劉楨情高以會采

在「建安七子」中，劉楨的文學成就較高。曹丕指出：「公幹有逸氣，但未遒耳。其五言詩之善者，妙絕時人。」（〈與吳質書〉）又說：「劉楨壯而不密。」（《典論·論文》）曹丕認爲劉楨有超逸的才氣，但是其文章勁健而不夠精密。其五言詩中的佳作，高妙超過當時人。鍾嶸繼承了曹丕的觀點。他說：「降及建安，曹公父子，篤好斯文；平原兄弟，郁爲文棟；劉楨、王粲，爲其羽翼。……故知陳思爲建安之傑，公幹、仲宣爲輔……斯皆五言之冠冕，文詞之命世也。」（《詩品序》）這是說，曹操父子都酷愛文學，曹丕曹植兄弟，爲當時文壇上的棟樑。劉楨、王粲是他們文學集團的成員。而曹植爲建安文壇上的傑出作家，劉楨、王粲次之。他們都是五言詩史上的尖子，文壇上舉世聞名的作家。這個評價是很高的。因此，《詩品》將劉楨、王粲列入「上品」。不過鍾嶸在具體評論時，似又有區別，其評劉楨說：

仗氣愛奇，動多振絶。真骨凌霜，高風跨俗。但氣過其文，雕潤很少。然自陳思以下，楨稱獨步。

這裏指出，除陳思王曹植之外，劉楨是獨一無二的。其評王粲說：

發愀愴之詞，文秀而質羸。在曹、劉間，別構一體，方陳思不足，比魏文有餘。

這裏指出，王粲在曹植、劉楨之間，另外形成一種風格。其詩歌成就比曹植不足，比曹丕有餘。鍾嶸認爲，劉楨、王粲的詩歌成就都不如曹植。但是，除曹植之外，劉楨是獨一無二的。這又說明王粲的成就較之劉楨又略遜一籌。這種看法和劉勰不同，劉勰認爲王粲爲「七子之冠冕」，等而次之，劉楨的文學成就自在王粲之下。不過劉勰對劉楨的詩文創作也作了充分的肯定，他說：「劉楨情高以會采。」（《才略》）這是說劉楨以高尚的情操從事詩文創作。

劉楨的詩歌，《文心雕龍·明詩》篇說，建安初期，五言詩蓬勃湧現：曹丕、曹植在文學道路上縱馬奔馳而有節制，王粲、徐幹、應瑒、劉楨，也望著前面的路爭先恐後地驅馬趕上去。可見在建安詩壇上，劉楨也是一位重要詩人。劉楨詩今存十幾首，以〈贈從弟〉三首比較著名，這三首詩都是用比興手法寫的，第一首寫萍藻，比喻人品行的高潔；第二首寫松柏，比喻人操守的清正；第三首寫鳳凰，比喻人志向的高遠借以勉勵他的堂弟。如第二首：

亭亭山上松，瑟瑟谷中風。風聲一何盛，松枝一何勁。冰霜正慘悽，終歲常端正。豈不罹凝寒，松柏有本性。

這首詩以不畏風寒的松柏爲喻，勉勵他的堂弟要有堅貞不屈的操守。語言樸素，氣勢勁健，頗能代表劉楨的詩歌風格。鍾嶸說他的詩「貞骨凌霜，高風跨俗」，實爲的評。劉勰也說：「曹、劉以下，圖狀山川，影寫雲物，莫不織綜『比』義，以敷其華，驚聽回視，資此效績。」（〈比興〉）大約就是指這一類詩篇。

劉楨詩也善於描寫景物，如〈公宴詩〉云：

……月出照園中，珍木鬱蒼蒼。清川過石渠，流波為魚防。芙蓉散其華，菡萏溢金塘。靈鳥宿水裔，仁獸遊飛梁。華館寄流波，豁達來風涼。……

這裏寫的是西園夜景。月照西園，園中的樹木、流水、花鳥、樓閣……是那樣清新、幽美、迷人。曹植的〈公讌〉詩頗有名，其寫西園夜景云：「清夜遊西園，飛蓋相追隨。明月澄清景，列宿正參差。秋蘭被長坂，朱華冒綠池。潛魚躍清波，好鳥鳴高枝。」較之劉楨詩，似略勝一籌，但是劉詩自具特色。

劉楨還有〈鬥鷄詩〉一首，別有情趣。其寫丹鷄的神態和鬥鷄的情景十分生動逼眞，是不可多得之作。

〈明詩〉篇說，四言詩以雅正流暢爲本，五言詩以淸新華麗爲主，認爲劉楨詩具有淸麗的特點。我們結合劉楨〈公宴〉等詩來看，確實如此。

除了詩歌之外，劉勰最重視劉楨的箋記。他說：「公幹箋記，麗而規益，子桓弗論，故世所共遺；若略名取實，則有美於爲詩矣。」（《文心雕龍・書記》）這是說，劉楨的箋記，寫得有文采而有益於規勸。曹丕在《典論・論文》中沒有論及，所以被世人遺忘了。如果拋開聲譽，只看實質，那麼，他的箋記比詩更美。劉楨的箋記今存〈諫平原侯植書〉、〈與曹植書〉、〈答曹丕借廓落帶書〉三篇。〈諫平原侯植書〉云：「家丞邢顒，北方之彥。少秉高節，玄靜澹泊，言少理多，眞雅士也。楨誠不足同貫斯人，並列左右。而楨禮遇殊深，顒反疏簡，私懼觀音將謂君侯習近不肖，禮賢不足，採庶子之春華，忘家丞之秋實。爲上招謗，其罪不小，以此反側。」文字簡練，最有益規勸。〈與曹植書〉，表示對曹植「哀憐」自己的感激之情。通過比喻，點破事理，寫得明白曉暢。〈答曹丕借廓落帶書〉，是因曹丕借廓落帶，寫了這封書信，作爲答覆。廓落帶，卽鉤落帶，是一種有鉤的皮帶。借廓落帶本是一件細微的小事，劉楨卻借此大作文章，原來事出有因。《三國志・王粲傳》注引《典略》云：「文帝嘗賜楨廓落帶，其後師死，欲借取以爲像，因書嘲楨云：『夫物因人爲貴，故在賤者之手，不御至尊之側。今雖取之，勿嫌其不反也。』」曹丕的來信如此，劉楨的回信說，荊山之璞，隨侯之珠，南垠之金，鼲貂之尾，這四件寶物，「伏朽石之下，潛汙泥之中，而揚光千載之上，發彩疇昔之外，亦皆未能初自接於至尊也。夫尊者所服，卑者所脩也；貴者所御，賤者所先也」。曹丕與劉楨開玩笑。劉楨的回答，妙語如珠，發人深思。劉勰說劉楨的箋記「有美於爲詩」，是否如此，尚可考慮。但是，應該承認，這些箋記確有可取的地方。可惜他的箋記散失過多，我們今天只能見到這些了。

劉楨的文論，今天能見到的只有劉勰在《文心雕龍》中轉引的幾句話了。〈風骨〉篇說：「公幹亦云：孔氏卓卓，信含異氣，筆墨之性，殆不可勝。」〈定勢〉篇說：「劉楨云：文之體指實強弱，使其辭已盡而勢有餘，天下一人耳，不可得也。」劉勰認爲：「君山公幹之徒，吉甫士龍之輩，汎議文意，往往間出，並未能振葉以尋根，觀瀾而索源。」

《文心雕龍》的〈風骨〉篇和〈定勢〉篇中引用劉楨的話，出處今已不詳。《南齊書·陸厥傳》載陸厥與沈約書說：「劉楨奏書，大明體勢之致。」「文之」四句，是直接論文章體勢的；「孔氏」四句論「氣」，亦與體勢關係密切，可能都出自劉楨的「奏書」。「奏書」全文已散失，殘存的這兩段文字，前段專論孔融，劉楨認爲，孔融很傑出，他的確具有特異的氣質，他文章中所表現的才情，大概別人是比不上的，對孔融的評價是很高的。以氣論文，始於曹丕，曹丕《典論·論文》說：「文以氣爲主，氣之清濁有體，不可力強而致。」和劉楨一樣，都是重視「氣」的。後段專論文章的體勢。「文之體指實強弱」一句有誤，研究者說法不一，楊明照認爲當作「文之體勢，實有強弱」（《文心雕龍校註拾遺》二五六頁）。這段話的意思是說，文章的體勢，有強有弱，要是文辭已盡而體勢有餘，那是天下絕無僅有的作家，是不可多得的。文章的體勢是怎樣產生的呢？文章根據內容確定體裁，隨著體裁的確定，自然形成一定的體勢，卽文體風格。劉楨認爲，文章能做到文辭已盡而體勢有餘的作家是不可多得的。劉勰引用劉楨的話，是爲了論述「風骨」和「定勢」問題。並指出他的文論沒有能夠振葉尋根，觀瀾索源，卽未能尋究儒家的學說，所以對後人沒有什麼益處。劉勰對劉楨文論的批評不一定是正確的，而由於他的引用，使我們能夠看到劉楨對一些文學問題的看法，吉光片羽，彌足珍貴。

《文心雕龍·體性》篇說：「吐納英華，莫非情性。」卽作家寫出來的精彩作品，無不出自他的情性。劉勰舉出「公幹氣褊，故言壯而情駭」。卽劉楨的氣量狹小，容易激動，所以作品語言雄壯而情意動人。關於「氣褊」，有不同的解釋，有人引用《三國志·王粲傳》註引《典略》說：「其後太子嘗請諸文學，酒酣坐歡，命夫人甄氏出拜。坐中衆人咸伏，而楨獨平視。」認爲這是「氣褊」的表現。有人以劉楨寫〈答曹丕借廓落帶書〉，是出於「氣褊」。解釋雖然不一，但我們完全可以理解劉楨「氣褊」的個性特點對他文學創作自然會有影響的。

劉勰對劉楨的論述主要就是這些，由於劉楨的作品散失較多，我們也不可能對他的作品進行全面的評述了。

應瑒學優以得文

應瑒，是汝南（今河南汝南東南）人。汝南應氏，人才濟濟。應瑒的祖父應奉字世叔，「才敏善諷誦，故世稱『應世叔讀書，五行俱下』。著《後序》十餘篇，爲世儒者。」應瑒的伯父應劭「亦博學多識，尤好事。諸所撰述《風俗通》等，幾百餘篇。」（《三國志・王粲傳》註引華嶠《漢書》）應瑒之弟應璩，「博學好屬文，善爲書記。」應瑒之侄應貞，「少以才聞，能談論」。（《三國志・王粲傳》註引《文章敍錄》）應瑒自己曾任五官將文學，曹丕說他「常斐然有述作意，其才學足以著書，美志不遂，良可痛惜」（〈與吳質書〉）。所以劉勰說他「學優以得文」，即應瑒才學優秀而善於作文，此所謂「文」，應包括詩賦。

應瑒的詩，〈明詩〉篇說：「王、徐、應、劉，望路而爭驅。」這是說，在建安詩壇上，應瑒和王粲、徐幹、劉楨一樣，爭先恐後。他作爲「建安七子」之一，是當時一名重要的詩人。應瑒詩今存六首，〈侍五官中郎將建章臺集詩〉一首，被選入《文選》。這是一首公宴詩，詩人以雁自喻，其中寫道：「遠行蒙霜雪，毛羽日摧頹。常恐傷肌骨，身損沉黃泥。簡珠墮沙石，何能中自諧？欲因雲雨會，濯翼陵高梯。良遇不可値，伸眉路何階？」無非希望曹丕提携，使自己能身處高位。不過表達委婉，音調悲切，不同於一般的應酬詩。此詩因選入《文選》，流傳較廣，歷來受到人們的稱譽。陳祚明說：「德璉〈侍集〉一詩，吞吐低徊，宛轉深至，意將宣而復頓，情欲盡而終含。務使聽者會其無已之衷，達於不言之表，此中訴懷來之妙術也。如濟水既出王屋，或見或伏，不可得其澎湃，然澎湃之勢畢具矣。」（《采菽堂古詩選》卷七）孫月峰說：「寫旅雁情事絕妙，音調悲切而瀏亮，即代雁爲詞格尤奇。」（於光華《重訂文選集評》卷五引）皆言之有理。

應瑒另有〈別詩〉二首，寫行役之悲苦。其一云：

朝雲浮四海，日暮歸故山，行役懷舊土，悲思不能言，悠悠涉千里，未知何時旋。

開端寫朝雲，朝雲浮游四海，在日暮之時終歸故山，以之興遊子遠遊他鄉，懷戀故土，不知何時方能歸去。詩短情長，動人心絃。陳祚明說：「淺淺語，自然入情。」（同上）確實如此。其他如〈鬥鷄詩〉，雖不如曹植、劉楨的〈鬥鷄詩〉，其寫二鷄酣鬥，不分勝負的情景，亦頗生動。鍾嶸《詩品》卷下謂應瑒詩「平典不失古體」（據《吟窗雜錄》本），乃其詩之主要特徵。

應瑒的賦，《文心雕龍．詮賦》篇並未論及，但是，他的辭賦創作是較有成就的，所以張溥說：「德璉善賦，篇目頗多。」（《漢魏六朝百三家集．應德璉、休璉集題辭》）他的賦今存十五篇，皆有殘缺。有的只殘存兩句，如〈讚德賦〉、〈西征賦〉，就是如此。這樣的賦作，我們已無法了解其具體內容。比較值得我們注意的有〈正情賦〉。〈西狩賦〉、〈正情賦〉寫求愛不遂，彷徨路側，展轉不安，耿耿達晨。類似陶淵明的〈閑情賦〉。〈閑情賦序〉云：「初張衡作〈定情賦〉，蔡邕作〈靜情賦〉，檢逸辭而宗澹泊，始則蕩以思慮，而終歸閑正，將以抑流宕之邪心，諒有助於諷諫。綴文之士，奕代繼作，並因觸類，廣其辭義。」「奕代繼作」，就包括應瑒這篇〈正情賦〉。賦中寫一位美女云：

> 夫何媛女之殊麗兮，姿溫惠而明哲。應靈和以挺質，體蘭茂而瓊潔。方往載其鮮雙，曜來今而無列。發朝陽之鴻暉，流精睇而傾瀉。既榮麗而冠時，援申女而比節。

以誇張的手法描寫美女容貌之美妙，品德之無雙。形像鮮明，頗爲生動。

〈西狩賦〉大約作於建安十八年（二一三），這一年，曹丕隨曹操出獵，命陳琳、王粲、應瑒、劉楨並作校獵之賦。《文章流別論》云：「建安中，魏文帝從武帝出獵，賦，命陳琳、王粲、應瑒、劉楨並作。琳爲〈武獵〉，粲爲〈羽獵〉，瑒爲〈西狩〉，楨爲〈大閱〉，凡此各有所長，粲其最也。」（《古文苑》卷七王粲〈羽獵賦〉章樵注引）陳琳〈武獵賦〉、劉楨〈大閱賦〉已佚，無由得見。王粲〈羽獵賦〉、應瑒〈西狩賦〉，僅存殘篇，尚可窺其一斑。〈西狩賦〉云：

> 於是魏公乃秉彫輅，駟飛黃，擁簫鉦，建九游，按轡清途，颯沓風翔。於是圍網周合，雷鼓天震。千乘長羅，萬表星陳。雙翼亢旌，八校祖分。長燧電舉，高煙蔽雲。爾乃徒輿並興，方軌連質。驚飈四駭，銜禽驚溢。騁獸塞野，飛鳥蔽日。爾乃赴玄谷，陵崇巒，俯掣奔猴，仰捷飛猿。……

這裏是寫曹操率領衆人出獵的情景。曹操乘車直奔獵場，衆人撒下了圍捕鳥獵的羅網。鼓聲喧天，煙霧蔽雲，鳥獸四處逃散，衆人乘輿追擊，滿載而歸，場面十分壯觀。

在「建安七子」中，除王粲而外，應瑒的賦，數量較多，且有一定的成就。應引起我們的重視。

《文心雕龍・序志》篇還提到應瑒的「文論」。這篇「文論」，淸黃叔琳注云：「應瑒集有〈文質論〉。」范文瀾注引〈文質論〉全文。因爲此論論的是政治，不是文學，所以，范氏云：「此論無關於文，姑錄之。」應瑒「文論」是不是指〈文質論〉，難以確定。我認爲〈文質論〉既非論文，應瑒「文論」當另有所指，因所指「文論」今已不存，那麼，劉勰批評應瑒「文論」「華而疏略」，自然也無從理解了。

在建安文壇上，曹氏父子是中心人物，他們愛好、提倡文學，重視人才，對當時文學的發展起了促進作用。「建安七子」，除孔融之外，都是曹氏父子周圍的著名文人。陳壽在王粲等傳後評曰：「昔文帝、陳王以公子之尊，博好文采，同聲相應，才士並出，惟粲等六人最見名目。」（《三國志》卷二十一）王粲等人都對建安文學做出了自己的貢獻。《文心雕龍・時序》篇云：

> 自獻帝播遷，文學蓬轉，建安之末，區宇方輯。魏武以相王之尊，雅愛詩章；文帝以副君之重，妙善辭賦；陳思以公子之豪，下筆琳瑯；並體貌英逸，故俊才雲蒸。仲宣委質於漢南，孔璋歸命於河北，偉長從宦於青土，公幹徇質於海隅，德璉綜其斐然之思，元瑜展其翩翩之樂，文蔚休伯之儔，於叔德祖之侶，傲雅觴豆之前，雍容衽席之上，灑筆以成酣歌，和墨以藉談笑，觀其時文，雅好慷慨，良由世積亂離，風衰俗怨，並志深而筆長，故梗概而多氣也。

劉勰對建安文學的分析是十分精闢的。他指出建安文學的特徵是：「志深而筆長」「梗概而多氣」，即情志深遠，筆力充沛，文章慷慨而富於氣勢。眞是深中肯綮。這不僅是曹氏父子的特徵，也是「建安七子」的共同特徵。

《文心雕龍》審美感應論探微

郁沅　羊列榮　謝昕

「縱浪大化中，不喜亦不懼」（陶潛詩），這種對天人合一的境界的體驗，在歷史長河的緩緩流動中，積淀成爲我們古老民族的特定的思維模式與審美心態，並醞釀出了迥異於西方「摹仿」說的審美發生理論——「感應」論。「感應」論對審美過程中的主客體關係作了本質的揭示，在此基礎上對藝術創作發生規律進行了深邃的思考，從而使中國的藝術實踐與理論都走了一條獨具特色的道路。深入地對藝術感應論的內涵、特徵及其發展歷史作細緻入微的探討，不僅是我們把握中國古代藝術精神的必要前提，也是建立符合我們自己獨特的藝術思維的現代理論所不可或缺的條件。①《文心雕龍》作爲「深得文理」（沈約語）、「體大而思精」（黃叔琳語）的理論巨著對中國文論發生了深刻的影響。從「感應」論著手探討《文心雕龍》的美學思想，無疑具有不容忽視的理論價值。

一、宇宙生成觀與感應論

還在文化搖籃時代，我們早熟的祖先就在思索著「陰陽參合，何本何化」（屈原〈天問〉）的形而上學問題。從生生不息而有秩序的自然演變中，他們「悟」出了一個絕對精神（老莊稱爲「道」，《易傳》稱爲「太極」等），並漸漸地形成較完整而統一的宇宙生成理論——神秘的陰陽五行說：由「道」（太極）派生出陰陽，陰陽交合變化而成萬物。這種宇宙生成的同源觀念爲後人開闢出獨特的思考途徑，成爲精緻的傳統文化網絡中一條堅不可斷的鋼索。劉勰克紹箕裘，以這種傳統觀念爲文化基石來探討審美發生論，從而使其感應論滲透了陰陽五行觀念中所蘊涵著的方法論、思維模式。

兩漢之後，陰陽觀念成爲魏晉南北朝時期文人常用的範疇。作爲當時「三玄」之一的《周易》與老、莊並列，而成爲玄學的主要內容。劉勰的宇宙生成觀直接承自《周易》。在宇宙本源上，他沿用〈繫辭〉而稱之爲「太極」：「人文之元，肇自太極」（〈原道〉）。由太極而生「麗天之象」、「理地之形」以及「天地之心」（人），構成了所謂「三才」。這就是他的同源觀念。

水火木金土「五行」，一直被古人當作宇宙構成的五種基本元素。後來由「五行」上升爲更爲抽象的「氣」，「氣」分陰陽兩種，萬物即由其構成。或說萬物由五行構成，或說萬物由氣構成，都表明了一種相似的觀念，即萬物同構觀念。劉勰所說的人爲「五行之秀」（〈原道〉）、「稟性五才」（〈序志〉）、「英華秀其清氣」（〈物色〉）等都是在同構觀念的基礎上對人所作的構成分析。

由萬物同源同構觀念進一步推衍出宇宙變化論。由於天、地、人都肇自太極，化合「陰陽」，因而是同構的。天有四時，地有五行，人有五性，它們之間形成了對應並相互影響的「互感」關係。正如〈物色〉篇所描述的：「蓋陽氣萌而玄駒步，陰律凝而丹鳥羞；微蟲猶或入感，四時之動物深矣。」

陰陽相交，處於不斷的變化之中，於是在天表現爲四季相推移；四季相推移，而萬物「入感」，產生反應。在這一系列的有規律的連鎖反應中，人也自然要發生相應的變化：「春秋代序，陰陽慘舒；物色之動，心亦搖焉。」正是從宇宙變化論中，劉勰演繹出了他的感物論。後來的鍾嶸也是以相同的方式思考這一理論的：「氣之動物，物之感人，故搖蕩性情，形諸舞詠。」（〈詩品序〉）

把人與「微蟲」相比附，我們當然可以用自然科學的眼光指責劉勰的牽強附會。因爲微蟲對自然界發生的是一種本能的生理反應，而人產生的是心理反應，性質不同。但在那時的文化背景之下，劉勰的這種「牽強附會」不可作過多的責備。更何況，其中所蘊涵的獨特的思維方式，反而潛藏著許多積極的因素。

根據傳統宇宙生成觀念，人必然在物我的關係中處於中心主導的地位。戰國以降，產生了人爲宇宙中心的觀念。〈原道〉篇稱人「爲五行之秀，實天地之心」，便是這種觀念的反映。所以劉勰雖然將人與微蟲相比附，卻並非將兩者置放於同一層次上。「若夫珪璋挺其惠心，英華秀其清氣；物色相召，人誰獲安？」（〈物色〉）「有心之器」同「無識之物」（〈原道〉）比較起來，前者自然有更強的反應能力。在人與自然的關係中，人不純然是被動的、受施的。作爲「天地之心」的人更是主動的、施與的。在物我關係中，我是主體，這主體地位就表現在人對物具有一種反饋能力，也就是說，一方面是「情以物興」（〈詮賦〉），人產生被動的反應；另一方面，是「物以情觀」，人進行主動的情感反射。前者，人從屬於物，以物→我的作用方向展開；後者，物反過來從屬於人，呈我→物的作用方向。兩者同時展開，卽形成了「物⇄我」這種雙方相互從屬、雙向作用的關係。這樣，劉勰就從陰陽互感論中演繹出他的審美感應論。

感應的發生以「人稟七情，應物斯感」（〈明詩〉）爲起點。人具有一種天賦的心理功能，他一旦受外物的刺激就會產生相應的情感反應，「目既往還，心亦吐納」（〈物色〉）。這時物我關係還呈單向性，主客體尚未融合一體。接著，「情往似贈，興來如答」（〈物色〉），物與我相碰撞，物馬上染上了我的情感，就好像我把自己的情感贈送與物，使物中有我。同時，有我之情的物反過來刺激我，引起新的反應。在雙方相互反饋的過程中，物我之間的距離不斷縮小，直到融爲一體。在物我雙方不斷循環往復的動態交流中，人的情感不斷加深增強。我的最深處的心弦被撥動了。我感受到了一個完整的眞正的自我，甚至充滿了整個宇宙空間：「登山則情滿於山，觀海則意溢於海」（〈神思〉），此刻，我領略到了美麗的大我世界。

二、外感應與內感應及其特徵

感應關係概括了主客體之間的審美關係。我們先從客體因素切入，挖掘一下劉勰在這方面所提供的觀點。

對客體，劉勰在《文心》中一律稱爲「物」。那麼，「物」指什麼？

關於「物」的解釋。有兩種意見：一是范文瀾的注本，在釋〈神思〉中的「物沿耳目」時說道：

「物，謂事也，理也。事理接於心，心出言辭以明之。」此外的解釋如「神與物遊」中的「物」則爲外境之意。另一種意見則是主張一律解釋爲外境。王元化先生卽持此說，他同時還從文字學角度對「物」加以考證，以批駁范說的錯誤。②

就考證而言，我們同意王元化先生的觀點，把「物」解釋爲抽象的事理顯然不恰當。但我們以爲，只有從創作心理學的角度去分析〈神思〉篇中「物」的涵義，才更爲準確。

〈神思〉闡述了藝術想像的一些基本特徵。不管是「神與物遊」還是「物沿耳目」，劉勰都是放在藝術想像的領域去論述的。所謂想像，是表象的自由運動；在藝術想像中，表象運動則表現出一定的方向，卽朝向審美意象。這一表象與主體精神融合的過程，劉勰稱之爲「神與物遊」。這裏的「物」，是指存在於想像之中的事物的表象，而非外境之實物。這可以從劉勰在上下文有關的論述中看出來。他說：「故思理爲妙，神與物遊。」其中與「神」交遊的「物」，並不是作家所面對的物的實體，而是存在於作家「思理」之中的表象化了的「物」。「神與物遊」的全過程是在「思理」之中進行的。所謂「思理」，實卽劉勰在〈神思〉篇開頭所描述的那種「寂然凝慮，思接千載；悄焉動容，視通萬里」的構思想像活動，所以他讚嘆這種想像活動爲「其思理之致乎」！

王元化先生在考證中指出，「神與物遊」中的「物」，亦卽「物沿耳目」中的「物」，二者同一涵義，這是十分正確的。那麼我們應當對「物沿耳目」這句話作怎樣的理解呢？同樣，我們認爲不能把「物沿耳目」中的「物」如王元化先生那樣釋爲「外景或自然景物」，因爲「物沿耳目」這句話是承上文「神與物遊」而來的：「故思理爲妙，神與物遊。神居胸臆，而志氣統其關鍵；物沿耳目，而辭令管其樞機。」其中「神居胸臆」之「神」，亦即「神與物遊」之「神」；「物沿耳目」之「物」，亦即「神與物遊」之「物」。後四句是對「神與物遊」的「神」與「物」的分述，所以「物沿耳目」之「物」，仍然是處於「思理」之中的表象化了的「物」，是物之表象，而非外境之實物。

或許有人會提出這樣的駁議：如果不是外境實物，又怎能經過人的感官爲人所看到和聽到，即所謂「物沿耳目」呢？其實，劉勰在這裏所說的「耳目」的視覺和聽覺，是指人在想像活動中的內視力和內聽力，它是由「思理」過程中，表象化了的「物」所喚起的對外境實物的一種視覺體驗和聽覺體驗，因此這裏的「耳目」之視聽，它是一種心理感覺，而非感官知覺。劉勰的〈神思〉篇曾談到心理視覺，即內視：「悄焉動容，視通萬里；……眉睫之前，卷舒風雲之色。」「視通萬里」對現實視覺是不可能達到的，它只能由想像活動中的心理視覺來達到，因而眼前能夠出現「千載」之前或「萬里」之外的風雲變幻的人事和景色。在〈聲律〉篇中，劉勰又談到了心理聽覺的問題：「響在彼弦，乃得克諧，聲萌我心，更失和律，其故何哉？良由內聽難爲聰也。故外聽之易，弦以手定；內聽之難，聲與心紛，可以數求，難以辭逐。」劉勰認爲，耳朵聽到由管弦等樂器所演奏出來的外在的音樂，這便是「外聽」。「外聽」容易，因爲音樂的和諧可以由手所操縱的琴弦，按照一定的度數和方法來達到；由「聲萌我心」而產生的心理聽覺，似乎聽到在心頭盤旋的一支無聲的樂曲，這便是所謂「內聽」。「內聽」很難達到和美的境地。因爲「心」中之「聲」微妙複雜，不像樂器演奏那樣可以用手來控制。這種內在的心理聽覺，正是存在於藝術創作的想像活動之中的。

《文心雕龍》中的「物」字，除上述這類指存在於頭腦中的表象化了的「物」之外，其他之處的「物」的含義便是王元化先生所解釋的外境、萬物，它是具有充實的物理屬性的實在物體（或由物體組合成的物境），亦即〈原道〉篇所謂郁然有彩的「無識之物」。「物色之動，心亦搖焉」（〈物色〉）的「物」便是此意。

根據上面的論述，我們可以順理成章地將主客體關係也分爲兩種：一是主體與實體，一是主體與表象。實體獨立於主體之「外」，而表象貯存於主體的大腦皮層中。在主客體未融爲一體之前，表象具有相對獨立性，所以也可以說表象相對地獨立於主體之「內」。簡單地說，主客體關係就分爲「外」與「內」兩種。劉勰所說的「應物斯感」（〈明詩〉）、「物色之動，心亦搖焉」（〈物色〉）皆指物我處於「外」關係之中。當雙方構成審美關係，也就是物我發生了感應，這種感應我們不妨稱之爲「外」感應。「神與物遊」、「物沿耳目」（〈神思〉）以及「流連萬象之際，沈吟視聽之區」（〈物色〉）等皆指物我處於「內」關係之中；當兩者發生審美關係，也就是說物（表象）與我發生了感應，這種感應我們稱之爲「內」感應。結合上面的論述，與「外聽」、「外視」相對應的是「外感應」，與「內聽」、「內視」相對應的是「內感應」。

「外感應」與「內感應」是我們根據劉勰本人的觀點歸納出來的一對美學範疇。那麼，這對範疇有什麼共同特徵？它們又有何種區別呢？

不管客體是外境抑或表象，但既然是與主體構成了審美關係，那麼都符合感應活動階段的邏輯劃分。〈物色〉篇：「山沓水匝，樹雜雲合；目既往還，心亦吐納。」這是外感應的初始階段，主體（心）與客體（山、水、樹、雲）開始接觸，並使心有所反應，但兩者顯然是相離的。〈神思〉篇：「夫神思方運，萬塗競萌；規矩虛位，刻鏤無形。」其意相當於陸機《文賦》所言「紛紜揮霍，形難爲狀」。主體的意念與客體的形象都有待「規矩」與「刻鏤」。可見，不論是〈物色〉所論外感應抑或〈神思〉所論內感應，都有一個從主客體分離狀態到主客體融合狀態的發展方向和過程。

此外，在〈夸飾〉篇中劉勰說道：「談歡，則字與笑並；論感，則聲共泣偕」，論述了構思過程的內感應中主體的情感反應。而他對外感應的描述是「情以物興」、「物以情觀」（〈詮賦〉），情感變遷也是外感應的重要特徵，由此可見，內外感應都體現了這樣的特徵：在主客體雙方的循環往復的交流中，它們都伴隨著主體的強烈情感反應。

然而由於實體與表象具有不同的特徵，因此必然決定內外感應的不同。其一，「形在江海之上，心存魏闕之下」（〈神思〉），內感應具有超時空性。這是因爲表象不受現時環境所局限。主體可以無邊無際地加以有意識的調遣：「故寂然凝慮，思接千載；悄焉動容，視通萬里」，主體根據其審美要求使表象「聯類不窮」（〈物色〉），讓文思縱橫馳騁於千載萬里的時空跨度之間。而外感應由於是主體對實體之物的直接觀照，其感知覺始終是現時的，其對象也始終是接近的。其二，表象能夠自由地運動，因此在內感應中，主體相對地處於更自由的狀態。「眉睫之前，卷舒風雲之色」，「我才之多少，將與風雲而並驅矣。」御風駕雲，摘星攬月，主體多大程度發揮其自由度，就看「我才之多少」了。在外感應中，主體之情由物所興，「物色相召，人誰獲安？」同時也爲物所縛，「歲有其物，物有其容」（〈物色〉），不同之物，引起人的不同感情，卽所謂「情以物遷」。主體不能脫離眼前之物之境而天馬行空，不然，感應就成了胡思亂想了。其三，相比較而言，在內感應中主體精神需要在更大的程度上發揮其主導作用。把散亂無序而又形難爲狀的表象進行組織、加工，以至變形，以創造出新的審美意象，主體須作出「杼軸獻功」的努力。沒有充實的主觀創造素質和才能，那麼「關鍵將塞，則神有遁心」。而在外感應中，「一葉且或迎意，蟲聲有足引心」（〈物色〉），主體固然也要發揮其主導作用，但這種「情以物遷」（〈物色〉）的主體反應帶有較強的本能性，是一種天賦的心理功能，正如《樂記・樂本》所言：「感於物而動，性之欲也。」其四，文學創作過程實質上就是內感應過程，內感應與文學創作在行爲目的上是一致的，卽創造文學作品。而外感應只是對外物的一種審美觀照，並不以產生作品爲目的，而是以享受美，卽獲取審美愉悅爲目的。因此，內感應必須要爲作品提供可以表現的審美意象，它以創造審美意象爲指歸，通過「物以貌求，心以理應」的過程，使「神用象通」，從而形成鮮明的意象。其五，既然以生產語言作品爲目的，那麼，內感應必然介入了語言媒介，「吟詠之間，吐納珠玉之聲」。從「神與物遊」到「窺意象而運斤」，內感應在物我走向交融的同時也經歷了意象語符化（「運斤」）的過程。外感應則不具備這方面的特徵，它雖有物我走向交融的過程，卻沒有意象語符化的過程。它可以用語言說出審美感受，但並不創造語符化的意象。

上述五方面的區別，其實也是一般審美活動與創作審美活動的區別。對於劉勰來說，其中的某些方面可能認識得較爲清晰而深刻，而另外方面則可能模糊而含混一些。但我們應當看到，劉勰從來就不把內外感應二者絕對分割開來，而常常是結合起來論述的，卽使是以論述內感應爲主的〈神思〉篇，他也談到了「物以貌求，心以理應」的外感應過程。〈物色〉篇則始而闡述外感應，接着就轉論內感應，有時二者交錯貫通，如「山沓水匝，樹雜雲合。目既往還，心亦吐納。春日遲遲，秋風颯颯。情往似贈，興來如答。」旣是外感應，也有內感應，很難分開。這是因爲外感應是內感應的基礎，而內感應是外感應的深化。一般說來，外感應的時間比較短暫，而作爲審美創造的心理活動的內感應，其時間和過程可以拉得很長，但有時由外感應到內感應的轉換和完成時間又可以很短，如一些短篇卽興之作，可以面對景物，在瞬息之間創作出來。古代的詩人和理論家十分強調從客體物境中直接產生審美意象並加以表現。劉勰〈才略〉云：「孫楚綴思，每直置以疏通。」這裏的「直置」，與鍾嶸《詩品序》的「直尋」意近，都強調寫卽目所見，情猝然與景相合而又瞬間爲文。這種「直置」、「直尋」的創作方法，旨在使審美意象具有眞切新鮮，自然天全的風格。在這類創作中，視知覺判斷（也包括其它感知覺）與藝術的思維判斷融合一起，客體物境向表象轉換，表象繼而向意象運動，整個過程在瞬息之間一氣呵成。
兩者的不可分割，使劉勰充分認識到了外感應的重要性。儘管對於文學創作來講，內感應更爲重要，因而劉勰對它的闡述要比外感應更爲詳盡系統。但是他仍然注重外感應對創作的直接作用。他首先指出，外感應可以「觸興致情」（〈詮賦〉），引起主體的創作衝動和靈感，這與宋代葛立方所說的「觀物有感焉，則有興」是同一意思。其次，審美意象所直接賴以形成的藝術表象是從客觀外物轉化而來的，而外感應可以促成這個轉化，所以外感應可以爲內感應提供創作原型。如〈物色〉篇所云：「若乃山林皐壤，實文思之奥府。」一個作家只有通過對自然界的直接體驗，才能培養鍛煉其情志，從而在內感應中達到心與物合，情與物會，這便是劉勰所說的「江山之助」（〈物色〉）。劉勰提出「博觀」、「博見」、「博學」旨在全面提高與充實感應主體，以增強其感應能力，所謂「有助乎心力矣」（〈神思〉），這是審美感應所不可缺少的主體條件。

三、意象生成及其語符化

感應過程就是主體與客體從分離到融合的運動過程，兩個因素的融合也便是意象的生成，可是意象並非是表象與主體精神的簡單相加。就意象之「意」而言，它與感應開始時的主體意念情緒並不是在同一層次上的；再就意象之「象」而言，它對表象顯然已有所揚棄。因而在感應中主客體是兩個變量而不是定量，它們都需要變化和發展。陸機曾準確地表達了這一思想：「情曈曨而彌鮮，物昭晣而互進。」兩個變量不僅是同步運動的，而且是成正比地上升的。

劉勰肯定了主體因素是個變量。創作需要「雕琢情性，組織辭令」（〈原道〉），所謂「雕琢情性」，無非是說主體情志需要進行提煉選擇，不是固定不變的。「夫神思方運，萬塗競萌」（〈神思〉）。主體的意緒紛紛而至，然而是模糊雜亂的，所以需要「雕琢」。可是雕琢不是隨心所欲的，也不是數學的精確演算和邏輯的層層推導。「寫氣圖貌，既隨物以宛轉」（〈物色〉），主體既受「物」的規範，也受「物」的啓廸。在規範和啓廸的雙重作用之下，主體對各種情志活動進行選擇和挖掘。「夫心術之動遠矣，文情之變深矣，源奧而派生，根盛而穎峻。」（〈隱秀〉）所謂「心術之動」，也就是「神與物遊」、「隨物以宛轉」，是主體和客體雙向反饋交流的運動。這雙向交流一方面改變着頭腦中的物象，另方面加深着心中的情感，直到成爲意象之意。所以劉勰明確地指出：「意授於思」（〈神思〉），這「意」即意象之「意」，是在文思中產生並且達成的。

如前所述，表象與意象之「象」相比，後者對前者已有所揚棄。主客體的感應，一方面是客體對主體的雙重作用，即規範和啓廸，另方面是主體對客體的雙重作用，即表象的取捨與組合，從而保證表象能夠朝着意象最終生成的方向運動。對於客體變量，劉勰認爲，它應當保持形象的眞實性。「體物爲妙，功在密附」（〈物色〉），準確地表現事物之形貌，是意象生成的基礎。因而他對晉宋以來「文貴形似」的創作風氣基本是首肯的。但同時，他也批評了「如印之印泥，不加雕削」（〈物色〉）的自然主義手法，而主張「善於適要」（〈物色〉），抓住要害，突出主要之點。此外，由於內感應有時具有超時空、超現實的特點，所以客體變量也可以達到超現實、超時空的程度，即表象根據需要進行虛幻的組合。如〈夸飾〉篇：「子雲〈羽獵〉，鞭宓妃以餉屈原；張衡〈羽獵〉，困玄冥於朔野。」

雖然劉勰指責這種描寫「義睽刺也」，但肯定了「發蘊而飛滯，披瞽而駭聾」的意義。可見，表象如何取捨與組合，要看主體的需要而定。

主客體在雙方的相互作用之下，都不斷地增加新的因素。這些因素的增加過程也就是雙方逐漸從部分到整體融合的過程。兩者最後合而爲一，就產生了意象。就其形象而言，意象脫胎於表象，但超越了表象——主體始終是其中的主導力量。劉勰有個比喻：「視布於麻，雖云未費（貴）；杼軸獻功，煥然乃珍。」（〈神思〉）麻是布所賴以形成的材料，經由「杼軸獻功」，麻織成了布；而布之所以「煥然乃珍」，在於它是按照人的主觀要求（實用要求和審美要求）進行編織的。表象與意象的關係正相類於麻與布。以主體情感衝動爲推動力，以符合主體精神爲原則，以表現主體情志爲目的。這樣，在審美感應中表象昇華爲「玩之者無窮，味之者不厭」（〈隱秀〉），具有審美價值的意象。意象的幾方面的特徵，能充分體現主體的這種主導作用。

其一，意象具有形象的昭晰性。「情貌無遺」（〈物色〉）、「物無隱貌」（〈神思〉），形象的有序化是因爲主體精神滲入的結果。如上所論及，主體對客體進行無意識而又積極的組合、取捨，這就是形象的有序化。

其二，意象具有情感的眞切性。它不是冷漠的無識之物。「世遠莫見其面，覘文輒見其心。」（〈知音〉）當作者表現了意象時，意象中就已跳動着他的脈搏，傾注着他的喜怒哀樂。正因爲這樣，「觀文者」才可以「披文以入情」（〈知音〉）。

其三，意象具有思想的深刻性和藝術的概括性。「吟詠所發，志惟深遠」（〈物色〉），在情感外現的背後，隱藏着主體對世界、對生命的深刻的把握。劉勰在〈原道〉中說：「聖因文而明道」，聖人以文闡發「道」之精神，「觀天文以極變，察人文以成化」，因而聖人之文「日用不匱」（〈原道〉）、「鑒懸日月」（〈徵聖〉）。另外，通過表象組合，意象具有了「以少總多」（〈物色〉）、「稱名也小，取類也大」（〈比興〉）的藝術概括性。

其四，意象在審美特徵上表現爲「隱」，卽含蓄性。在意象中，思想的深刻性通過形象的昭晰性加以體現，使意與象相對地呈現出內與外的層次性。〈隱秀〉篇中的「複意」、「重旨」等範疇就是在這個意義上提出的，有意無象，如「詩必柱下之旨歸，賦乃漆園之義疏」（〈時序〉）之類的作品終究是味同嚼蠟；而有象無意，縱然「詭勢瑰聲，模山範水，字必魚貫」（〈物色〉），卻仍是「繁而不珍」，所以意象必須具有「秘響傍通」的特徵。

這四方面的特徵體現了意象的審美價值。創作主體將這種具有審美價值的意象物態化，也就是語符化，這樣，意象就從心理學層次走向語言學層，作品也就產生了。按照通常的理解，作家須在心中形成一個完整的意象之後，才能進一步開展語符化的工程，正如施工之前先有藍圖一樣。別林斯基便作如是觀，他認爲，創作第二步產生了形象。「然後詩人再把一切人都能看見並了解的形式賦予創作」，這就是第三步，卽我們所說的語符化階段。③事實上，創作過程從來就不是按部就班的。正如黑格爾在《美學》中指出的：「按藝術的概念，這兩個方面——心裏的構思與作品的完成（或傳達）是攜手並進的。」劉勰對此有較深入的認識：「物沿耳目，而辭令管其樞機」（〈神思〉），「屬采附聲，亦與心而徘徊」（〈物色〉）。感應過程是需要語言的介入的。所謂「窺意象而運斤」（〈神思〉），主要是強調語言的運用不可脫離意象，必須以意象爲依據，至於「刻鏤聲律，萌芽比興」（〈神思〉），正如王元化先生所指出的，聲律比興是在「擬容取心」的過程中就存在的④，而不同於別林斯基把表現作爲獨立的一個階段。陸侃如、牟世金在其《文心雕龍》譯注本中也說：「劉勰認識到比興是在作者的心與物象的交融過程中產生的，這是他的卓見。」⑤

劉勰不僅認識到語符化過程與意象生成過程的同時性，而且認識到語符化對意象生成的積極的作用。假如把語符化僅僅看作是對意象的機械的傳送，就會得出這樣的結論：「這一步不十分重要，因爲它是前二步的結果。」（別林斯基語⑥）而劉勰認爲，語符化是直接參與意象塑造的。所謂「物沿耳目，而辭令管其樞機」，這就是說，在由耳目所感的物象到生成意象的過程中，語言辭令起着關鍵的作用。比如，意象的生成有時就離不開語辭的「夸飾」作用：「至如氣貌山海，體勢宮殿，嵯峨揭業，熠耀焜煌之狀，光采煒煒而欲然，聲貌岌岌其將動矣；莫不因夸以成狀，沿飾而得奇也。」（〈夸飾〉）通過一定的語符修辭，「意」才能得到充分的表達。「意」與「象」才能溝通融合，所以劉勰認爲「夸飾」這種修辭方法「信可以發蘊而飛滯」（同上）。「發蘊」卽指表現主體內心的深幽之「志」；如果不借助一定的手法，主客體的溝通與交合便受到阻碍。卽所謂「滯」，也就是〈神思〉篇說的「關鍵將塞，則神有遁心」。在這種情況下，如找不到適當的語符修辭，卽使作者「苦慮」、「勞情」、「意」

與「象」（主體與客體）總是「思隔山河」。因此，劉勰強調主體要「心總與術」、「含章司契」（〈神思〉）在意象生成的過程中能隨機應變，自如運用各種表現手法。除「文辭所披，夸飾恒存」之外，「萌芽比興」（〈神思〉），「自然成對」（〈麗辭〉），「深文隱蔚」（〈隱秀〉）等等都是意象語符化的必要方法。

語符化過程除了表現手法的運用之外，更主要的是文字言辭的運用。那麼，言辭又是如何參與意象塑造的呢？根據〈夸飾〉篇中對神道、形器及言辭三者關係的論述，我們可以說，表意是通過立言、盡象達到的。言須與象結合才能達意，意須與象溝通才能訴諸言。立意進而立象，立象進而立言，即所謂「規矩虛位，刻鏤無形」（〈神思〉）。立意立象屬於意象生成過程。立象立言屬於語符化過程。當意與象合爲一體時，意與言也就密合無際了。意象的最後形成之際，也便是意象語符化完成之時。

總之，語符化不是在意象完全形成之後才開始進行的。就此而言，劉勰的理解顯然要比別林斯基來得深刻。

中國古典美學中的感應論是自成體系的，不能說這一體系由誰單獨完成，而是經由歷代理論家的加磚添瓦而建築充實起來的。劉勰同陸機等人一樣，是這一體系的開山先人，雖然其理論還不是肌膚豐腴，卻已有了一個較爲堅固的骨架。

在這一骨架中，劉勰鈎勒出了審美主客體的共同運動軌跡：「外——內——外」。由外而內，是主體獲得更爲廣闊的運動空間，擺脫外境萬物的束縛，從而走向更爲自由的境界的過程，也是客體從冷漠無情的「無識之物」向表象轉換並在獲得生命中昇華爲審美意象的過程，也即由外感應——內感應的過程；由內而外，則是主體運用表現符號和手段將其情志意象物態化的過程，也是客體載負着意象從心理空間向語言空間轉化的過程。所謂「感物吟志，莫非自然」（〈明詩〉），「心生而言立，言立而文明，自然之道也」（〈原道〉），不就是說明了「外——內——外」的必然運動嗎？當然，「由外而內」和「由內而外」是同步前進、交錯發展、互相促成的。

審美感應論，在漫長的歷史發展進程中，是一條不斷的索鏈。毫無疑問，劉勰的思想構成了其中重要的一環。

註　釋

① 關於藝術感應論的較爲系統的論述參見郁沅的〈論感應與反映〉，載《學術月刊》一九九〇年第三期。

② 見王元化《文心雕龍創作論》中的〈心物交融說「物」字解〉，上海古籍出版社一九七九年十月版。

③⑥ 別林斯基的這一觀點見於〈論俄國中篇小說和果戈里君的中篇小說〉，《別林斯基選集》第一卷第一七八頁，上海譯文出版社一九七九年版。

④ 參見《文心雕龍創作論》的〈再釋〈比興篇〉擬容取心說〉。

⑤ 見《文心雕龍譯注》第九五頁「比興」注條，齊魯書社一九八一年三月版。

論《文心雕龍》之文章藝術

方元珍

《文心雕龍·鎔裁》篇云：「舒華布實，獻替節文。」《徵聖》篇亦云：「然則志足而言文，情性而辭巧，迺含章之玉牒，秉文之金科矣。」是知華實相附，文質並重，乃彥和之文學主張。故論文章體製，探幽索隱，體大思精，《梁書·劉勰傳》以爲「深得文理」；而搦筆和墨，條分縷析，文藻翩翩，原一魁《兩京遺編後序》評之曰：「六朝之高品也。」則彥和著《文心雕龍》，議論精鑿，固可視爲文論之寶典；而宏文雅裁，亦翰苑之奇葩也。惟歷來研究文心者，多於其文學理論深識鑒奥，不遺餘力；至於全書之寫作藝巧，則若荆玉幽光，尙待探賾，是撰本文，分由文學思想、文章結構、文辭修飾三端，以見彥和之文章藝術。

一、文學思想

彥和以淹貫之識，儁傑之才，下筆爲文，意實周贍，或如百川滙海，萬流歸宗，文學思想有其完整性；或推陳出新，燭知鑒微，立論說理表現出獨創之精神。

㈠完整性

《文心雕龍》首卷即開示「文原於道」之思想，道即自然，言文學本源於自然。此一「自然」之文學觀，並貫串全書，凡論宇宙本源、創作緣起，或言構思爲文之要領，均一本「自然」之準則。如〈原道〉篇以日月替行，山川蔚麗，爲自然之文采，旁而推之，動植萬品皆文；而人爲萬物之靈，敷章設教，沿聖垂文，亦推原於自然神妙之理。又如〈明詩〉篇云：「人稟七情，應物斯感，感物吟志，莫非自然。」指陳人之所以嗟嘆詠言，無非情動於中而形乎外，自然成文。或如〈神思〉篇云：「神與物遊，神居胸臆，而志氣統其關鍵；物沿耳目，而辭令管其樞機。」「神」指作者文思，「物」乃自然萬物，唯有神物合一，情景交融，構思爲文才能暢達無礙。此說並可與〈物色〉篇所言：「吟詠所發，志惟深遠；體物爲妙，功在密附」相印證，均強調內在情志與自然外物融合，對寫作之重要性。至於臨篇綴文，亦應自然運用對偶、夸飾，使之「奇偶適變，不勞經營」、「夸而有節，飾而不誣」，以有助於文章之雅麗與感染效果。

「宗經」乃彥和重要之文學思想，不僅尊奉經典爲「恆久之至道，不刊之鴻敎」，且視其爲「羣言之奧區，而才思之神皐」，賦予經典崇高之地位。非特撰述《文心》之動機與宗經有關，文原、文體、文術、文評各論，無不蘊涵依經附聖之思想。如〈序志〉篇言，自聖人垂夢，即有志「敷讚聖旨」，注釋經文，唯「馬鄭諸儒，弘之已精」，而「文章之用，實經典枝條」，且「去聖久遠，文體解散」，於是「搦筆和墨，乃始爲文。」則劉勰著書，起因於慕聖宗經之思想，灼然可見。又如文原論五篇，〈原道〉、〈徵聖〉、〈宗經〉三篇以爲文學原於道，道本乎自然，而道沿聖以垂文，聖因文而明道；惟聖人之情，見於文辭，是以苟欲明道、徵聖必歸於經典，乃由正面宗經；而緯本輔經立義，其後譌舛，必斟酌採擷，方足助文；騷辭繼軌風雅，爲文學之始變，後世浮豔之濫觴，須酌奇不失貞正，翫華不墜其實，乃益文事。故〈正緯〉、〈辨騷〉二篇由反面翼聖尊經。則文原論正反立說，宗經之旨一貫。再如〈宗經〉篇云：「故論說辭序，則易統其首；詔策章奏，則書發其源；賦頌謌讚，則詩立其本；銘誄箴祝，則禮總其端；記傳盟檄，則春秋爲根」謂後世文體出於五經，故〈明詩〉以下至〈書記〉等二十篇，凡釋名章義、考鏡源流者，多義準經訓，則古稱先。至如〈風骨〉篇云：「若夫鎔鑄經典之範，翔集子史之術，洞曉情變，曲昭文體，然後能孚甲新意，雕畫奇辭。」是知文心視經典爲行文之矩矱；舉凡模範經典之作，如〈事類〉篇云：「及揚雄百官箴，頗酌於詩書……皆後人之範式也。」〈才略〉篇云：「馬融，思洽登高，吐納經範，華實相附。」均給予揚雄、馬融等極高之評價。可見彥和「文必宗經」之思想，共理相貫，應如答響，具有完整性。

「文質並重」爲彥和另一重要之文學思想。其論文章作法、品評成文，多情采並舉，辭理互見，以求內容形式折之中和。如〈徵聖〉篇云：「聖文之雅麗，固銜華而佩實者也。」以爲聖人之文，內容雅贍，辭采華麗，而聖人之文，即經典之文，故〈宗經〉篇續云：「文能宗經，體有六義。」此六義中，「情深而不詭」、「風清而不雜」、「義貞而不回」係就內容立論；「事信而不誕」、「體約而不蕪」、「文麗而不淫」則就形式而言，開示經典對文章內容、形式之六大效益。故凡符采相濟之文，如〈才略〉篇云：「唐虞文章，則有皋陳六德，夔序八音，益則有贊，五子作歌」，皆因「辭義溫雅」，被彥和尊爲「萬代之儀表」。反之，蔑棄根本，追逐文采之士，則以「繁華損枝，膏腴害骨」，所作之賦，被彥和評爲「無實風骨，莫益勸戒。」①類此重文輕質之作，彥和提出諍言，以爲「情固先辭」②，情辭關係猶如經緯織綜，有主從先後之分，所謂「經正而後緯成，理定而後辭暢」③，此乃立文之大法。雖說如此，然形諸筆墨，果能如〈情采〉篇所言，使「文不滅質，博不溺心」，則可謂內容形式兼顧之彬彬君子。是知彥和文質並重之文學觀，貫串全書，未嘗歧異。

「變通適會」之文學思想，亦散見於文心各篇，雖措語不一，而互文足義，自成完整之思想體系。劉勰以爲一時代有一時代之文學，風貌各異，歷代文風沿革實特有之時代背景、學術潮流所致。或淳質雅麗，如「黃唐淳而質，虞夏質而辨，商周麗而雅」；或競新爭奇，如「楚漢侈而艷，魏晉淺而綺，宋初訛而新」④，因此學文之士，固應創新變化，亦需通古貫今，所謂「望今制奇，參古定法」⑤，才能「參伍以相變，因革以爲功」⑥。尤其先聖經典，均乃「抑引隨時，變通適會」之文章典範⑦，故苟欲「矯訛翻淺」，使文風歸於淳雅，尚待「還宗經誥」⑧，才能正本清源。

「文貴致用」乃彥和承繼自孔子以來，重視文學教化功用之思想。孔子以爲詩有興、觀、羣、怨之作用，可以事父事君⑨。《毛詩序》亦曾言先王所以能經夫婦、成孝敬、厚人倫、美教化、移風俗者，端賴詩三百⑩。王充則提出「文章豈從調墨弄筆，爲美麗之觀哉？」之疑問，以爲「文人之筆，勸善懲惡也。」⑪植基於此，彥和亦頗重視文學經世致用之功能。其論各類文體之作法與評價，均以是否克臻教化倣爲準據。如〈樂府〉篇云：「夫樂本心術，故響浹肌髓，先王愼焉，務塞淫濫。」紀評：「『務塞淫濫』四字，爲一篇之綱領。」足徵本篇旨論樂府詩作，務求其「情感七始，化動八風」，切不可流於淫蕩靡濫。〈詮賦〉篇則痛陳宋齊文士，棄本逐末，其賦務華棄實，被彥和評爲「莫益勸戒」，足以貽誚後世。本於此一「致用」之文學觀，彥和爲「士」定義，「士」者必須「貴器用而兼文采」；唯能「摛文必在緯軍國，負重必在任棟梁」，方足堪稱「梓材之士」⑫。由是可見彥和之文學思想不可擷其吉光片羽，當全面綜觀，以見其思想之完整性。

㈡獨創性

「文筆之辨」爲六朝學界所爭辯之主題，彥和著書文心，受其影響，將全書文體論「論文敍筆，囿別區分」⑬，自卷二至卷五，前十篇論有韵之文，後十篇論無韵之筆，疆畛昭然。惟彥和雖分文筆，而二者並重，未嘗以筆非文而屏棄之。如〈總術〉篇云：「六章以典奥爲不刊，非以言筆爲優劣也」、「文場筆苑，有術有門。」〈章句〉篇云：「搜句忌於顚倒，裁章貴於順序，斯固情趣之旨歸」，故均與時人如范曄「以有韵分難易」、梁元帝以「有情采聲律與否分工拙」，視文優筆劣之情形不同，故《文心》一書廣收衆體，而譏陸氏《文賦》之末該⑭。〈總術〉篇並批駁顏延之曰：「顏延年以爲『筆之爲體，言之文也；經典則言而非筆，傳記則筆而非言。』請奪彼矛，還攻其楯矣。何者？易之文言，豈非言文，若筆果言文，不得云經典非筆也。」以爲顏氏析文體爲「文」、「筆」、「言」三類，視經典爲言而非筆，乃自相矛盾。凡此皆可見彥和於前論之基礎上，提出己見，推陳出新，富有獨創性。

「文體本於五經」乃彥和思想之創獲。前人論文體者，如曹丕《典論・論文》云：「奏議宜雅，書論宜理，銘誄尚實，詩賦欲麗」，僅就體裁約爲四類，並以一字概舉各類風格。又如陸機《文賦》云：「詩緣情而綺靡，賦體物而瀏亮，碑披文以相質，誄纏綿而悽愴，銘博約而溫潤，箴頓挫而清壯，頌優游以彬蔚，論精微而朗暢，奏平徹以閑雅，說煒曄而譎誑」，雖論各體作法及風格，較爲精詳，惟未能振葉尋根，觀瀾索源，故彥和評爲「不述先哲之誥，無益後生之慮」⑮。是以其「文體本於五經」說，適足以補此間隙，使後進若即山鑄銅，煑海爲鹽，有無盡之資材可供追取仿效。

彥和之前，將才氣與創作合論者，如曹丕《典論・論文》以音樂取譬云：「曲度雖均，節奏同檢，至於引氣不齊，巧拙有素，雖在父兄，不能以移子弟」，視才自天授，故文之工拙優劣，非力強可致。又如葛洪《抱朴子・辭義》篇云：「夫才有清拙，思有脩短，雖並屬文，參差萬品，或浩養而不淵潭，或得事情而辭鈍，違物理而言功，蓋偏長之一致，非兼通之才也」，亦言稟賦天限，兼通之才難得，故文章萬品，其異如面。彼二人均未言及後天學習與創作之關係，其時縱有才學並論者，如諸葛亮《誡子》云：「夫學須靜也，才須學也，非學無以廣才，非先無以成學」；惟係就修身養德而言，無關文事。故《文心雕龍・體性》篇云：「八體屢遷，功以學成，才力居中，肇自血氣，氣以實志，志以定言，吐納英華，莫非情性」，首次綰言才氣學習與文章風格之關係，令人耳目一新。所謂「才爲盟主，學爲輔助，主佐合德，文采必霸」⑯，是知高品衆妙之作，非由倖致，才內學外，缺一不可。自彥和發爲此論，繼有日本《文鏡秘府論》之論體，釋皎然《詩式》之辨體十九字，及司空圖之二十四《詩品》，莫不由此推衍其說，影響匪淺。

其他如神思之說，彥和繼陸機文賦之緒業，除描繪構思與想像之精神狀態，及對創作之重要性外，更進而探討「陶鈞文思」之方法，指出「養心秉術」之要訣：「養心」者，臨文應心慮虛靜，神氣醇白；「秉術」者，平日要積學酌理，研閱馴致，若此以往，則馭文謀篇，無務苦慮，不必勞情。其獨造之語，不僅彌補陸氏「未識夫開塞之所由」之缺憾，且唐宋以後亦少有精妙如是之論，乃彥和直湊單微之創獲。

二、文章結構

彥和思慮周密，條理清晰，著書文心亦布局緜密，體系嚴整。不僅各篇之間綱舉目張，連絡照應；每篇段落亦承接收束，首尾圓合；且善用遞進、歸納、演繹、比較等方法，以縱橫交織，執簡馭繁。故張之象序云：「蓋作者之章程，藝林之準的也」，洵非溢美之辭。

㈠圓鑒區域，體系嚴整

《文心》全書十卷五十篇，每卷五篇，依序志篇言，可分前二十五篇爲上篇，後二十五篇爲下篇，上下各篇綱舉目張，布局縝密。

卷一之五篇爲文學本原論。彥和以爲自然道妙，非聖不彰，聖哲鴻文，刊載經典，故〈原道〉篇云：「道沿聖以垂文，聖因文而明道」，〈徵聖〉篇云：「論文必徵於聖，窺聖必宗於經」，可見三者環環緊扣，關係密切；故〈原道〉篇後繼以〈徵聖〉，〈徵聖〉篇後繼以〈宗經〉，卽理所必然。尤其神妙者，於前篇文字預示後篇之將臨，驗諸范氏《文心雕龍‧神思篇註》亦有此說：「文心各篇前後相銜，必於前篇之末，預告後篇之將論者」，雖非篇篇如此，然彥和圓鑒區域，共相彌綸之表現，令人歎服⑰。至於前三篇揭示宗經要旨，於義屬正，〈正緯〉、〈辨騷〉「抉擇眞僞同異，於義屬負」⑱，五篇思想貫串相銜，均以讚聖尊經爲依歸之說，已見前論，玆不贅述，惟亦可見出文原論之自成體系，建秩有序。

卷二至卷五爲文學體裁論。各篇建構之準則，首如〈序志〉篇云：「若乃論文敍筆，則囿別區分」，以〈明詩〉至〈諧讔〉等十篇屬有韻之文，〈史傳〉至〈書記〉等十篇屬無韻之筆，文筆二分，綱維已具。繼以「原始以表末，釋名以章義，選文以定篇，敷理以舉統」四大項目，規範文體論各篇之架構。凡各類文體之源流遞嬗、名義由來、作品評騭及作法理則之開示，彥和視實際情況及行文之便，或繁敍、或簡言，或分述、或合論，或次序倒置，然皆不出此四大要目之區劃。若同篇之中有兩種以上文體，則彥和於「釋名以章義」之項下，或「分釋」、或「合釋」，視情形而定，如〈誄碑〉篇先釋誄之名義：「誄者，累也。累其德行，旌之不朽也」，於敍完歷代誄文發展、評述誄之代表作家作品及寫作要領後，才另釋碑之名義及由來，乃「分釋」之例。如〈章表〉篇云：「章者，明也。詩云：『爲章於天』，謂文明也。其在文物，赤白曰章。表者，標也。禮有表記，謂德見於儀，其在器式，揆景曰表。章表之目，蓋取諸此也。」乃「合釋」章表名義之例。二者之中，仍以「分釋」居多。「選文以定篇」之項下，則視行文需要，又分「單論」、「合論」、「比論」之例。如〈頌讚〉篇云：「馬融之〈廣成〉〈上林〉，雅而似賦，何弄文而失質乎！」爲單論一家，評述其作品得失。如〈論說〉篇云：「次及宋岱、郭象，銳思於幾神之區；夷甫、裴頠，交辨有於無之域，並獨步當時，流聲後代。」爲合舉數家，綜論其作品之特色。又如同篇云：「至如李康〈運命〉，同《論衡》而過之；陸機〈辨亡〉，效〈過秦〉而不及，然亦其美矣。」則兩相比較，論其短長。除上述以外，又有所謂「附論」⑲，倘有不足以特立專篇者，則視其屬性，附論於某篇之後。如〈詔策〉篇以戒敕、戒、敎、命各體，附論於篇末，以其性質與詔策相近，故依類相從。是知文體論由上及下，逐層建構，組織嚴密。

卷六至卷九乃文學創作論，其中〈時序〉、〈物色〉兩篇，爲前人刊刻誤倒，范文瀾注〈物色〉，以爲「應與〈附會〉篇相對，而統於〈總術〉篇。」文術論二十篇，據〈序志〉篇云：「至於剖情析采，籠圈條貫，摛神性，圖風勢，苞會通，閱聲字」，可依內容分：雖各篇義有偏重，然皆情采互言，既非單獨言情，亦不只重文采，以「外文綺交，內義脈注」⑳、「理圓事密，聯壁其章」㉑作爲創作之典範，要領，乃文術論一貫之架構取向，此所謂「剖情析采」。亦可依性質分：〈神思〉、〈體性〉、〈風骨〉、〈通變〉、〈定勢〉五篇，乃抽象闡釋文章之構思、風格、感染力，並論述通古變今及語勢雅正對創作之重要性。皆馭文之首術，謀篇之大端，乃規略文統之五綱。〈情采〉以下十三篇，則具體指陳文章之作法技巧，據〈附會〉篇云：「必以情志爲神明，事義爲骨鯁，辭采爲肌膚，宮商爲聲氣」，故可將其概分爲「情志」、「事義」、「辭采」、「宮商」四部分，皆品藻玄黃，摛振金玉，獻可替否，以裁厥中之恒數，乃制勝文苑之四目。至於〈養氣〉篇言保愛精神，以舒懷命筆，爲〈神思〉篇之餘義；〈總術〉篇則總結文術旨要，統領四綱五目。此所謂「籠圈條貫」。故彥和謀篇布局，驅萬塗於同歸，貞百慮於一致，實昭彰可覩。

卷十前四篇爲文學批評論，卽〈序志〉篇所言：「崇替於時序，褒貶於才略，怊悵於知音，耿介於程器」，其中〈知音〉篇論文學與讀者鑑賞之關係，就批評之避忌，理則及批評家素養等「內含」問題立論；〈時序〉篇論文學與時代潮流之關係，〈才略〉篇論文學與道德修養之關係，皆由文學批評之「外延」問題予以探究。外延問題中，「〈時序〉篇總論其世，〈才略〉篇各論其人」㉒「知人」、「論世」卽成爲文學批評論之重要架構，而以〈程器〉置於本論之末，強調梓材之士文行並重之旨，頗具深意。卷十末篇爲〈序志〉，乃彥和仿《史記》、《漢書》等成例，將全書總序位於最末，有概括、統馭羣篇之意。至於〈序志〉篇云：「位理定名，彰乎大衍之數，其爲文用，四十九篇而已」，則可見彥和條貫統序，成竹在胸，故能間架建屋，體系嚴整；而組織文心，安排文理，確曾受中國典籍之啓發，實不必強與佛書牽合也。

㈡前呼後應，首尾圓合

《文心雕龍·章句》篇云：「章句在篇，如繭之抽緒，原始要終，體必鱗次。」徵諸全書各篇章法之安排，亦多起結有序，纍如貫珠。如〈徵聖〉篇首言聖哲「鑒周日月，妙極幾神，文成規矩，思合符契」，乃自然妙道轉爲人文煥蔚之樞紐關鍵，故需「徵聖」。點明題旨後，次由五經之文涵蓋簡博明隱四術，歸結出徵聖者，「徵之周孔，則文有師矣」。末言聖哲之文，見於經典，所謂「論文必徵於聖，窺聖必宗於經」，不僅總結本篇「徵聖立言，文其庶矣」之旨，復爲次篇〈宗經〉預作伏筆，全篇跗蕚相銜，首尾圓合，可見一斑。又如〈正緯〉篇首謂河圖洛書，事以瑞聖，聖人則之；惟年代久遠，有僞作存焉。繼則按經驗僞，論其僞有四，並作小結：「僞既倍摘，則異義自明，經足訓矣，緯何豫焉？」一則振筆喚起注意，一則爲下文開展預作轉圜，故下文緊述緯書雖無益經典，然事豐奇偉，辭富膏腴之特點，則有助文章。結語並指出〈正緯〉之作，由於「前代配經，故詳論焉」。綜觀本文可謂一波三折，時而奇峰突起，令人有目不暇給之感；而其中宗經思想始終義脈流注，前後相銜，倘非細觀，難窺諦義。繼如〈知音〉篇點破知音難遇之題旨後，彥和首論批評之蔽障：內在方面，批評家有貴古賤今、崇己抑人、信僞迷眞之蔽；外在方面，作品有魚目混珠，文情難鑒之障。次言批評之理則，務先博觀，並舉「六觀」以立批評標準。末謂批評之素養，批評家應以敏感之心靈，細膩之觀察力，深識鑒奧，才能披文入情，沿波討源。由批評態度、理則至素養，彥和不僅建立一套完整之批評理論，且論批評由內及外，由點及面，條分縷析，脈絡分明。而全文由「知音其難哉」起，至「知音君子，其垂意焉」一結，首尾圓合，情韻不絕，令人不知本文係客觀評述文章鑑賞，抑或主觀暗寄彥和心曲？個中深意，耐人尋味。至如〈程器〉篇，彥和首揭篇旨，以爲「士」者器用文采兼具，慨嘆人多譏評文士無行。次論文士行爲之疵，兼言武臣亦不例外，而後作一小結，謂「蓋人稟五材，修短殊用，自非上哲，難以求備」；且照應前文「後人雷同，混之一貫，吁可悲夫！」，謂「然將相以位隆特達，文士以職卑多誚」，感嘆文士之橫遭非議，評爲無行，有時乃因地位卑微引起，後人混爲一談，實有不公。其文有起有結，前呼後應，昭然可見。文末彥和提出丈夫學文亦應達於政事，並以文武兼備，藏器待時自勉，乃呼應第一段「貴器用而兼文采」之說，故結語云：「若此文人，應梓材之士矣」，適與首句「周書論士，方之梓材」前後遙接，桴鼓相應，可見彥和謀篇布局之嚴整周圓。

㈢縱橫交織，執簡御繁

彥和著書《文心》，所以能陶冶萬彙，組織千秋，使文學理論及文學發展行其綴兆，雜而不越者，以其善於運用系統之組織方法，乃能表現結構上縱橫交織，執簡御繁之特色。

劉勰論文，鋪觀列代，深得文學發展規律之要。如〈明詩〉篇自上古葛天樂辭至宋初文詠，綜論詩風演變之大勢。〈頌讚〉篇由帝嚳迄乎魏晉，說明頌體之源流本末。〈麗辭〉篇從唐虞之世及於魏晉羣才，論麗辭偶句發展之源流。〈時序〉篇由陶唐歌謠暨乎宋齊文業，推求文學演變與時運交移之關係，均能言簡意賅，足見大略。是知彥和乃以「文學發展史觀」彌綸全書，採順敍遞進方式，論述百世文苑之變遷。於其綜述文學演變本末之同時，亦輒列舉代表作家作品，評其優劣得失，並揭示創作之理則。如〈頌讚〉篇言頌體流變之際，亦分論歷代代表作家及作品，或褒或貶，不一而足。〈時序〉篇論十代文風變化，亦兼評述文家之風格特色。是知以「作家爲評述中心」爲彥和安章布局之重要方法。其以「文學發展史觀」爲經，以「作家爲評述中心」爲緯，構成文心結構上縱橫交織，脈絡分明之特色。

〈序志〉篇云：「及其品評成文，有同乎舊談者，非雷同也，勢自不可異也；有異乎前論者，非苟異也，理自不可同也。同之與異，不屑古今，擘肌分理，唯務折衷。」足見彥和綴慮裁篇，議論文事，有其取捨標準。統言之，卽異中求同，同中求異之折衷法；析言之，乃歸納、演繹、比較法之綜合運用。如〈徵聖〉篇將聖哲文辭歸爲「或簡言以達旨，或博文以該情，或明理以立體，或隱義以藏用」四類，標示制作之簡、博、明、隱四法。〈體性〉篇論文章風格，歸爲八類：「一曰典雅，二曰遠奧，三曰精約，四曰顯附，五曰繁縟，六曰壯麗，七曰新奇，八曰輕靡。」皆歸納法之運用；換言之，卽〈雜文〉篇云：「類聚有貫」，〈序志〉篇云：「彌綸羣言」，乃異中求同之作法。又如〈辨騷〉篇比較騷辭與經典之異同，〈頌讚〉篇區示頌與賦、銘二體之歧異，〈體性〉篇於「吐納英華，莫非情性」之結語後，廣徵前代十二位作家爲證，觸類以推，皆比較、演繹法之運用；易言之，卽〈序志〉篇云：「囿別區分」，爲同中求異之作法。兩者若能兼顧使用，不失偏頗，卽彥和所謂「唯務折衷」。故〈徵聖〉篇於歸納聖文四類後，卽兩兩比較，云：「繁略殊制，隱顯異術，抑引隨時，變通會適」；〈體性〉篇於歸結八類風格後，卽正反立說，云：「雅與奇反，奧與顯殊，繁與約舛，壯與輕乖，文辭根葉，苑囿其中矣」，皆彥和折衷立言，不偏一義之實證。經此折衷法之運用，確有助於使龐雜之文學發展，抽象之文學理論，因類聚有貫、囿別區分而單純化、具體化，呈現執簡御繁，無棼絲之亂之文章風貌。

三、文辭修飾

《文心雕龍·麗辭》篇雖云：「夫心生文辭，運裁百慮，高下相須，自然成對」，又云：「奇偶適變，不勞經營」；然則彥和受齊梁文學益事姸華之影響，屬對精切，文辭華麗，聲律諧美，用典繁夥，處處可見其濬發心意，鎔鑄筆力之跡，語言十足流露六朝美文之特色。

(一)字句工麗，屬辭典雅

翻檢《文心》，「對偶」爲基本句式。如〈神思〉篇云：「是以養心秉術，無務苦慮，含章司契，不必勞情也」，言養心秉術有助爲文構思之暢達無礙。〈物色〉篇云：「一葉且或迎意，蟲聲有足引心，況清風與明月同夜，白日與春林共朝哉！」謂物色相召，人誰獲安。皆兩兩相對，字數相等，而事異義同，是爲「正對」。又如〈定勢〉篇云：「密會者以意新得巧，苟異者以失體成性。舊練之才，則執正以馭奇；新學之銳，則逐奇而失正」，開示學者意新得巧，執正馭奇之定勢要領，則正反立說，理殊趣合，是爲「反對」。再如〈明詩〉篇云：「儷采百字之偶，爭價一句之奇，情必極貌以寫物，辭必窮力而追新」，論述宋初以來之文學現象，句中兩兩對偶，以言語形容，是爲「言對」。至如〈祝盟〉篇云：「若夫臧洪歃辭，氣截雲蜺；劉琨鐵誓，精貫霏霜」，並舉人驗，以論盟辭之立，貴能誠信，是爲「事對」。類此之例，不勝枚舉，使《文心》句式工整，辭藻華美，極富珠聯璧合之情趣。

彥和所學淹博，援古證今，明引暗用，倍增文字典雅之美。如〈辨騷〉篇迭引先賢對騷辭褒貶不同之評騭，〈知音〉篇頻舉文人相顧嗤笑之言，以證知音果難遇哉！是皆彥和明引成辭，以增強說理之例。又如〈原道〉篇云：「鎔鈞六經，必金聲而玉振」，語出《孟子・萬章下》：「孔子聖之時者也。孔子之謂集大成，集大成也者，金聲而玉振之也。」〈情采〉篇云：「固知翠綸桂餌，反所以失魚。『言隱榮華』，殆謂此也」，語出《莊子・齊物論》：「道隱於小成，言隱於榮華。」〈時序〉篇云：「昔在陶唐，德盛化鈞，野老吐何力之談」，語出《論衡・感虛》篇：「堯時五十之民，擊壤於塗，觀者曰：『大哉！堯之德也！』擊壤者曰：『吾日出而作，日入而息，鑿井而飲，耕田而食，堯何等力？』」乃彥和化用古人辭例，卻能融合無間，如自其口出。此外，《文心》亦輒見「借代」之用法，不直接指明人事物，而以他詞取代。如〈時序〉篇云：「詩必柱下之旨歸，賦乃漆園之義疏」，以「柱下」、「漆園」借代俗知之「老莊」。〈情采〉篇云：「故有志深軒冕，而泛詠皐壤」，以「軒冕」借代習用之「富貴」。〈才略〉篇云：「觀乎後漢上林，可參西京；晉世文苑，足儷鄴都」，以西漢都城西京借稱西漢，以三國魏故城鄴都借稱曹氏父子及建安七子，皆彥和力避通俗之用法，無形中亦增添行文用語之雅贍。

(二)文勢緊湊，迴環往復

首尾蟬聯，上遞下接，若連環套扣，乃文心句式之一大特色。如〈原道〉篇云：「爲五行之秀氣，實天地之心生，心生而言立，言立而文明，自然之道也」，「心生」、「言立」二詞，如頂針續麻，上一句啓後，下一句承先，前後榫接，文勢緊密。又如〈明詩〉篇云：「人禀七情，應物斯感，感物吟志，莫非自然」，第二句與第三句頂針，使得語氣連貫，首尾應合。再如〈體性〉篇云：「若夫八體屢遷，功以學成，才力居中，肇自血氣，氣以實志，志以定言，吐納英華，莫非情性」，三句連續頂針，愈顯彥和說理之暢達緜密，有一氣呵成之勢。

善用回文，使上下詞序反復，情味愈出，亦彥和迭用之特色。如〈原道〉篇云：「道沿聖以垂文，聖因文而明道」，〈宗經〉篇云：「夫文以行立，行以文傳」，上下兩句，適相回環，不但易於記誦，且能突顯彼此關係之密切。又如〈風骨〉篇云：「若風骨乏采，則鷙集翰林；采乏風骨，則雉竄文囿」，亦借諸一、三句回文之形式，加強說明文采與風骨相輔相成之理。至如〈情采〉篇云：「蓋風雅之興，志思蓄憤，而吟詠情性，以諷其上，此爲情而造文也；諸子之徒，心非鬱陶，苟馳夸飾，鬻聲釣世，此爲文而造情也」，將「爲情而造文」迴環，一則形成互文之妙，回文之美；一則正反立說，對立鮮明，使文旨更爲清晰。

彥和爲文，有時亦將字詞間隔疊用，以申反復強調，語重心長之意。如〈樂府〉篇云：「故知詩爲樂心，聲爲樂體，樂體在聲，瞽師務調其器，樂心在詩，君子宜正其文」，先由「樂心」言及「樂體」，再由類疊「樂體」、「樂心」，回至起點，中間絲聯繩牽，頗饒情味。又如〈體性〉篇云：「然才有庸儁，氣有剛柔，學有淺深，習有雅鄭，並情性所鑠，陶染所凝。……故辭理庸儁，莫能翻其才；風趣剛柔，寧或改其氣；事義淺深，未聞乖其學；體式雅鄭，鮮有反其習」，先言才氣學習與文辭風格之關係，再回旋反復，類疊各關鍵字，以照應上文；其反覆解析，如抽絲剝繭，連環緊扣，愈顯彥和思慮之周延，文理之緜密。

上述三種緊湊文氣，𢌞環往復之法，輒見彥和綜合運用，益使句法靈動多姿。如〈聲律〉篇云：「異音相從謂之和，同聲相應謂之韻。韻氣一定，則餘聲易遣；和體抑揚，故遺響難契。屬筆易巧，選和至難，綴文難精，而作韻甚易」，以二、三句頂針，且將「和」、「韻」類疊三次，周流復始，頗具洄洑逶迤之妙趣。同理，亦見於〈章句〉篇：「夫人之立言，因字而生句，積句而爲章，積章而成篇。篇之彪炳，章無疵也；章之明靡，句無玷也；句之清英，字不妄也」，爲強調字句章篇振本末從之關係，彥和兼採頂針、類疊、回文之法，𢌞環相生，跗萼相銜，首尾一體。又如〈徵聖〉篇云：「故知正言所以立辨，體要所以成辭；辭成無好異之尤，辨立有斷辭之美。雖精義曲隱，無傷其正言；微辭婉晦，不害其體要。體要與微辭偕通，正言共精義並用」，不僅「成辭」、「辭成」有回文之趣；「體要」上下遞接，有頂針之美；「正言」、「體要」、「精義」、「微辭」一再類疊，前後照應，且說理層遞漸進，先論正言、體要之功用在於「立辨」、「成辭」；次言使用得當之效果爲「無好異之尤，有斷辭之美」；末闡正言、體要運用之要領，可與曲隱之精義偕通，婉晦之微辭並用。其語勢踵接，秩序一貫，且能極盡迂迴反復之妙，由是已見一斑。

㈢深刻印象，富感染力

飾以華藻，博其譬喻，乃六朝文士所習用，彥和亦不例外。其多用比辭，目的有二：一爲生動形象。如〈原道〉篇：「至於林籟結響，調如竽瑟，泉石激韻，和若球鍠」，以幽林曲澗之天籟，譬若樂聲琤琮，玉鐘和鳴。〈知音〉篇云：「夫深識鑒奥，必歡然内懌，譬春臺之熙衆人，樂餌之止過客」，將鑒識文情之快慰，比如遊人春日登臺，過客流連香餌美樂，喜樂不已。〈雜文〉篇云：「自連珠以下，擬者間出。杜篤賈逵之曹，劉珍潘勖之輩，欲穿明珠，多貫魚目。可謂壽陵匍匐，非復邯鄲之步，里醜捧心，不關西施之嚬矣」，以壽陵匍匐，東施效顰，譏諷杜篤諸人擬作連珠，學步不成，不美反醜。皆能切類指事，語言鮮活，使得形象躍然，印象深刻。二爲抽象具體化。如〈宗經〉篇云：「若禀經以製式，酌雅以富言，是卽山而鑄銅，煮海而爲鹽也」，將文能宗經，取資不竭之理，喻爲依山鑄銅，臨海煮鹽。〈定勢〉篇云：「若愛典而惡華，則兼通之理偏，似夏人爭弓矢，執一，不可獨射也；若雅鄭而共篇，則總一之勢離，是楚人鬻矛楯，譽兩得而俱售也」，以重質輕文，雅鄭共篇，猶似夏人爭弓矢，楚人鬻矛盾，皆有偏失。〈章句〉篇云：「其控引情理，送迎際會，譬舞容廻環，而有綴兆之位；歌聲靡曼，而有抗墜之節也」，視文章情理，控引得宜，有如舞蹈進退有序，歌聲節奏抑揚。皆使抽象之文學理論具體化，有助於揭示隱微，明晰說理，易爲人所接受。

爲顯豁文義，增強語氣，彥和亦將相反二義對襯比較。或表裏對舉，如〈宗經〉篇云：「《尚書》則覽文如詭，而尋理卽暢；《春秋》則觀辭立曉，而訪義方隱。此聖文之殊致，表裏之異體者也。」或難易對峙，如〈明詩〉篇云：「然詩有恒裁，思無定位，隨性適分，鮮能圓通。若妙識所難，其易也將至；忽以爲易，其難也方來。」或遠近對立，如〈神思〉篇云：「是以意授於思，言授於意，密則無際，疏則千里，或理在方寸而求之域表，或義在咫尺而思隔山河。」或有無對比，如〈情采〉

篇云：「夫桃李不言而成蹊，有實存也；男子樹蘭而不芳，無其情也。」均將一事由不同觀點形容描寫，經由兩兩對襯，懸殊差異，使事理愈加彰顯，意象更爲鮮明，讀者印象更加深刻。

受六朝美文陶染，彥和習用排比句法以壯文勢、廣文義。有單句排比，如〈徵聖〉篇言聖人之情，並舉例說明「政化貴文之徵」、「事蹟貴文之徵」及「修身貴文之徵」，接二連三印證「經兼貴文」之說，語勢勁健，說服性強，極富感染力。又如〈正緯〉篇徵引通儒之言：「桓譚疾其虛僞，尹敏戲其浮假，張衡發其僻謬，荀悅明其詭誕」，以四個單句排比，表達四賢之訾議，確使緯書有僞，鐵證如山。又如〈神思〉篇言馭文謀篇，要能「積學以儲寶，酌理以富才，研閱以窮照，馴致以繹辭」，以一系列整齊之句法，籠罩全面，闡理透徹，且語勢一瀉而下，磅礴暢達。有複句排比，如〈辨騷〉篇云：「故其敍情怨，則鬱伊而易感；述離居，則愴快而難懷；論山水，則循聲而得貌；言節候，則披文而見時」，借四個複句排比，形容騷辭述情寫物，如狀溢目前，扣人心弦，文字極富感染力。又如〈風骨〉篇云：「若瘠義肥辭，繁雜失統，則無骨之徵也；思不環周，索莫乏氣，則無風之驗也」，彥和採立柱分應法，論述文無風骨之情形，兩個複句排比，使語勢穩健，結構勻稱。又如〈物色〉篇云：「是以獻歲發春，悅豫之情暢；滔滔孟夏，鬱陶之心凝；天高氣清，陰沉之志遠；霰雪無限，矜肅之慮深」，暢言四時更迭與人情相應之理，四個複句排比，堪稱極態盡妍，各呈其妙，使讀者情隨文轉，極富感染效果。

上述以外，彥和亦善用設問，以喚起讀者注意，激起共鳴。如〈正緯〉篇云：「僞既倍摘，則異義自明，經足訓矣，緯何豫焉？」，〈通變〉篇云：「從質及訛，彌近彌澹，何則？」皆彥和自問自答之辭，故答案即見於下文，如〈正緯〉篇緊接闡述緯書無益經典，而有助文章之事實；〈體性〉篇則答云：「競今疎古，風末氣衰也」，乃彥和為提振文氣，喚起注意之作法。又如〈原道〉篇云：「夫以無識之物，鬱然有采，有心之器，其無文歟？」，〈知音〉篇云：「形器易徵，謬乃若是，文情難鑒，誰曰易分？」皆彥和反問之語，答案雖不言而自見，其意在激起共鳴，以增強文章之感染力。

㈣精於概括，錯綜變化

彥和行文，部勒有方，雖鋪觀列代，而要言不煩；雖論理繁雜，而頭緒愈整，此與其遣辭造語，精於概括有關。如〈明詩〉篇綜論歷代詩歌變遷之大勢，云：「正始明道，詩雜仙心」、「晉世羣才，稍入輕綺，張潘左陸，並肩詩衢，采縟於正始，力柔於建安，或析文以為妙，或流靡以自妍，此其大略也」、「江左篇制，溺乎玄風，嗤笑徇務之志，崇盛忘機之談」、「宋初文詠，體有因革，莊老告退，而山水方滋，儷采百字之偶，爭價一句之奇，情必極貌以寫物，辭必窮力而追新，此近世之所競也」，以「雜仙心」言正始，「入輕綺」論晉，「溺玄風」謂江左，「山水方滋」指宋初，言語均簡鍊扼要，足以概括一代文學風貌。又如〈時序〉篇云：「爰自漢室，迄至成哀，雖世漸百齡，辭人九變，而大抵所歸，祖述楚辭，靈均餘影，於是乎在」，以「靈均餘影」概括有漢百年辭賦之風格。同篇又云：「觀其時文，雅好慷慨，良由世積亂離，風衰俗怨，並志深而筆長，故梗概而多氣也」，以「雅好慷慨」綜述建安文學之特色。均能「以一線貫千條」，語言簡潔而精鍊；且彥和或言「其大略」，或舉「近世之所競」，或論「大抵所歸」，可見其長於提綱挈領，類聚羣分，乃能化繁爲簡，概括精當。而凡時代承接之處，如〈時序〉篇言「昔在陶唐」、「爰至有漢」、「自哀平陵替」、「至明帝纂戎」、「自宋武愛文」、「暨皇齊馭寶」等，皆冠以不同之轉折語，或逕以時代名相稱，如此既能貫串語氣，復使文章錯落變化，不致流於刻板。

爲避免形式過於規律整齊，致生板重呆滯之弊，彥和有時亦長短文句，使文章錯綜變化。如〈祝盟〉篇云：「夫盟之大體，必序危機，獎忠孝，共存亡，戮心力，祈幽靈以取鑒，指九天以爲正，感激以立誠，切至以敷辭，此其所同也，然非辭之難，處辭爲難。後之君子，宜存殷鑒。忠信可矣，無恃神焉。」即於基本之四六句型外，間雜以三字、五字之文句，使其錯落有致，活潑生動。又如〈徵聖〉篇云：「顏闔以爲：『仲尼飾羽而畫，從事華辭。』雖欲訾聖，弗可得已。然則聖文之雅麗，固銜華而佩實者也。」亦於文末變化句法，使呈現七字、八字之參差語句，於整齊中求錯綜，韻味別具。至如〈章句〉篇云：「又詩人以兮字入於句限，《楚辭》用之，字出於句外。尋兮字承句，乃語助餘聲。舜詠〈南風〉，用之久矣，而魏武弗好，豈不以無益文義耶！」則四字、五字、八字、十字句，長短參差，並無定規，足徵彥和爲文雖以四六爲主，然仍能視實際實要，變化句式，使文章波瀾迭生。

(五)宮商和諧，聲韻抑揚

文學作品之美感，除見諸情實、辭采，更有藉資於聲音者，《文心雕龍・練字》篇云：「諷誦則績在宮商。」〈聲律〉篇亦云：「古之佩玉，左宮右徵，以節其步，聲不失序。音以律文，其可忽哉！」是知音律和諧對文學創作之重要性。

彥和強調音律之美，不僅見於文字，觀諸《文心》制作，宮商諧和，聲調抑揚之例，亦不勝枚舉。此蓋與其多用駢偶，講求詞性、意義、平仄之對仗有關。如〈原道〉篇云：「雲霞雕色，有踰畫工之妙；草木賁華，無待錦匠之奇」，上四下六隔句對偶之句式中，以「雲霞」對「草木」、「雕色」對「賁華」、「有踰」對「無待」、「畫工之妙」對「錦匠之奇」，意義、詞性皆對仗工整，而四字句中以「平平平仄」對「仄仄仄平」，六字句中以「仄平仄平平仄」對「平仄仄仄平平」，正沈約所謂「若前有浮聲，則後須切響」㉓，以平仄之相間，收聲調抑揚頓挫之效。又如〈物色〉篇云：「寫氣圖貌，既隨物以宛轉；屬采附聲，亦與心而徘徊」，四六隔句扇對之句式中，以「寫氣」對「屬采」，「圖貌」對「附聲」，「既隨物以宛轉」對「亦與心而徘徊」，意義、詞性亦對稱妥切，而四字句中，以「仄仄平仄」對「仄仄仄平」，六字句中以「仄平仄仄仄」對「仄仄平平平平」，即沈約所云：「一簡之內，音韻盡殊；兩句之中，輕重悉異」㉔，以平清仄濁，妥加配合，益增宮商之叶暢。又如〈物色〉篇云：「清風與明月同夜，白日與春林共朝」、「參伍以相變，因革以爲功」，上二句以「平平仄平仄平仄」對「平仄仄平平仄平」，下二句以「平仄仄平仄」對「平平仄平平」，皆能避免彥和「沈則響發而斷，飛則聲颺不還」之說㉕，以平聲之輕颺間夾仄聲之抑沈，故能如轆轤交往，逆鱗相比，形成聽覺上之美感。

《文心》用韻亦頗講究，各篇贊語皆以押韻成文。如〈宗經〉篇贊曰：「三極彝訓，道深稽古。致化惟一，分敎斯五。性靈鎔匠，文章奧府。淵哉鑠乎！羣言之祖。」每隔二句押韻，「古」、「五」、「祖」均見於《廣韻》上聲之十老韻，「府」見於《廣韻》上聲之九麌韻，與姥韻同用。又如〈諸子〉篇贊云：「丈夫處世，懷寶挺秀。辯雕萬物，智周宇宙。立德何隱，含道必授。條流殊述，若有區囿。」八句中「秀」、「宙」、「授」、「囿」四字，同押《廣韻》去聲四十九宥韻。由於八句之中，四字互押，每使各篇贊語文氣流暢，音律諧和，易於激起讀者之共鳴。

是知彥和善用文辭調音之術，或於一句之內，音韻悉異，所謂「異音相從謂之和」，故能脣吻不滯；或於贊語之中，間句用韻，所謂「同聲相應謂之韻」㉖，故能勢若轉圜。〈聲律〉篇云：「聲轉於吻，玲玲如振玉；辭靡於耳，纍纍如貫珠」，此固言文辭聲律之最高鵠的；然若捨和韻以求，則不啻緣木求魚，而彥和可謂得其環中矣。

此外，疊字之妙用，不僅可摹景入神，融情入景，亦有助於聲調抑揚，氣格暇整。彥和用之於句首者，如《序志》篇云：「茫茫往代，既洗予聞，眇眇來世，倘塵彼觀。」用於句中者，如〈物色〉篇云：「味飄飄而輕舉，情曄曄而更新。」用之句尾者，如〈物色〉篇云：「春日遲遲，秋風颯颯。」或以疊字兼動詞，如「飄飄」、「曄曄」、「遲遲」、「颯颯」，或以疊字兼形容詞，如「茫茫」、「眇眇」，均能使聲情與文情融合，意態更加生動傳神，而雙聲疊韻之用，尤使聲和律諧，情韻悠揚，益添文章之雋永有味。

四、結　論

綜上所論，《文心雕龍》之文章藝術，可分述如後：文學思想上：首尾貫串，自成一家。彥和文原於道、依經附聖、文質並重、變通適會、文貴致用等重要思想，雖散見各篇，而共理相貫，具有完整性；文筆之辨、文體本於五經、才氣學習與創作之關係及養心秉術等說，則繼軌前賢，以推陳出新，具有獨創性。文章結構上：條貫統序，綱領昭暢。大至全書之圓鑒區域，小至各篇之前後呼應，或體系嚴整，或首尾圓合，均組織緜密。尤可貴者，以「文學發展史觀」、「作家爲評述中心」做經緯，兼採折衷法之運用，謀篇布局呈現縱橫交織，執簡御繁之特色。文辭修飾上：屬采附聲，雕章儷句。文心受六朝美文影響，字句工麗，屬辭典雅，字裏行間文勢緊湊，頗富廻環往復之妙趣；且博用譬喻、對襯、排比、設問等句法，使讀者印象深刻，極富感染效果。而精於概括之語言，長短參差之句式、善用調音之術，均使彥和論文說理無倒置之乖、棼絲之亂，有錯綜變化、宮商叶暢之美。是知劉盂塗《集書文心雕龍後》云：「求其是非不謬，華實並隆，以駢儷之言，而有馳驟之勢，含飛動之彩，極瓌瑋之觀，其惟劉彥和乎？」非空無依傍，乃言有所本；而譚獻《復堂日記》所謂「固辭人之圭臬，作者之上駟」洵非溢美之辭。

雖言如此，諦觀文心之行文用語，仍有白璧之瑕。歸納言之，有語意模糊不明確、例證概括不具體及譬喩虛泛不實際三項㉗，前人論之已精，茲不贅述。故歷來針對文心術語如文、道、自然、神理、體性、風骨等闡釋研究者，不知凡幾；而就彥和評述之作家、列舉之譬喻等審視分析者，亦不在少數。追根究柢，此一文辭之蔽障，係緣於《文心》受駢偶句法所限，其表達意念自不若散文可以自由運用者便利；尤其彥和綜述歷代文變，統言創作理則，皆不得不遷就形式，借重概括性語言，或徵引故實，以寥寥數字表達數層含義。至於駢偶句法，爲六朝文士習用，彥和又焉能自拒於外？故清史念祖《文心雕龍書後》嘗云：「亦毋尤才富，習囿之也」，謂彥和受限於時代，雖斯言有玷，亦瑕不掩瑜矣。

註　釋：

① 見《文心雕龍・詮賦》篇。
② 見《文心雕龍・定勢》篇。
③ 見《文心雕龍・情采》篇。
④ 見《文心雕龍・通變》篇。
⑤ 見《文心雕龍・通變》篇。
⑥ 見《文心雕龍・物色》篇。
⑦ 見《文心雕龍・徵聖》篇。
⑧ 見《文心雕龍・通變》篇。
⑨ 見《論語・陽貨》篇。

⑩ 見《毛詩・序》，《毛詩正義》卷一。
⑪ 見王充《論衡・佚文》篇。
⑫ 見《文心雕龍・程器》篇。
⑬ 見《文心雕龍・序志》篇。
⑭ 見黃季剛《文心雕龍札記・總術》篇。
⑮ 見《文心雕龍・序志》篇。
⑯ 見《文心雕龍・事類》篇。
⑰ 如〈鎔裁〉篇云：「若情周而不繁，辭運而不濫，非夫鎔裁，何以行之乎？」故於〈情采〉之後接言〈鎔裁〉，理圓事密，亦頗符彥和圓鑒區域，共相彌綸之精神。
⑱ 見劉永濟《文心雕龍校釋・辨騷》篇。
⑲ 「分釋」、「合釋」、「單論」、「合論」、「比論」名義之用，參考王師更生《文心雕龍研究》。
⑳ 見《文心雕龍・章句》篇。
㉑ 見《文心雕龍・麗辭》篇。
㉒ 見紀評《文心雕龍・才略》篇。
㉓ 見《宋書・謝靈運傳》。
㉔ 同㉓。
㉕ 見《文心雕龍・聲律》篇。

㉖《文心雕龍·聲律》篇云：「異音相從謂之和，同聲相應謂之韻。韻氣一定，則餘聲易遺；和體抑揚，故遺響難契。」

㉗言《文心雕龍》之缺點者，前人如日本空海《文鏡秘府論·四聲論》篇云：「但恨連章結句，時多澁阻，所謂能言之者，未必能行之者。」清史念祖《文心雕龍書後》亦云：「其爲文亦稱贍雅，然徵引旣繁，或支或割，辭排氣壅，如肥人艱步，極爲騰踔，終不越江左蹊徑。」時人論之尤詳，如王夢鷗教授在《故宮圖書季刊》一卷一期撰〈文心雕龍質疑〉，以爲彥和運用言辭，犯有四病：「第一是詞義不够穩定，界說極不分明，第二是引用現有的名詞及成語，常隨意變更其涵義。第三是列擧的證據雖多，但大率不够眞切。第四是譬喻的字詞太多，因而涵義亦顯得虛泛。」沈謙教授於《文心雕龍批評論發微》一書中，亦指出彥和之侷限與缺點云：「第一、語意模稜，言辭游移。第二、例證虛泛，譬喩曖昧。第三、浪漫文學，評價未允。第四、論文對象，仍欠穩妥。」本文則根據衆人所言，歸納彥和行文用語之蔽障有三。

《文心雕龍》的修辭技巧

蔡宗陽

一、前言

劉勰是一位奇人，《文心雕龍》是一部奇書，以奇人撰奇書，自然是「陶冶萬彙，組織千秋」①，也是體大慮周的傑作。劉勰不止在《文心雕龍》上闡述修辭理論，也將自己的修辭理論運用在《文心雕龍》上，更有很多《文心雕龍》上的修辭技巧，暗合了現代修辭學的理論。因此，劉勰既是理論家，也是實行家。筆者喜愛《文心》，蓋《文心》推本經籍，條暢旨趣，是以嘗撰《劉勰文心雕龍與經學》②。且夫《文心》，大而全篇，小而一字，皆精采並茂，是故擬撰《文心雕龍》的修辭技巧。本文以修辭技巧爲經，《文心雕龍》的原文爲緯，析論《文心》全書運用的修辭技巧，並進一步闡述《文心》在現代修辭學的意義。

二、《文心雕龍》全書運用的修辭技巧

本文先以劉勰的修辭理論爲主，現代修辭學的理論爲輔，再引用《文心雕龍》的原文，來詮證那

些文句運用了劉勰本身的修辭理論，那些文句暗合了現代修辭學的理論。茲分析、歸納的結果，有下列十幾種修辭技巧：

㈠引用的修辭技巧

所謂引用，是指劉勰撰寫《文心》時，徵「引」古人的事跡，以證驗意義；援「用」前賢的文辭，以闡明事理的一種修辭方法。《文心雕龍・事類》談到引用的方式，約有二端：一是「略舉人事以徵義」，二是「全引成辭以明理」。前者是用古事，目的是援古事以證今情；後者是用成辭，目的是引彼語以明此義。引用的目的，是用片言數字，來闡明繁複隱微的寓意。《文心》引用古事者，如：

> 相如含筆而腐毫，揚雄輟翰而驚夢，桓譚疾感於苦思，王充氣竭於思慮，張衡研京以十年，左思練都以一紀，雖有巨文，亦思之緩也。淮南崇朝而賦騷，枚皐應詔而成賦，子建援牘如口誦，仲宣舉筆似宿構，阮瑀據鞌而制書，禰衡當食而草奏，雖有短篇，亦思之速也。（〈神思〉）

劉勰論文思遲速不一，並舉例相證。劉氏不僅引用司馬相如、揚雄、桓譚、王充、張衡、左思等六人的事跡，來闡明雖然長篇鉅著，但思考遲緩；也引用劉安、枚皐、曹植、王粲、阮瑀、禰衡等六人的事跡，來闡述雖然短篇小品，但思考敏捷。這是「略舉人事以徵義」的例子。又如「文王繇《易》，剖判爻位，既濟九三，遠引高宗之伐；明夷六五，近書箕子之貞。」（〈事類〉）這也是略舉古人的事跡，以證驗意義的例子。

劉勰所謂的「用成辭」，有明引古人的言辭、古書的文辭，也有暗用古書的文句。《文心》明引古人的言辭者，如：

> 大舜云：「詩言志，歌永言。」聖謨所析，義已明矣。（〈明詩〉）

劉勰引用大舜的話，見於《尚書・舜典》的原文。大舜說：「詩的作用是表達情志，歌的作用在吟唱詩的意義。」劉氏認爲大舜解析詩的意義，眞是明白極了。劉勰不引古書，而逕引「大舜」，是爲了呼應下文「聖謨所析」的「聖謨」，而且「舜」與「謨」二字，是「仄」、「平」協調，使文章更加明暢。又如：

> 莊周云：「辯雕萬物。」謂藻飾也。韓非云：「豔乎辯說。」謂綺麗也。（〈情采〉）

莊子反對詭辯論的辯雕萬物，韓非也反對縱橫家的豔乎辯說，蓋此二者不是「藻飾」，就是「綺麗」。莊子之言，見於《莊子・天道》：「辯雖雕萬物，不自說也。」韓非的話，源於《韓非子・外儲說左上》：「夫不謀治強之功，而豔乎辯說文麗之聲。」此外，還有「顏闔以爲『仲尼飾羽而畫，從事華辭。』」（〈徵聖〉）「揚雄諷味，亦言：『體同詩雅。』」（〈辨騷〉）「班固稱：『古詩之流也。』」（〈詮賦〉）「子雲所謂『猶騁鄭衞之聲，曲終而奏雅』者也。」（〈雜文〉）「孟軻所云：『說詩者不以文害辭，不以辭害意』也。」（〈夸飾〉）「管仲有言：『無翼而飛者聲也，無根而固者情也。』」（〈指瑕〉）「揚子以爲『文麗用寡者長卿』，誠哉是言也。」（〈才略〉）「昔屈平有言：『文質疏內，衆不知余之異采。』見異唯知音耳。」（〈知音〉）這些例句都是明引古人之言。還有明引古書之辭者，如：

《易》曰：「鼓天下之動者存乎辭。」辭所以能鼓天下者，迺道之文也。（〈原道〉）

劉勰明引《周易・繫辭上》的原文，以闡述文辭之所以能發揮鼓動天下人心的效用，究其原因，在於它合乎自然之道的緣故。又如「《書》云：『辭尚體要，不惟好異。』」（〈徵聖〉）「此《周易》所謂『臀無膚，其行次且』也。」（〈附會〉）這些例子都是明引古書。至於暗用古書者，如：

夫古來知音，多賤同而思古，所謂「日進前而不御，遙聞聲而相思」也。（〈知音〉）

「日進前而不御，遙聞聲而相思」，是暗用《鬼谷子・內揵篇》的原文。劉勰暗用《鬼谷子》的話，來詮證自古以來所謂「知音之士」，多半鄙視同時代的人，而思慕古聖先賢。又如「聲依永，律和聲。」（〈樂府〉）暗用《尚書・舜典》的原文。「賤不誄貴，幼不誄長。」（〈誄碑〉）暗用《禮記・曾子問》的原文。「東向而望，不見西牆。」（〈知音〉）暗用《淮南子・氾論》的原文。這些例子都是暗用古書的文句。

㈡對偶的修辭技巧

所謂對偶，是指劉勰撰寫《文心》時，凡是字數相等、句法相同、詞性相對、平仄協調的文句，成雙作對地排列的一種修辭技巧。對偶的種類，《文心雕龍・麗辭》分爲事對、言對、正對、反對四種。所謂事對，是指上下聯並列對舉，都有人地事物，可資徵驗。如：

〈儲說〉始出，〈子虛〉初成。（〈知音〉）

劉勰言韓非剛寫好《儲說篇》，秦始皇極爲欣賞；司馬相如剛寫成《子虛賦》，漢武帝至爲喜愛。〈儲說〉對〈子虛〉，〈儲說〉是《韓非子》的篇名，〈子虛〉是司馬相如作的賦名。「始」對「初」，是副詞相對；「出」對「成」，是動詞相對，且平仄相對。因此，這例句是「事對」。又如「毛嬙鄣袂，不足程式；西施掩面，比之無色。」（〈麗辭〉）這也是「事對」。

所謂言對，是指上下聯兩相排比的詞句，都一空依傍，不用典故。如：

紛哉萬象，勞矣千想。（〈養氣〉）

劉勰認爲天地間萬象紛紜，應接不暇；作者千思萬想，精疲神勞。「紛」對「勞」，是形容詞相對；「哉」對「矣」，是助詞相對；「萬」對「千」，是形容詞相對；「象」對「想」，是名詞相對；所以這例句是「言對」。又如「一朝綜文，千年凝錦。」（〈才略〉）「修容乎禮園，翱翔乎書圃。」（〈麗辭〉）這些例句都是「言對」。

所謂正對，是說材料雖然有別，而意義卻完全一樣的聯語。如：

漢祖想枌榆，光武思白水。（〈麗辭〉）

「枌榆」，在今江蘇省豐縣，是漢高祖的出生地；「白水」，在今陝西省白水縣，是東漢光武帝起兵討新莽的發祥地；「枌榆」對「白水」，是名詞相對，地名相對，且平仄相對。「漢祖」對「光武」，是人名相對，也是名詞相對。「想」對「思」，是動詞相對，且仄平相對。因此，這例句是「正對」。又如「情往會悲，文來引泣。」（〈哀弔〉）這例句也是「正對」。

所謂反對，是說事理雖然不同，而旨趣卻彼此暗合的聯語。如：

鍾儀幽而楚奏，莊舃顯而越吟。（〈麗辭〉）

劉勰認爲一個人無論得志或不得志，總是念念不忘自己的家鄉，鍾儀、莊舃」，是人名相對，卽名詞相對。「幽」對「顯」，是正反對比，也是形容詞相對。「楚」對「越」，是國名相對，也是名詞相對。「奏」對「吟」，是動詞相對，且仄平相對。因此，這例句是「反對」。又如「逐物實難，憑性良易。」（〈序志〉）這例句也是「反對」。

《文心雕龍》的原文，除運用上述四種對偶外，尙有暗合現代修辭學的「對偶」，如「鏤影摛聲」（〈頌贊〉）、「模山範水」（〈物色〉），都是「當句對」③；「日用乎比，月忘乎興。」（〈比興〉）「子夏無虧於名儒，濬沖不塵乎竹林。」（〈程器〉）這兩個例句都是「單句對」④；「寂然凝慮，思接千載；悄焉動容，視通萬里。」（〈神思〉）「茫茫往代，旣洗予聞；眇眇來世，倘塵彼觀。」（〈序志〉）這兩個例句都是「隔句對」⑤。

㈢譬喩的修辭技巧

劉勰認爲「比」卽譬喩，是一種「借彼喩此」的修辭方法。所以《文心雕龍・比興》說：

比者，附也。……附理者，切類以指事。……何謂為比？蓋寫物以附理，颺言以切事者也。

所謂「比附」，以近似者相比，切取類似點以指明事實。所謂「寫物以附理，颺言以切事」，藉描敍外在的事物以譬喩內在的事理。劉勰將「比」分爲兩大類：一是比義，一是比類。所謂比義，是指以事義相比附，卽以具體的事物譬喻抽象的義理。如「金錫以喩明德，珪璋以譬秀民，螟蛉以類教誨，蜩螗以寫號呼，澣衣以擬心憂，卷席以方志固」（〈比興〉），都是屬於這一類。所謂比類，是指以事類相比附，卽以具體的事物譬喩具體的形貌。如「麻衣如雪，兩驂如舞。」（〈比興〉）都是屬於這一類。

《文心雕龍》原文運用「比義」者，如

子夏歎書，昭昭若日月之代明，離離如星辰之錯行，言照灼也。（〈宗經〉）

劉勰闡述《尚書》論事明暢，如同日月的更迭發光，《尚書》的內容淸晰，如星辰的交錯運行。「昭昭」、「離離」，是抽象；「日月」、「星辰」，是具體。因此，「昭昭若日月之代明」、「離離如星辰之錯行」，都是「比義」。這裏的譬喩作用，是在使深奥的道理淺顯化，抽象的事物具體化，概念的東西形象化。又如「林籟結響，調如竽瑟；泉石激韻，和若球鍠。」（〈原道〉）「聲轉於吻，玲玲如振玉；辭靡於耳，纍纍如貫珠。」（〈聲律〉）「辭如珠玉。」（〈程器〉）這些例句都是「比義」。

《文心雕龍》原文運用「比類」者，如：

彩雲若錦。（〈序志〉）

劉勰將「五彩祥雲」比喩爲「錦繡」一般的漂亮，目的是使人易於知曉。「雲」、「錦」，都是具體。所以，「彩雲若錦」，是「比類」。又如「靑條若總翠。」（〈比興〉）這例句也是「比類」。「比義」和「比類」，猶如現代修辭學「譬喩」中的「明喩」⑥，《文心》原文尙有暗合「譬喩」

中的「略喻」⑦，如「山木為良匠所度，經書為文士所擇。」(〈事類〉)又有暗合「譬喻」中的「借喻」⑧，如「根柢槃深，枝葉峻茂，……太山徧雨，河潤千里。」(〈宗經〉)

(四)夸飾的修辭技巧

所謂夸飾，是指在語文中，誇張鋪飾超過客觀事實的一種修辭方法。夸飾的產生因素有二：主觀因素是「語不驚人死不休」⑨，作者想要「出語驚人」。客觀因素是「愛奇者聞詭而驚聽」⑩，「俗人好奇，不奇，言不用也」⑪，讀者的好奇心理。《文心雕龍．夸飾》談夸飾的原則，是「夸而有節，飾而不誣」。劉勰雖未明言夸飾的種類，但從其舉例，可以歸納為若干類別，劉氏說：

言峻則嵩高極天，論狹則河不容舠，說多則子孫千億，稱少則民靡孑遺；襄陵舉滔天之目，倒戈立漂杵之論；……鴞音之醜，豈有泮林而變好？荼味之苦，寧以周原而成飴？(〈夸飾〉)

劉勰列舉夸飾的八種例證，我們深思細繹這八個例證，約略可以歸納出夸飾的種類。「嵩高極天」，形容高山陡險，高聳至雲霄；這是「空間的夸飾」。「河不容舠」，形容河水狹窄，浮不了小船；這是「空間的夸飾」，也是「縮小的夸飾」。「子孫千億」，形容子孫衆外；這是「數量的夸飾」，也是「縮小的夸飾」。「襄陵舉滔天之目」，描敍洪水漲上山陵，水漫了蒼天，這是「空間的夸飾」，也是「放大的夸飾」。「倒戈立漂杵之論」，描敍敵人的敗退，死傷慘重，說是血流漂杵；這是「物象的夸飾」，也是「放大的夸飾」。「鴞音之醜，豈有泮林而變好」，敍述貓頭鷹叫聲難聽，難道牠吃了學宮旁的桑葚，聲音就變得好聽了嗎？這是夸飾學宮的感化力量，屬於「物象的夸飾」，也是「放大的夸飾」。

「荼味之苦，寧以周原而成飴」，闡述荼菜的味道很苦，怎麼會因爲生長在岐山的原野就化作甜菜呢？這是夸飾周朝前人恩澤的浩大，屬於「物象的夸飾」，也是「放大的夸飾」。

我們析論劉勰列舉夸飾的八種例證，得知下列兩種情形：以表達方式而言，夸飾分爲放大、縮小兩種；以題材對象而論，夸飾有空間、數量、物象三種。此外，尚有「時間的夸飾」，如「逢其知音，千載其一乎！」（〈知音〉）劉勰言知音之士很難遇到，要想在茫茫人海中，得到像鍾子期、鮑叔牙那樣的知音之士，恐怕在千百年中，只有一遇吧！「千載其一乎」，這是「時間的夸飾」，也是「放大的夸飾」。

㈤練字的修辭技巧

劉勰認爲「善爲文者，富於萬篇，貧於一字」⑫。因此，《文心雕龍・練字》談練字的原則有四：一是避詭異，二是省聯邊，三是權重出，四是調單複。

所謂詭異，是指瑰瑋奇怪，不常見的生冷字體。如「哅呶」二字，尋常文章極爲罕見，讀者必得翻閱字書，始得其解。修辭技巧強調「新奇」的原則，是指「立意」的去陳出新，要在意上下功夫，並非在字上作手腳，如此則文章的神氣韻味必有過人者。所謂聯邊，是指連用幾個偏旁相同的文字。如司馬相如的〈子虛賦〉：「硠硠礚礚。」連用四個从石的字。揚雄的〈羽獵賦〉：「沇沇溶溶。」連用四個从水的字。劉勰在《文心》原文上，極力避免「詭異」、「聯邊」這兩個毛病。

所謂重出，是指同樣的字重複出現，使彼此相犯。毛詩、楚辭難免會「重出」，因此劉勰也不憚忌諱地適當運用，所以《文心》才說：「權重出。」意思是說可以斟酌使用，並非極力避免。「重出」，猶如現代修辭學的「類疊」⑬「頂針」⑭回文⑮。《文心》原文不僅運用「類疊」的修辭技巧，如「夫文心者，言爲文之用心也。昔涓子琴心，王孫巧心，心哉美矣，故用之焉。」（〈序志〉）劉勰敍述「文心」二字的由來，並闡明其意義。劉氏反復間隔使用「心」字，旨在造成語文聯綿不絕的感覺，且有輕快的節奏，使文義更加明暢，感受格外深切，所以這例句是「類疊」。《文心》原文也應用「頂針」的修辭技巧，如「短折曰哀。哀者，依也。」（〈哀弔〉）劉勰闡述「哀」字的意義。上句末字與下句首字，同用一個「哀」字，使文章更加緊湊，所以這例句是「頂針」。《文心》原文也運用「回文」的修辭技巧，回文分爲依次回文、錯綜回文兩種。依次回文，就是前後句的詞語，依次互換位置，構成回文。錯綜回文，就是前後句的詞語，不是依次互換位置，而是根據表達內容的需要，讓重點詞語變位，構成回文。《文心》原文運用「依次回文」者，如「聲爲樂體，樂體在聲。」（〈聲律〉）劉勰論述聲爲樂體。上句結尾的「樂體」二字，用作下句的開頭，又下句結尾的「聲」字，用作上句的開頭，因此，這例句是「依次回文」。尚有「錯綜回文」，如「道沿聖以垂文，聖因文以明道。」（〈原道〉）劉勰論道、聖、文三者的互相關係。劉氏不依次互換位置，而是依據內容而變化詞位，先「道、聖、文」，後「聖、文道」，結果上句開頭的「道」字，用作下句的結尾，中間字句略有彈性。所以，這例句是「錯綜回文」。所謂單複，是指文字筆畫的多寡。當一連串筆畫極少的字，並列在文章中，便顯得過分纖疏；而一連串筆畫繁多的字，嵌入字句裏，則過分沈晤，因爲纖瘦與肥胖都不能均衡的緣故。因此，必須把一切不平衡，錯綜變化，以達到和諧調度，使不肥不瘦，適得其中。《文心》原文運用「單複」，都能恰到好處，做到「參伍單複，磊落如珠」⑯的地步。

㈥助詞的修辭技巧

劉勰認爲《楚辭》的作者，將「兮」字放在句中，「兮」字只是語助詞，在句中並不含有任何意思，只是補助發展未完的語氣而已。至於「夫惟蓋故」、「之而於以」、「乎哉矣也」的用法，劉氏說：

> 「夫惟蓋故」者，發端之首唱；「之而於以」者，乃劄句之舊體；「乎哉矣也」者，亦送末之常科。（〈章句〉）

劉勰闡述語助詞的用法。「夫、惟、蓋、故」這四個虛字，是引發辭端，在句首使用的語助詞。如「夫神道闡幽」（〈正緯〉）「夫自六國以前」（〈諸子〉）「夫情動而言形」（〈體性〉）「夫隱之爲體」（〈隱秀〉）「夫篇章雜沓」（〈知音〉）「夫宇宙綿邈」（〈序志〉），這些例句都是「夫」字開頭，是發語詞，也是語助詞。「之、而、於、以」這四個虛字，是插在句子之中，很早就已經運用的體式。如「自九懷以下」（〈辨騷〉）「戰代以來」（〈銘箴〉）「辭之待骨」（〈風骨〉）「春秋以後」（〈時序〉）「詳觀近代之論文者多矣」（〈序志〉），這些例句中的「之」、「以」，都是句中語氣詞。「乎、哉、矣、也」這四個虛字，是句末送氣時，所用的語助詞，這是永遠不變的科條。如「盟者，明也。」(〈祝盟〉)「故知諸辭讕言，亦無棄矣。」(〈諸讕〉)「二子可紀，何有於二后哉？」(〈史傳〉)「六韜二論，後人追題乎！」(〈論說〉)這些例句中的「也、矣、哉、乎」，都是句末語助詞。一個文思巧妙的作家，假如能夠靈活運用這些語助詞，就能發生牽引補合文辭的功效，可使寥寥數句以外的感情，因爲語氣詞的幫助，得以充分表達。

我們縝密思考，發現《文心》原文運用助詞，也可以產生三種感歎的句型：一是利用一個助詞構成感歎句。如「文之爲德也，大矣！」(〈原道〉)劉勰以爲文的作用，實在關係重大啊！「矣」字，是「助詞」。二是利用兩個助詞構成的感歎句。如「大哉！聖人之難見也。」(〈序志〉)「哉」、「也」二字，都是「助詞」。劉勰夢見孔子，眞是既驚喜，又感嘆。三是利用歎詞和助詞構成的感歎句。如「噫可怪矣！……吁可笑也！」(〈銘箴〉)「噫」、「吁」，是歎詞；「矣」、「也」，是「助詞」。由此可見，劉勰《文心》運用助詞的修辭技巧，有一部分猶如現代修辭學的「感歎」⑰。

(七)造句的修辭技巧

劉勰以爲離章合句，可長可短，可多可少，隨作者的感情來決定；雖然沒有固定的常規，但聯綴數字以成句子，卻有一定的科條可循。劉氏認爲四個字一句、六個字一句比較好，但三字句、五字句也可以用，他說：

四字密而不促，六字裕而非緩。或變之以三五，蓋應機之權節也。(〈章句〉)

劉勰論句法，以爲四字句是緊密而不急促，六字句是寬裕而不緩慢。在四六句法之間，也可以運用三字句或五字句，加以變化，這是作者適應時機的需要，作權宜的節度吧！

我們剖析《文心》原文，發現篇篇都有四字句、六字句，每篇「贊曰」都是四字句，除「贊曰」外，還有四字句，如「爰自風姓，既於孔氏。」（〈原道〉）「夫子風采，溢於格言。」（〈徵聖〉）「三極彝訓，其書曰經。」（〈宗經〉）「事豐奇偉，辭富膏腴。」（〈正緯〉）「奇文鬱起，其離騷哉？」（〈辨騷〉）「詳觀論體，條流多品。」（〈論說〉）「皇帝御寓，其言也神。」（〈詔策〉）「暨乎戰國，始稱爲檄。」（〈檄移〉）「秦皇銘岱，文自李斯。」（〈封禪〉）「周監二代，文理彌盛。」（〈章表〉）「後之彈事，迭相斟酌。」（〈奏啓〉）「對策所選，實屬通才。」（〈議對〉）「三代政暇，文翰頗疎。」（〈書記〉）「自茲厥後，循環相因。」（〈通變〉）「文章體勢，如斯而已。」（〈定勢〉）「句有可削，足見其疎。」（〈鎔裁〉）「今之常言，有文有筆。」（〈總術〉）「漢室陸賈，首案奇采。」（〈人才略〉）「況乎文士，可妄談哉！」（〈知音〉）「敷讚聖旨，莫若注經。」（〈序志〉）這些例句都是「四字句」。

《文心》原文運用六字句比四字句少，但亦不乏其例，如「觀天文以極變，察人文以成化。」（〈原道〉）「山瀆鍾律之要，白魚赤烏之符。」（〈正緯〉）「蟬蛻穢濁之中，浮游塵埃之外。」（〈辨騷〉）「儷采百字之偶，爭價一句之奇。」（〈明詩〉）「述客主之首引，極聲貌以窮文。」（〈詮賦〉）「唐虞流于典謨，夏商被于誥誓。」（〈史傳〉）「雷震始於曜電，出師先乎威聲。」（〈檄移〉）「天子垂珠以聽，諸侯鳴玉以朝。」（〈章表〉）「強志足以成務，博見足以窮理。」（〈奏啓〉）「巫臣之遺子反，子產之諫范宣。」（〈書記〉）「先博覽以精閱，總綱紀而攝契。」（〈通變〉）「經正而後緯成，理定而後辭暢。」（〈情采〉）「各執一隅之解，欲擬萬端之變。」（〈知音〉）「按轡文雅之場，環絡藻繪之府。」（〈序志〉）這些例句都是「六字句」。

《文心》原文也運用四六句，如「造懷指事，不求纖密之巧；驅辭逐貌，唯取昭晰之能。」（〈明詩〉）「樂體在聲，瞽師務調其器；樂心在詩，君子宜正其文。」（〈樂府〉）「立義選言，宜依經以樹則；勸戒與奪，必附聖以居宗。」（〈史傳〉）「吟詠之間，吐納珠玉之聲；眉睫之前，卷舒風雲之色。」（〈神思〉）「孟堅雅懿，故裁密而思靡；平子淹通，故慮周而藻密。」（〈體性〉）「名理有常，體必資於故實；通變無方，數必酌於新聲。」（〈通變〉）「路粹楊修，頗懷筆記之工；丁儀邯鄲，亦含論述之美。」（〈才略〉）這些例句都是「四六句」。總而言之，四字句、六字句、四六句，都是駢文的句式，劉勰用當時盛行的駢文寫《文心》，這是自然的現象。

(八)設問的修辭技巧

所謂設問，是指在語文中，故意採用詢問語氣，以引起對方注意的一種修辭方法。設問分爲提問和激問兩種。凡是提醒下文而問，叫做提問，這是自問自答。凡是激發本意而問，叫做激問，這是問而不答。設問可以用在篇首，以提示全篇主旨；用於結尾，以增進文章餘韻；甚至於首末均用，以構成前呼後應；也可以連續設問，以製造文章氣勢。《文心雕龍》原文有關「設問」者甚多，暗用「設問」中的「提問」者，如文……與天地並生者，何哉？夫玄黃色雜，方圓體分，日月疊璧，以垂麗天之象；山川煥綺，以鋪理地之形；此蓋道之文也。（〈原道〉）

爲何文與天地並生呢？因爲天上的太陽、月亮照耀天空的美景，是自然的「文」；地上山川河流的綺麗，也是自然的「文」。劉勰運用自問自答的「提問」，來闡明文與天地並生的道理。又像

安有丈夫學文，而不達於政事哉？彼揚、馬之徒，有文無質，所以終乎下位也。（〈程器〉）

劉勰認爲學文的目的，在於達政。若明文不達政者，宜居下位。因此，劉勰才自問自答說，學文怎麼可以不達政呢？揚雄、司馬相如學文而不達政，所以才居下位。此外，如「若迺河圖孕乎八卦，洛書韞乎九疇，玉版金鏤之實，丹文綠牒之華，誰其尸之？亦神理而已。」（〈原道〉）「盡其美者何？乃心樂而聲泰也。」（〈時序〉）「知音其難哉？音實難知。」（〈知音〉）「豈好辯哉？不得已也。」（〈序志〉）這些例句都是「設問」中的「提問」。還有問而不答的「激問」，這種例句比「提問」多，像

不有屈原，豈見《離騷》？（〈辨騷〉）

劉勰認爲先有作者，才有作品，因此沒有屈原這個人，怎能見到曠世的作品——《離騷》呢？劉勰雖然問而不答，但是答案已在其中。又像

郤縠敦書，故舉爲元帥，豈以好文而不練習哉？孫武兵經，辭如珠玉，豈以習武而不曉文也？（〈程器〉）

劉勰申論通才，必須文武兼備，不可只偏其中之一。因此，以問而不答的「激問」，說明郤縠怎能僅好文學而練達武事呢？孫武怎能僅習武事而不通曉文學呢？雖然問而不答，但是答案已在問題的反面。此外，如「是以楚豔漢侈，流弊不還，正末歸本，不其懿歟？」（〈宗經〉）「經足訓矣，緯何豫焉？」（〈正緯〉）「淫辭在曲，正響焉生？」（〈樂府〉）「崇替在人，祝何豫焉？」（〈祝盟〉）「外字難謬，況章句歟？」（〈章句〉）「煆歲煉年，奚能喩苦？」（〈隱秀〉）「賈誼才穎，陵軼飛兎，議愜而賦淸，豈虛至哉？」（〈才略〉）「鴻風懿采，短筆敢陳？」（〈時序〉）「古來文章，以雕縟成體，豈取騶奭之羣言雕龍也？」（〈序志〉）「識在缾管，何能矩矱？」（〈序志〉）這些例子都是問而不答的「激問」。

㈨排比的修辭技巧

所謂排比，是指在語文中，同一範圍、同一性質的意象，用結構相似的句法來表達的一種修辭方法，排比依語言結構，可分爲單句排比、複句排比兩種。排比與對偶不同，黎運漢、張維耿兩位先生認爲：㈠、對偶是事物對立對應關係的反映，排比是同一範圍事物的列擧。㈡、對偶限於兩個對句，排比的句數則不受限制。㈢、對偶的兩個對句意思互相對應，字數大體相等，而排比祇須句子結構相同或相似就可以了，字數不必相等。㈣、對偶的兩個對句避免用相同的字，組成排比的各句，則常出現相同的字⑱。《文心》原文暗用「單句排比」者，如

《易》張十翼，《書》標七觀，《詩》列四始，《禮》正五經，《春秋》五例。（〈宗經〉）

劉勰以五個單句，排比闡述《周易》具備了十翼，《尚書》標明了七觀，《毛詩》列舉了四始，《禮經》規定了五種常法，《春秋經》有五項不同的寫作體例。又如

> **積學以儲寶，酌理以富才，研閱以窮照，馴致以繹辭。**（〈神思〉）

劉勰用四個單句，排比直陳積學、酌理、研閱、馴致四者，是陶鈞文思的方法。此外，如「或簡言以達旨，或博文以該情，或明理以立體，或隱義以藏用。」（〈徵聖〉）「象天地，效鬼神，參物序，制人紀。」（〈宗經〉）「子雲之表充國，孟堅之序戴侯，武仲之美顯宗，史岑之述熹后。」（〈頌贊〉）「章以謝恩，奏以按劾，表以陳謝，議以執異。」（〈章表〉）「才有庸儁，氣有剛柔，學有淺深，習有雅鄭。」（〈體性〉）「視之則錦繪，聽之則絲簧，味之則甘腴，佩之則芬芳。」（〈總術〉）「慷慨者逆聲而擊節，醞藉者見密而高蹈，浮慧者觀綺而躍心，愛奇者聞詭而驚聽。」（〈知音〉）「管仲之盜竊，吳起之貪淫，陳平之汙點，絳灌之讒嫉。」（〈程器〉）「原始以表末，釋名以章義，選文以定篇，敷理以舉統。」（〈序志〉）這些例句都是「單句排比」的例子，如：

> 論說辭序，則《易》統其首；詔策章奏，則《書》發其源；賦頌謌讚，則《詩》立其本；銘誄箴祝，則《禮》總其端；記傳盟檄，則《春秋》為根。（〈宗經〉）

劉勰以五個複句，排比直陳文體源於五經。後代的論、說、辭、序四種文體，都源於《周易》；詔、策、章、奏四種文體，都源於《尚書》；賦、頌、謌、讚四種文體，都源於《毛詩》；銘、誄、箴、祝四種文體，都源於《禮經》；記、傳、盟、檄四種文體，都源於《春秋經》。又如：

授官選能，則義炳重離之輝；優文封策，則氣含風雨之潤；敕戒恒誥，則筆吐星漢之華；治戎變伐，則聲存洊雷之威；眚災肆赦，則文有春露之滋；明罰敕法，則辭有秋霜之烈。（〈詔策〉）

劉勰運用六個「複句排比」，來闡述詔策依施用對象不同，而有不同的風格與特色。劉氏鮮明地表現多樣的統一，充分發揮排比的功能，使說理最透徹，內容最具體深刻。此外，如「敍情怨，則鬱伊而易感；述離居，則愴快而難懷；論山水，則循聲而得貌；言節候，則披文而見時。」（〈辨騷〉）「論孔融，則云：『體氣高妙』；論徐幹，則云：『時有齊氣』；論劉楨，則云：『有逸氣』。」（〈風骨〉）「魏武以相王之尊，雅愛詩章；文帝以副君之重，妙善辭賦；陳思以公子之豪，下筆琳瑯。」（〈時序〉）這些例子都是「複句排比」。

㈩映襯的修辭技巧

所謂映襯，是指在語文中，用兩種相反的觀念或事物，使其語氣增強，或意義明顯，以加深印象的一種修辭方法。映襯分爲反襯、對襯、雙襯三類。反襯，是對於一件事物，用恰恰與此事物的現象或本質相反的詞語加以形容描寫。對襯，是對兩種不同的人、事、物，從兩種不同的解點加以形容描寫，恰恰形成強烈的對比。雙襯，是針對同一個人或同一件事物，從兩種不同的觀點加以形容描寫，著眼點不同，結果適成其反。《文心》原文暗合「反襯」者，如：

辭約而旨豐，事近而喻遠，是以往者雖舊，餘味日新。（〈宗經〉）

劉勰闡述經典的文辭簡約，而意旨豐富；敍事淺近，而寄託深遠。因此，經典雖然是舊的，但它的情味，卻是歷久常新。劉氏言經典的表面是「約」、「近」、「舊」的，其實質卻是「豐」、「遠」、「新」的。「約」與「豐」、「近」與「遠」、「舊」與「新」本質恰恰相反，如此反襯的運用，尤能彰顯經典的價值。又如

或理在方寸而求之域表，或義在咫尺而思隔山河。（〈神思〉）

所想的道理或在內心，但卻尋求於四境之外；或在眼前，而一般人想的卻遙隔山河。簡言之，道理是近在眼前，但一般人卻捨近求遠。這也是運用「反襯」的修辭技巧。尚有「對襯」的例子，如

韶響難追，鄭聲易啓。（〈樂府〉）

古代的韶樂雅音，如今已難以追摹仿效，後世鄭、衞淫靡之聲，卻廣泛流行於社會。「韶響」、「鄭聲」，是不同的兩件事物。「難」與「易」，是對比，因此「韶響難追，鄭聲易啓」，是「對襯」的修辭技巧。又如

夫銓序一文為易，彌綸羣言為難。（〈序志〉）

劉勰闡述單獨評論一篇文章，比較容易；要想綜合論述各家的言論，那就很困難了。「一文」與「羣言」，是不同的兩件事物。「難」與「易」二字，係正反強烈對比。因此，這例句是「映襯」中的「對襯」。還有「雙襯」的例句，如

善為文者，富於萬篇，貧於一字。（〈練字〉）

劉勰以爲善於寫作的人，往往可以長篇大論，寫出千言萬語的文章來，然而對於一個字的取捨斟酌，

卻往往感到不易下筆。「善爲文者」，是同一個人。「富」與「貧」、「萬篇」與「一字」，都是強烈對比。因此，這例句是「對襯」。又如：

文情難鑒，誰曰易分？（〈知音〉）

劉勰由文情難鑒，說明音實難知。劉氏認爲文章是抽象的情理，難以鑒察，誰敢說容易分辨呢？「文章」，是指同一事物。「難」與「易」，是強烈對比。因此，這例句是「對襯」。

㈩轉化的修辭技巧

所謂轉化，是指在語文中，描述一件事物時，轉變其原來的本質，化成截然不同的另外一個本質，而加以形容敍述的一種修辭方法。在早期的修辭學書籍論文中，「轉化」或稱「比擬」，或稱爲「假擬」，但易於與「譬喩」相混，因此採用于在春先生《修辭現象論》創造的詞語——「轉化」。「轉化」與「譬喩」雖然相似，但是不同，黃廣萱老師認爲「譬喩就兩件不同事物的相似點著筆，是觀念內容的修整；轉化就兩件不同的可變處著筆，是觀念形態的改變」。⑲轉化的方式有三種：一是將物擬人的人性化，二是將人擬物的物性化，三是將虛擬實的形象化。人性化是訴諸人類情感的修辭法，物性化是訴諸人類想像的修辭法，形象化是訴諸人類感官的修辭法。《文心》原文暗合「轉化」者，有人性化、物性化、形象化，「人性化」的例子，如：

雲霞雕色，有踰畫工之妙；草木賁華，無待錦匠之奇。（〈原道〉）

劉勰以「雲霞雕色」、「草木賁華」，來闡述自然美才是最美的。「雲霞雕色」，「雲霞」比擬作「人」，來「雕」色；「草木賁華」，把「草木」比擬爲「人」，來「賁」華（同花）；所以「雲霞雕色」、「草木賁華」，都是「人性化」。賁，是「修飾」的意思，在此含有「開放」之意，但以本義而言，是「人性化」。還有「物性化」的例子，如

夫人肖貌天地，稟性五才，擬耳目於日月，方聲氣乎風雷，其超出萬物，亦已靈矣。（〈序志〉）

「擬耳目於日月，方聲氣乎風雷」，即呼應「人肖貌天地」。劉勰將「耳目」比擬爲「日月」，「聲氣」比擬作「風雷」，屬於「轉化」中的「物性化」。這是以人擬物的物性化，目的在使用物我交融的筆調來表現現實，賦予鮮明的感情色彩，因此可以把感情抒發得更加淋漓盡致，以增強語言的感染力。

此外，還有「轉化」中的「形象化」，「形象化」是「以虛擬實」的修辭技巧，如

雖復輕采毛髮，深極骨髓，或有曲意密源，似近而遠，辭所不載，亦不可勝數矣。（〈序志〉）

劉勰論佳作，僅談到一點枝節，但細加追究，卻深入問題的核心。劉氏將「文章的枝節」比擬作「人的毛髮」，把「文章的核心」比擬爲「人的骨髓」，因此「雖復輕采毛髮，深極骨髓」，是「以虛擬實」的「形象化」。此外，還有將「見聞狹小」比擬作「以瓶汲水，用管窺天」的「識在缾管」（〈序志〉）。

㈩ 錯綜的修辭技巧

所謂錯綜，是指在語文中，把對偶、排比、層遞、類疊等整齊的表達形式，故意抽換詞面、交蹉語次、伸縮文身、變化句式，使其形式參差、詞面別異的一種修辭方法。錯綜的種類，可分爲抽換詞

面、交蹉語次、伸縮文身、變化句式四種。抽換詞面，是在形式整齊的句式上，將詞面略爲抽動，以同義的詞語取代原本重複的詞語。交蹉語次，是把語詞的順序，故意安排得前後參差不同。伸縮文身，是把原本字數相等的句子，調整得參差不齊，使長句短句交錯。變勢句式，是把肯定句和否定句、直述句和詢問句式，穿插使用。《文心》原文暗合「變化句式」的「錯綜」者，如：

昔〈儲說〉……，秦皇漢武，恨不同時；既同時矣，則韓囚而馬輕，豈不明鑒同時之賤哉？（〈知音〉）

劉勰舉例闡明貴古賤今，是知音難遇的原因之一。反復間隔使用「同時」二字，是「類疊」形式。但「恨不同時」，是否定句；「既同時矣」，是肯定句；又前四句是直述句，後三句是詢問句；因此這例子是「變化句式」的「錯綜」。其主要目的是，使文章生動活潑，靈動多姿。還有「伸縮文身」的「錯綜」例子，如

文……與天地並生者，……；此蓋道之文也。仰觀吐曜，俯察含章，高卑定位，故兩儀既生矣。惟人參之性靈所鍾，是謂三才。為五行之秀氣，實天地之心生，心生而言立，言立而文明，自然之道也。旁及萬品，動植皆文：龍鳳以藻繪呈瑞，虎豹以炳蔚凝姿；……；夫豈外飾，蓋自然耳。（〈原道〉）

劉勰闡明文原於道。「此蓋道之文也」的「道」，是「自然」的意思。此言文德侔天地之義，是文之原於「自然」。次論人心參兩儀之理，是心之原於「自然」。末述龍鳳藻繪、虎豹炳蔚，皆是「自

然」。首用「此蓋道之文也」，次用「自然之道」，末用「蓋自然耳」，如此增減字詞，使文句長短參差不齊，「伸縮文身」之後，使文章錯綜變化，不僅不會單調乏味，更顯現生動活潑。此外，尚有「交蹉語次」的「錯綜」例子，如

> 思理為妙，神與物游。神居胸臆，而志氣統其關鍵；物沿耳目，而辭令管其樞機。樞機方通，則物無隱貌；關鍵將塞，則神有遯心。（〈神思〉）

劉勰論神思的運用。劉氏先言「神」，後言「物」，依次則末四句，應該是「關鍵將塞，則神有遯心；樞機方通，則物無隱貌」，作者故意「交蹉語次」，使文句錯綜變化。此外，還有「抽換詞面」的「錯綜」例子，如：

> 予生七齡，……隨仲尼而南行，……聖人之難見也，……未有夫子者也。……尼父陳訓，惡乎異端。（〈序志〉）

劉勰敍述自己著作《文心》的動機。文中言及「孔子」，用不同詞彙表達，如「仲尼」、「聖人」、「夫子」、「尼父」，但意思相同，使文章顯得靈動多姿。如不用錯綜抽換詞面，就難免重複呆板。

（十三）藏詞的修辭技巧

所謂藏詞，是指在語文中，將大衆所熟悉的成語、諺語、格言、警句，只說一部分，藏去所欲表達的詞語的一種修辭方法。藏詞的種類，依表議方式，可分爲藏頭、藏尾、藏腰三種。凡是藏去的詞語在成語或警句的開頭，叫做「藏頭」，也稱爲「拋前藏詞」。凡是藏去的詞語在成語或警句的末尾，

叫做「藏尾」，也稱爲「棄後藏詞」。凡是藏去的詞語在成語或警句的中間，叫做「藏腰」，也稱爲「藏腹」，又叫做「舍中藏詞」。《文心》原文有關「藏詞」者，僅暗合「藏頭」的「藏詞」，如：

齒在踰立。（〈序志〉）

劉勰三十多歲撰寫《文心》。「踰立」的「立」，是「三十而立」的節縮。「三十而立」一詞，源於《論語・爲政》。以「而立」代「三十」，是「藏頭」的「藏詞」。因此，「踰立」，是超過三十歲，意思是三十多歲。「齒」，是「年齡」的意思。馬的牙齒隨年齡而生長，所以數馬的年齡，看牠的牙齒，就知道了。以「齒」代「年齡」，是借原因代結果，屬於「借代」。⑳綜而言之，「齒在踰立」，不僅是「藏詞」，也是「借代」。

（十四）節縮的修辭技巧

所謂節縮，是指在語文中，節短或縮合語言文字，而意義上並無增減的一種修辭方法。《文心》原文暗合「節縮」者，如：

魏文述典，陳思序書，應瑒文論，陸機文賦，……魏典密而不周，陳書辯而無當，應論華而疏略，陸賦巧而碎亂。（〈序志〉）

劉勰闡述前代各家文論之缺失。「魏典」，是「魏文述典」的濃縮。「陳書」，是「陳思序書」的濃縮。「應論」，是「應瑒文論」的濃縮。「陸賦」，是「陸機文賦」的濃縮。因此，「魏」、「陳書」、「應論」、「陸賦」，都是依據上下文而「節縮」，以免繁冗拖沓。又如

蓋周書論辭，貴乎體要，尼父陳訓，惡乎異端，辭訓之奥，宜體於要。（〈序志〉）

《尚書‧周書‧畢命》以爲古人討論言辭，崇尙措辭得體，內容扼要；孔子教育弟子，最討厭異端邪說。因此，〈周書〉討論文辭和孔子對弟子的教誨，都主張爲文要合乎體要。「辭訓之奥」的「辭訓」二字，是「周書論辭」和「尼父陳訓」的「節縮」，這也是依據上下文而「節縮」。此外，還有習慣用法的「節縮」，如「孝論昭晳。」（〈正緯〉）「孝論」，是《孝經》、《論語》的濃縮。「史遷八書。」（〈封禪〉）「史遷」，是「司馬遷著《史記》」的濃縮。「陳思稱：『揚、馬之作。』」（〈練字〉）「陳思」，是「陳思王曹植」的濃縮。「自哀、平陵替。」（〈時序〉）「哀、平」，是「漢哀帝、漢平帝」的濃縮。「馬、鄭諸儒。」（〈序志〉）「馬、鄭」，是「馬融」、「鄭玄」的濃縮。這些例句都是習慣用法的「節縮」。

㈤層遞的修辭技巧

所謂層遞，是指在語文中，由低而高，由近而遠，由小而大，由淺而深，由輕而重，由本而末，或由高而低，由遠而近，由大而小，由深而淺，由重而輕，由末而本，層層遞增的一種修辭方法。層遞的種類，依形式分，可分爲單式層遞、複式層遞兩種。依內容分，可分爲時間、空間、數量、程度或範圍四種。㉑《文心》原文有關「層遞」者，在形式上，僅暗合單式層遞；在內容上，則暗合時間的層遞和數量的層遞。「時間的層遞」，如：

九代詠歌，志合文別。黄歌斷竹，質之至也；唐歌載蜡，則廣於黄世；虞歌卿雲，則文於唐時；夏歌雕牆，縟於虞代；商、周篇什，麗於夏年；至於序志述時，其揆一也。暨楚之騷文，矩式周人；漢之賦頌，影寫楚世；魏之篇製，顧慕漢風；晉之辭章，瞻望魏采。（〈通變〉）

劉勰言九代詠歌，雖序志述時相同，然文辭質華各有不同。所謂九代，是指黃、唐、虞、夏、商、周、漢、魏、晉等朝，楚屬於周，宋、齊沒有計入。這個例句都依時間先後的層遞，因此屬於「時間的層遞」。尚有「數量的層遞」，如

皇世三墳，帝代五典，重以八索，申以九丘，歲歷綿曖，條流紛糅。（〈宗經〉）

劉勰以爲往古的典籍，由於代久年遠，內容模糊不清，所以到了後代，枝條流派，衆說紛雜。往古的典籍，如三墳、五典、八索、九丘，其中「三、五、八、九」，是依數量排列，由低而高，因此是「數量的層遞」。

㈥倒裝的修辭技巧

所謂倒裝，是指在語文中，顚倒語文詞句的次序，以加強語氣，美化句法或押韻的一種修辭方法。倒裝可以加強語勢、突現重點、調和音律，使文章激起波瀾。修辭學上的倒裝，可以分爲兩類：一是爲詩文格律而倒裝，二是爲文章波瀾而倒裝。前者爲了遷就押韻、平仄等格律而倒裝，後者爲了使文章遒健、警策、靈動多姿而倒裝。《文心》原文暗合「爲詩文格律而倒裝」者，如

三極彝訓，道深稽古。致化惟一，分教斯五。性靈鎔匠，文章奧府。淵哉鑠乎！羣言之祖。（〈宗經〉）

劉勰闡述五經的內涵，是一切言論的宗祖，不但深遠無極，而且光明燦爛啊！「淵哉鑠乎！羣言之祖。」原句型爲「羣言之祖，淵哉鑠乎！」爲了押韻才倒裝，押韻的字是「古、五、府、祖」。此外，還有「爲文章波瀾而倒裝」者，如

前史以為運涉季世，人未盡才，誠哉斯言，可為歎息。（〈時序〉）

劉勰闡述前代史書以爲這時正處於危亂的年代，許多文人都未能充分發揮他們的才能，這種說法一點也不錯啊！想來眞令人爲之歎息！「誠哉斯言」的原句型，是「斯言誠哉！」這是感歎的倒裝，爲了使文章更靈動多姿。又如「難矣哉，士之爲才也！」（〈議對〉）原句型爲「士之爲才也，難矣哉！」這也是感歎的倒裝。又如「莫之能追。」（〈離騷〉）原句型爲「莫能追之」。這是否定句的倒裝，爲了使文章更遒健。又如「歌之以禎瑞，讚之以介丘。」（〈封禪〉）原句型爲「以禎瑞歌之，以介丘讚之」。這是肯定句的倒裝，爲了使文章更警策。

《文心雕龍》的原文運用劉勰本身的修辭理論者，有引用、對偶、譬喻、夸飾、練字、助詞、造句等七種修辭技巧；《文心》的原文暗合現代修辭學的理論者，有設問、排比、映襯、轉化、錯綜、藏詞、節縮、層遞、倒裝等九種修辭技巧。

三、《文心雕龍》在現代修辭學的意義

《文心雕龍》原文不論運用劉勰本身的修辭理論，或時合現代修辭學的理論，站在現代修辭學的

立場來說，都具有特殊的意義與價値。《文心雕龍・事類》談引用，雖然只談「略舉人事以徵義」、「全引成辭以明理」兩類，但《文心》原文所運用的修辭技巧，不僅包含這兩種，也暗合現代修辭學中的「明引」、「暗用」，因此《文心》的修辭理論比現代修辭學的內容還多，這是値得專家學者研究的課題。此外，還有對偶，也是如此，《文心》原文不但運用劉勰在《文心雕龍・麗辭》所談到的正對、反對、言對、事對四種，也暗合了現代修辭學中的當句對、單句對、隔句對。至於譬喩，《文心》原文除運用《文心雕龍・比興》所談到的「比義」、「比類」外，還暗合了現代修辭學中的明喩、略喩、借喩。夸飾方面，《文心》原文運用了《文心雕龍・夸飾》所談到的夸飾修辭技巧，這種修辭技巧暗合了現代修辭學的理論。《文心》原文又運用了《文心雕龍・練字》所談到的練字修辭技巧，有些理論也暗合了現代修辭學的理論，如類疊、頂針、回文是也。《文心》原文運用了《文心雕龍・章句》的修辭理論，在助詞方面，有些暗合了現代修辭學中的「感歎」，在造句方面，闡明四六句法是最好的，這是現代修辭學很少談到的，可以做爲研究現代修辭學的重要參考資料，因此《文心雕龍》在現代修辭學的意義與價値，是特殊的、重大的。

四、結　論

本文析論《文心雕龍》的修辭技巧，不僅探討《文心雕龍》原文運用了那些修辭技巧，並且解析《文心》原文那些文句運用了劉勰本身的修辭理論，那些文句暗合了現代修辭學的理論，更進一步探究《文心雕龍》在現代修辭學的意義與價值。由於《文心》內容豐贍，篇幅有限，不克逐一闡論，僅能舉其犖犖大者，因此掛一漏萬，滄海遺珠，在所難免，至盼海內外同好，匡我不逮，則幸甚矣！

【附　註】

① 語見原一魁〈兩京遺編序〉。

② 《劉勰文心雕龍與經學》係蔡宗陽的博士論文，畢業於國立臺灣師範大學國文研究所博士班，指導教授是黃錦鋐、王更生兩位博士。

③ 凡是在同一句中，上下兩個短語，互相對偶，叫做「當句對」，又稱爲「句中對」。「鏤」對「摛」，是動詞相對，且仄平相對。「影」對「聲」，是名詞相對，且仄平相對。因此，「鏤影摛聲」，是「當句對」。「模」對「範」，是動詞相對，且平仄相對。「山」對「水」，是名詞相對，且平仄相對。所以，「模山範水」，是「當句對」。

④ 凡是上下兩句，字數相同、詞性相同、平仄相對，叫做「單句對」。「日」對「月」，是名詞相對。「用」對「忘」，是動詞相對。「比」對「興」，是名詞相對，且平仄相對。因此，「日用乎比，月忘乎興」，是「單句對」。「子夏」對「濬沖」，是人名相對，且名詞相對。「無」對「不」，是副詞相對，且平仄相對。「虧」對「塵」，是動詞相對。「於」對「乎」，是助詞相對。「名儒」對「竹林」，是名詞相對。所以「子夏無虧於名儒，濬沖不塵乎竹林」，是「單句對」。

⑤ 凡是第一句與第三句相對，第二句與第四句相對，叫做「隔句對」，又稱爲「扇對」。「寂然凝慮」對「悄焉

動容」，「思接千載」對「視通萬里」，因此「寂然凝慮，思接千載；悄焉動容，視通萬里」，是「隔句對」。「茫茫往代」對「眇眇來世」，「旣洗予聞」對「倘塵彼觀」，所以「茫茫往代，旣洗予聞；眇眇來世，倘塵彼觀」，是「隔句對」。

⑥ 明喻是喻體、喻詞、喻依三者具備的譬喻。所謂喻體，是指說明事物的主體；所謂喻詞，是指聯接喻體和喻依的語詞；所謂喻依，是指用來比方說明此一主體的另一事物。如「心險如山，口壅若川。」（〈諸讔〉）「險」、「口壅」，都是「喻體」；「如」、「若」，都是「喻詞」；「山」、「川」，都是「喻依」。因此，這例句是「明喻」。

⑦ 略喻是省略喻詞，只有喻體和喻依。如「山木爲良匠所度，經書爲文士所擇。」（〈事類〉）此句原句型應爲：經書爲文士所擇，若山木爲良匠所度。「經書」比方作「山木」，「文士」比方爲「良匠」。「經書爲文士所擇」，是「喻體」；「山木爲良匠所度」，是「喻依」；「若」，是「喻詞」；這裏省略了「喻詞」，所以是「略喻」。

⑧ 借喻是省略喻體，喻詞，只有喻依。如「根柢槃深，枝葉峻茂，……太山徧雨，河潤千里。」（〈宗經〉）劉勰將五經的思想，比作根粗葉茂的大樹；把五經的思想對後世學術文化的影響，比爲泰山的雲氣可以使全國都下雨，黃河的流水可以滋潤千里之遠。劉氏省略「喻體」、「喻依」，只剩下「喻依」——「根柢槃深，枝葉峻茂」、「太山遍雨，河潤千里」，所以這兩句都是「借喻」。

⑨ 語見杜甫〈江上値水如海勢聊短述〉。

⑩ 語見《文心雕龍・知音》。

⑪ 語見王充《論衡・藝增》。

⑫ 語見《文心雕龍・練字》。

⑬ 所謂類疊，是指在語文中，接二連三地反復使用同一個字詞語句的一種修辭方法。

⑭ 所謂頂針，是指在語文中，上句末字，與下句首字相同；或前段之末句，與後段之末句相同的一種修辭方法。凡上下句用相同的字詞，叫做聯珠；前後段用相同的文句，叫做連環；聯珠與連環，合稱爲連珠，是以頂針又稱爲連珠。今細檢原古書，多作「頂針」。早期修辭學書，字多作「頂眞」，蓋假借「眞」字爲「針」字。「頂針」，原是刺繡或縫衣時，中指所戴的金屬指環，環上滿是小凹點，以便推針穿布。在修辭學上，意指後句首字用前句末字，像「頂針」的頂「針」一般。

⑮ 所謂回文，是指在語文中，上下兩句，詞彙大多相同，而詞序恰好相反，或不依次互換位置，而是依據內容而變化詞位的一種修辭方法。

⑯ 同⑫。

⑰ 所謂感歎，是指在語文中，遇遇到深沉的思想，猛烈的感情，悲惋到極點，歡忻的至情，常用呼聲或類似呼聲的語詞的一種修辭方法。

⑱ 參閱黎運漢、張維耿兩位先生《現代漢語修辭學》，第一五〇頁。陳望道先生《修辭學・積極修辭四》亦云：「排比和對偶，頗有類似處，但也有分別：㈠、對偶必須字數相等，排比不拘；㈡、對偶必須兩兩相對，排比也不拘；㈢、對偶力避字同意同，排比卻以字同意同爲經常狀況。」

⑲ 見黃慶萱老師《修辭學》，第二八二頁。

⑳所謂借代，是指在語文中，借用其他名稱或詞句，來代替通常使用的名稱或詞句的一種修辭方法。借代的種類，約可分爲八類：㈠、以事物的特徵或標誌相代。㈡、以事物的所在或所屬相代。㈢、以事物的作者或產地相代。㈣、以事物的資料或工具相代。㈤、以事物的部分或全體相代。㈥、以特定的事物與普通的事物相代。㈦、以具體與抽象相代。㈧、以事物的原因與結果相代。「齒在踰立」，是屬於第八類以事物的原因與結果相代。

㉑參閱沈謙先生《修辭學》下册，第九八至一〇〇頁。

主要參考書目

文心雕龍讀本　王師更生　文史哲出版社

文心雕龍新論　王師更生　文史哲出版社

文心雕龍導讀　王師更生　文史哲出版社

文心雕龍研究　王師更生　文史哲出版社

修辭學發凡　陳望道　上海教育出版社

修辭學　黄師慶萱　三民書局

修辭析論　董季棠　益智書局

文法與修辭教師手册　黄師慶萱　國立編譯館

修辭學　沈謙　國立空中大學

現代漢語修辭學　黎運漢・張維耿　商務印書館

文心雕龍與現代修辭學　沈謙　益智書局

《文心雕龍》在中國文學批評史上的地位

張少康

《文心雕龍》是中國古代一部最完整、最系統的文學理論著作，它全面地體現了中國古代文學理論的民族傳統，對後代文學理論批評的發展具有奠基作用，影響十分深遠，在中國文學理論批評發展史上有非常突出的重要地位。本文擬從兩個方面來說明這一點。

一、《文心雕龍》爲中國古代文學理論批評奠定了美學思想基礎。

《文心雕龍》不僅是一部文學理論批評的鉅著，同時也是一部包含了極爲豐富的美學思想的古典美學著作。《文心雕龍》中「文」的概念從廣義上說，實際也就是「美」的概念。宇宙萬物所表現的自然美形態，劉勰均統稱之爲「文」。「日月疊璧」是「天文」之美，「山川煥綺」是「地文」之美，「龍鳳以藻繪呈瑞，虎豹以炳蔚凝姿」是動物的自然美，「草木賁華」是植物的自然美。「雲霞雕色」是自然現象的形態之美，「林籟結響」、「泉石激韻」是自然現象的聲音之美。人的性靈用語言文學表達出來則是「情」之美，而這一切都可統稱爲「文」。因此，文學創作正是一種美的創造，文學理論則是對此種美的創造之經驗的總結，而文學批評也必然是一種美的批評。

從這樣一種認識出發，劉勰在《文心雕龍》中以「自然」爲文學的最高美學標準。他說：「心生而言立，言立而文明，自然之道也。」又說：「雲霞雕色，有逾畫工之妙；草木賁華，無待錦匠之奇。夫豈外飾，蓋自然耳。」（見《原道》篇）所以他講詩歌的特點是「感物吟志，莫非自然」（《明詩》），講文學風格則重在「自然之恒資」（〈體性〉），講文學的勢態則強調「自然之趣」（〈定勢〉）。范文瀾先生《文心雕龍注》中說：「彥和論文以循自然爲原則。」這是不錯的。這種思想的淵源顯然是來自莊學。而以「自然」爲文學藝術美的最高原則，也是唐宋以來文學理論批評中的一個相當普遍的思想。唐詩藝術美的一個重要特點便是「自然」，李白〈經亂離後天恩流夜郎，憶舊遊書懷，贈江夏韋太守良宰〉中說：「清水出芙蓉，天然去雕飾。」有的研究者認爲它與鍾嶸《詩品》中提倡的「眞美」和「自然英旨」有關，這當然也是不錯的，但實際和劉勰的思想也有一脈相承的關係。從司空圖到嚴羽到王士禎這一派注重「景外之景」、「意在言外」的詩歌理論在藝術美的理想上，都是主張自然天成，不落痕迹的。唐宋畫論中以自然、逸格爲上品之上，後來金聖嘆提倡文章以「化境」爲最上，都是這種藝術美理想之突出表現。

在對待自然美與人工美的關係上，劉勰的特點是主張以自然美爲基礎，以人工美爲輔助，強調兩者的結合。他在《隱秀》篇中說：「故自然會妙，譬卉木之耀英華；潤色取美，譬繒帛之染朱綠。」《文心雕龍》中雖然處處以「自然」之美爲準則，然而又十分詳細地論述了種種人工技巧，提出了文學創作中應當遵循的許多法度與規矩，說明劉勰是強調文學創作應由高度精巧的人工美而達到自然美的理想。這種思想對宋以後文學理論批評的影響也十分深刻。北宋的蘇軾是非常重視自然之美的，他說他的文章重在「隨物賦形」，「常行於所當行，常止於不可不止」（〈自評文〉）其〈次韻孔毅甫集古人句見贈〉中說：「詩人雕刻閑草木，搜抉肝腎神應器。」「前生子美只君是，信手拈得俱天成。」他要求文章必須做到「文理自然，姿態橫生」。（〈答謝民師書〉）其〈詩頌〉云：「沖口出常言，法度去前規。人言非妙處，妙處在於是。」但這種自然之美又是不違背法度的，所謂「浩然聽筆之所之，而不失法度，乃爲得之。」（〈書所作字後〉）必能「出新意於法度之中，寄妙理於豪放之外」（〈書吳道子畫後〉），方爲得之。宋人所主張的〈活法〉也正是要求把自然美與人工美融合爲一的一種表現。呂本中〈夏均文集序〉中說：「所謂活法者，規矩備具，而能出於規矩之外；變化不測，而亦不背於規矩也。是道也，蓋有定法而無定法，無定法而有定法。」明人王世貞在《藝苑卮言》中說：「法極無迹，人能之至，境與天會，未易求也。」當然在自然與人工相結合的過程中，對人工作用的看法，上述各家並不完全一致，但在由人工之極而達到天然這一點上，基本是一致的。它成爲中國古代美學的傳統特點之一，也是文學理論批評中一個重要的創作原則。

《文心雕龍》對審美創造中主體和客體關係，作了極爲深刻而辯證的理論概括，他在著名的〈物色〉篇中說：「是以詩人感物，聯類不窮；流連萬象之際，沉吟視聽之區；寫氣圖貌，既隨物以宛轉；屬采附聲，亦與心而徘徊。」主體借客體以顯現，客體則亦經主體之改造。心既「隨物以宛轉」，物亦「與心而徘徊」。這就爲藝術創作中的主客關係確立了基本美學原則。劉勰並運用這種思想對文學創作中的情物關係作了具體分析。他在〈詮賦〉篇中說：「原夫登高之旨，蓋覩物興情。情以物興，故義必明雅；物以情觀，故詞必巧麗。」「情以物興」即「隨物宛轉」；「物以情觀」即「與心徘徊」，這對後來文學理論批評中有關情景交融的論述有直接啓發。例如王夫之在《薑齋詩話》中說：「關情者景，自與情相爲珀芥也。情景雖有在心在物之分，而景生情，情生景，哀樂之觸，榮悴之迎，互藏其宅。」情景關係實即心物關係在詩歌創作中之具體表現，「景生情」即「情以物興」，亦即「隨物宛轉」；而「情生景」即「物以情觀」，亦即「與心徘徊」也。由此可見，王夫之情景交融說的核心思想實源自《文心雕龍》也。後來王國維在《文學小言》中又作了發揮，其云：「文學中有二原質焉：曰景，曰情。前者以描寫自然及人生之事實爲主，後者則從吾人對此種事實之精神的態度言。」這種美學思想上一脈相承的聯繫，足可說明《文心雕龍》之影響確非同一般。

《文心雕龍》中對美感的主觀差異性也曾作了相當深入的剖析。〈知音〉篇中說「夫麟鳳與麏雉懸絕，珠玉與礫石超殊，白日垂其照，青眸寫其形。然魯臣以麟爲麏，楚人以雉爲鳳，魏民以夜光爲怪石，宋客以燕礫爲寶珠。」對自然美的感受，不同的人就有如此大的差異，對作爲藝術美的文學作品，其評價和認識自然也就更不同了，由於人們所處的環境不同，他們的遭遇也各異，所接受的教育也各有特點，因而形成爲各種不同的個性，具備不同的興趣愛好，故而對藝術美的感受也完全不一樣。劉勰說：「夫篇章雜沓，質文交加，知多偏好，人莫圓該，慷慨者逆聲而擊節，醞藉者見密而高蹈，浮慧者觀綺而躍心，愛奇者聞詭而驚聽。會已則嗟諷，異我則沮棄，各執一隅之解，欲擬萬端之變，所謂『東向而望，不見西牆』也。」劉勰這種思想顯然是承繼了西晉陸機《文賦》中所說的「夸目者尚奢，愜心者貴當。言窮者無隘，論達者唯曠」而來的。但他又作了更進一步的發揮，並且對後來的文學批評產生了明顯的思想影響。例如明末清初王夫之在《薑齋詩話》中就說：「作者用一致之思，讀者各以其情而自得。故《關雎》，興也；康王晏朝，而即爲冰鑒。『訏謨定命，遠猷辰告』，觀也；謝安欣賞，而增其遐心。人情之遊也無涯，而各以其情遇，斯所貴於有詩。」不同的讀者對一部同樣的作品，總是從不同角度去欣賞，他的感受也往往和別人不一樣。劉勰還運用美感主觀差異的思想對文學的風格特點作了極爲深入的分析。他指出文學的風格都是和作家的才能個性相聯繫的，「故辭理庸俊，莫能翻其才；風趣剛柔，寧或改其氣；事義淺深，未聞乖其學；體式雅鄭，鮮有反其礎。」風格多樣化的原因主要就在作家個性愛好的不同。這就爲後來文學批評中的風格理論奠定了基礎。

劉勰在《文心雕龍》中提出了一系列影響深遠的美學範疇和美學概念，例如神思、意象、風骨、隱秀、通變、定勢、奇正等等。這些美學範疇和概念都是根據藝術美的創造特點而提出來的，它們體現了劉勰對藝術美特徵的深刻認識，也反映了劉勰的審美理想。神思，是對藝術創作過程中思維活動特點的概括。意象，是對藝術形象構成是「意」與「象」的統一之說明。風骨，則是劉勰對藝術作品的精神風貌美之理想的闡述。隱秀，是劉勰對藝術形象美學特徵之分析。通變，是劉勰對藝術作品的繼承與創新關係的總結。定勢，是對文學作品體裁與風格之間客觀規律性的歸納。奇正，是對文學作品浪漫色彩和現實內容關係的要求。這些重要的美學範疇與概念，都曾被後來的文學理論批評家所沿用，成爲具有中國特色的文藝美學傳統的基石。

二、《文心雕龍》對中國古代文學理論批評發展中的許多基本問題，作了全面深入的分析和論述，例如文學的本質與特徵、文學的構思與創作、文學的風格與體裁、文學的藝術美標準、文學的表現技巧、文學的欣賞和批評、文學發展的繼承與創新、文學發展與時代的關係、文學家的才能與修養等等，劉勰都從文學創作的歷史和現狀的詳細分析出發，作了極其精闢而有獨創性的闡釋，從而爲中國古代文學理論批評的民族傳統之形成，勾畫了基本輪廓。

我們縱觀中國文學理論批評發展的歷史，可以發現齊梁以後文學理論批評發展中的一系列重大問題，都可以在《文心雕龍》中找到它的雛形，而且在有些問題上始終沒有能達到《文心雕龍》中有關論述的高度。

唐代以陳子昂、李白爲代表的風骨理論，正在劉勰風骨論基礎上的進一步發展。陳子昂在〈與東方左史虯修竹篇序〉中特別強調要繼承「漢魏風骨」的傳統，他說：「文章道弊，五百年矣，漢魏風骨，晉宋莫傳。」他贊揚東方虯的《詠孤桐篇》是「骨氣端翔，音情頓挫，光英朗練，有金石聲。」李白〈宣州謝朓樓餞別校書叔雲〉中說：「蓬萊文章建安骨，中間小謝又清發。」「漢魏風骨」實爲唐代詩人的審美理想。高適在〈宋中別周梁李三子〉中也說：「周子負高價，梁生多逸詞。周旋梁宋間，感激建安時。」又〈淇上酬薛三據兼寄郭少府〉中說：「故交負靈奇，逸氣抗蹇諤。隱軫經濟縣，縱橫建安作。」唐人的「風骨」論以建安文學爲榜樣，而他們所羨慕的「漢魏風骨」從內容上說即是劉勰所說的：「慷慨以任氣，磊落以使才。」（〈明詩〉）「觀其時文，雅好慷慨；良由世積亂離，風衰俗怨，並志深而筆長，故梗概而多氣也。」（〈時序〉）從藝術表現特點上看，則是「造懷指事，不求纖密之巧；驅辭逐貌，唯取昭晰之能」（〈明詩〉）。這就是唐人所謂「光英朗練」的「逸詞」、「逸氣」之所淵源。

唐代以白居易爲代表的傾向於寫實主義的詩歌理論，重在內容的充實，主張形式必須爲內容服務，提倡實錄寫眞，這種思想在《文心雕龍》的〈情采〉、〈時序〉、〈明詩〉等篇中亦早已有相當清楚的論述。《情采》篇中劉勰主張「爲情而造文」，反對「爲文而造情」，提出「鉛黛所以飾容，而盼倩生於淑姿；文采所以飾言，而辨麗本於情性」，也可以說是白居易《與元九書》中「根情、苗言、華聲、實義」說的重要來源之一。而劉勰〈時序〉篇中所說「文變染乎世情，興廢繫於時序」之說，也對白居易所說「文章合爲時而著，歌詩合爲事而作」的名言，有直接的啓發作用。

唐宋時期發展起來的有關詩歌意境的理論，也和《文心雕龍》有密切關係。意境的一個基本特點即是強調詩歌的「言外之意」。按照司空圖的說法，即是具有所謂「象外之象，景外之景」。（見其〈與極浦書〉）也就是劉禹錫〈董氏武陵集紀〉中說的「境生於象外」。因爲象外有象，景外有景，境生於象外，故而就有含蓄不盡的無窮意味。而這一最基本的特徵，在文學理論批評中最早也見於劉勰《文心雕龍》。劉勰在〈隱秀〉篇中提出文學作品必須有隱和秀的特點，並說明：「隱也者，文外之重旨也；秀也者，篇中之獨拔者也。」這裏的「秀」是指文學作品的「象」而言的，而「隱」則是指文學作品意象中的「意」的特點而說的。如果按照司空圖的「象外之象，景外之景」說，則「秀」是指第一個象與景的描寫說的，而「隱」則是指第二個象與景而說的。前一個是明朗的、外露的。後一個則是隱蔽的、內在的。南宋張戒《歲寒堂詩話》曾引《文心雕龍》佚文云：「情在詞外曰隱，狀溢目前曰秀。」可能就是殘缺的《隱秀》篇之原文。如果可以肯定這一點的話，那麽，歐陽修《六一詩話》中記載的梅堯臣所說：「必能狀難寫之景，如在目前；含不盡之意，見於言外。」則正是對劉勰《隱秀》說之一大發揮。而強調詩歌必有「意在言外」的《隱秀》特徵，也正是宋人詩話中一個突出的中心內容。（可參閱拙作《中國古代文學創作論》一書中〈隱秀〉一節，此不贅述。）

明代公安派反對前後七子的復古主義文藝思想，提出了著名的「性靈」說，後來清代的袁枚又進一步發揮了他們的觀點。袁枚在探索「性靈」說的起源時曾說：「抄到鍾嶸《詩品》日，該他知道性靈時。」（〈續元遺山論詩〉）他認爲「性靈」最早是由鍾嶸提出的，但實際上劉勰在《文心雕龍》中比鍾嶸更明確地提出了文學是表現人性靈的思想。他在《厚道》篇中講到「人文」和「天文」、「地文」都是「道」的體現時，特別指出：「惟人參之，性靈所鍾，是謂三才。爲五行之秀，實天地之心。心生而言立，言立而文明，自然之道也。」說明「人文」的特點正是在於是「性靈」之體現。他在《情采》篇中又說：「若乃綜述性靈，敷寫氣象，鏤心鳥跡之中，織辭魚網之上，其爲彪炳，縟采名矣。」「綜述性靈」是指文學作品的內容，「敷寫器象」則是指文學作品的形式。由此可見，劉勰才眞正是性靈說的最早提出者。

公安派反復古主義的主要武器是強調文學創作之變，這也是劉勰「通變」說的基礎上所作的發揮。袁宏道在著名的〈雪濤閣集序〉中對因「時」而「變」的文學發展中之「因」和「革」的關係作了非常深刻而辯證的分析。他說：「文之不能不古而今也，時使之然也。妍媸之質，不逐目而逐時。是故草木之無情也，而鞓紅鶴翎，不能不改觀於左紫溪緋。惟識時之士，爲能隄其隤而通其所必變。夫古有古之時，今有今之時，襲古人語言之跡，而冒以爲古，是處嚴冬而襲夏之葛者也。騷之不襲雅也，雅之體窮於怨，不騷不足以寄也。後之人有擬而爲之者，終不肖也，何也？彼直求騷於騷之中也。至蘇、李述別及《十九》等篇，騷之音節體製皆變矣，然不謂之眞騷不可也。」袁宏道在這裏指出眞正的繼承不是簡單的模仿，而應當是新的創造與發展。「時」的變化，必然要引起「物」的變化，而文學作品描寫的對象變化了，自然也必須有新的變化。文學創作應當繼承自己民族文學的優秀傳統，但這一種精神的承傳，而不是形式的模仿，只襲其面目。騷之繼雅，是承繼其「怨」的精神，而其音節體製則早已有了重大的變化。蘇李及古詩十九首表面看來與騷之音節體製完全不同，但從「怨」的精神看來，則不能不說是對騷的最好繼承，沒有「革」也就沒有「因」，沒有革新也就不能眞正繼承。袁宏道的這種因革觀正是對劉勰「通變」思想的承繼與發揮。當然，與劉勰相比，袁宏道更重視「變」的必要，而劉勰由於受儒家傳統觀念影響，對「通」的方面要更強調得多一些，而且把儒家經意作爲「通」的主要內容，也是一種保守觀念的表現。但是，在通變的基本思想方面則是顯然有一脈相承關係的。特別是袁宏道的「文之不能不古而今也，時使之然也」之說，也更清楚地表現了受劉勰《時序》篇思想影響的痕跡。清初的葉燮在《原詩》中提出的詩歌發展說，也正是在劉勰、袁宏道有關論述的影響下之產物。

清代桐城派的代表人物姚鼐曾對文學風格理論作了重大的發展，提出文學風格美可分爲「陽剛之美」與「陰柔之美」兩大類。他在《復魯絜非書》中說：「其得於陽與剛之美者，則其文如霆、如電，如長風之出谷，如崇山峻崖，如決大川，如奔騏驥；其光也，如杲日，如火，如金鏐鐵；其於人也，如馮高視遠，如君而朝萬衆，如鼓萬勇士而戰之。其得於陰與柔之美者，則其文如升初日，如清風，如雲，如霞，如煙，如幽林曲澗，如淪，如漾，如珠玉之輝，如鴻鵠之鳴而入寥廓；其於人也，漻乎其如歎，邈乎其如有思，暖乎其如喜，愀乎其如悲。觀其文，諷其音，則爲文者之性情形狀舉以殊焉。」這段生動、精彩的論述中，把文學的風格美兩種不同特色形容得維妙維肖。姚鼐認爲之所以有這兩種不同類型的風格美，是因爲「天地之道，陰陽剛柔而已。文者，天地之精英，而陰陽剛柔之發也。」這種思想當然是受《易傳》特別是《繫辭》思想影響的結果。但是《易傳・繫辭》只論述天地萬物之道，其本無非陰陽剛柔而已。而用它來解釋文學風格，則是劉勰的創見。劉勰之前，曹丕在《典論・論文》中曾提出「文以氣爲主，氣之清濁有體」的問題，清濁雖然實質上也是陰陽剛柔的問題，但畢竟沒有直接從陰陽剛柔角度提出，同時他又明顯地有讚揚「清氣」、貶斥「濁氣」之意。而劉勰在《文心雕龍・體性》篇中則比較清晰地提出，剛柔是兩種不同的作家個性特點，並直接表現於其作品中的思想。他說：「風趣剛柔，寧或改其氣。」應該說這才眞正是姚鼐提出「陽剛之美」與「陰柔之美」的重要思想淵源。在姚鼐之前，南宋末年嚴羽在《滄浪詩話》中曾提出詩歌風格可以分爲「沈著痛快」與「優遊不迫」兩大類，實際上這也是指的「陽剛之美」與「陰柔之美」。從劉勰到嚴羽到姚鼐，我們可以清楚地理出有關文學風格美的線索。

明清時期中國古代小說理論中有關浪漫主義小說的論述，很突出地強調了要「幻中有眞」，主張夸不失實。例如明代睡香居士《二刻拍案驚奇序》中說：「即如《西遊》一記，怪誕不經，讀者皆知其謬。然據其所載，師弟四人，各一性情，各一動止，試摘取其一言一事，遂使暗中摹索，亦知其出自何人，則正以幻中有眞乃爲傳神阿堵，而已有不如《水滸》之譏，豈非眞不眞之關，固奇不奇之大較也哉！」清人馮鎭巒《讀聊齋雜說》一文中說：「試觀《聊齋》說鬼狐，即以人事之倫次，百物之性情說之。說得極圓，不出情理之外；說來極巧，恰在人人意願之中。」這也是說的「幻中亦有眞」之意。而這種對於「幻」與「眞」，亦即「奇」與「眞」關係的論述，其最早淵源亦正在《文心雕龍》之中。劉勰在〈辨騷〉一篇中對《楚辭》浪漫主義特徵的分析中，就提出了「雖取熔經意，亦自鑄偉辭」的思想，並且明確要求文學作品應當「酌奇而不失其眞，翫華而不墜其實」。他還在〈夸飾〉篇中指出文學作品的夸張描寫是必要的，但又要做到「夸而有節，飾而不誣」的主張。這些正是後來文學理論批評中有關浪漫主義作品創作特徵論述的基本出發點。

從上述幾個有限的例子中，我們就可以清楚地看到《文心雕龍》對後代文學理論批評的影響實在是非常廣泛而深刻的。魯迅先生在《論詩題記》中說：「篇章既富，評隲遂生。東則有劉彥和之《文心》，西則有亞里士多德之《詩學》，解析神質，包舉洪纖，開源發流，爲世楷式。」這是很有道理的。《文心雕龍》在東方，有如《詩學》之在西方，都是具有奠基意義的文學理論與美學鉅著。近年來，大家把對《文心雕龍》的研究稱爲「龍學」，這是它當之而無愧的。現在，《文心雕龍》的研究已在世界範圍受到極大的重視，這是我們每一個「龍學」研究者感到無上光榮的事。我們相信，「龍學」必將成爲一門世界性的專門學門，《文心雕龍》的意義與價值，將會愈來愈被人們所認識。我們期待著「龍學」研究新高潮的到來！

一九九一年九月於日本福岡九州大學

註：本文原爲筆者在一九九一年八月二十八日應韓國漢城大學人文大學中文科邀請所作的學術講演，現據原講稿修改補充而寫成。

近年來中國《文心雕龍》研究的現狀及趨勢

馬　白

本文主要檢閱一九八九年以來《文心雕龍》研究的狀況。對於一九八八年以前「文心學」的演進及發展，牟世金先生的《『龍學』七十年概觀》（載《社會科學戰線》一九八七年第三、四期及一九八八年第一期）、李慶甲、汪湧豪先生的《建國以來〈文心雕龍〉研究概述》（載《復旦學報》一九八五年第一期）已有較爲全面、深入的總結，不必加以重複。總的說來，如果回顧四十年來的情況，多數人認爲，從一九七七年開始，《文心雕龍》研究進入了興盛期，而到一九八三年中國《文心雕龍》學會成立時達到高潮。那麼，對近年來的現狀作何種估計？人們對此有不同的認識。早在一九八八年冬季廣州舉行的《文心雕龍》國際研討會上就對這一問題展開過討論，一九九〇年冬季舉行的中國《文心雕龍》學會第三次年會上又繼續了這一討論。大體上說，有兩種意見：一種認爲目前「文心」研究已陷入困境，處於低谷時期，主要理由是：論文發表的數量呈逐年遞減的趨勢，論題範圍狹窄，不能跳出舊的理論框架，研究方法單一、陳舊，因此，面對現代文學理論的挑戰而顯得無力。另一種意見認爲，目前的「文心」研究正在逐步走向深入，雖無重大的突破和飛躍的發展，卻仍在平穩地向前發展。他們的理由是：新的理論方法與研究手段已爲「文心」研究注入了新的血液，帶來了新的活力。目前，研究領域正在拓寬，多角度、多層次、多方位的研究正在展開，質量正在不斷提高，總之，「文心」研究正在向縱深發展。這兩種不同的估計，哪一種符合客觀實際呢？讓我們來看事實。

先從數量上看，據不完全統計，從二十年代「文心」學科的創立到四十年代末的三十多年中，共出版專著近十種，發表論文七十餘篇，平均每年三篇左右；而被人們稱爲興盛時期的一九七七年到一九八五年這段時間，出版專著十種左右，發表論文五百餘篇，平均每年七十篇左右。那麼，從一九八九年到現在的兩年之中，收穫如何呢？據我自己接觸到的材料，共出版專著十部，發表論文五十餘篇，平均每年二十五篇。這十部專著就是：詹鍈《文心雕龍義證》（上海古籍出版社）、曹順慶編《文心同雕集》（成都出版社）、李慶甲《文心識隅集》（上海古籍出版社）、易中天《〈文心雕龍〉美學思想論稿》（上海文藝出版社）、馬白《美學縱横論》（中外文化出版公司）、牟世金編《文心雕龍研究論文集》（人民文學出版社）、饒子主編《文心雕龍研究薈萃》（上海書店）、馮春田《〈文心雕龍〉語詞通釋》（明天出版社），此外，王運熙、楊明的《魏晉南北朝文學批評史》（上海古籍出版社）及劉偉林的《中國文藝心理史》（三環出版社）中也有很多論述《文心雕龍》的篇幅，理應視爲這一時期「文心」研究的重要收穫。把這兩年的現狀與歷史的狀況加以比較，可以看出：的確，單篇論文的數量比前幾年有所減少，但是，專著的數量卻超過歷史上任何一個時期的年平均數，兩年的成果相當於誕生期的三十餘年和興盛期的八年的成果，這一事實相當突出。收穫的重點由論文轉向專著，這恰恰生動專地顯示了「文心」研究正在深入發展，怎能由此得出「陷入困境」、「走入低谷」的結論呢？

當然，重要的在於質量而不僅僅在於數量。近年來的專著和論文，都表明《文心》研究有新的進展。

我們先看專著。作爲這一時期「文心」研究的新收穫，我想着重介紹幾部專著，由此可以看出一斑。

首先是詹先生《文心雕龍義證》的出版。本書是作者集四十餘年的教學經驗及研究成果，花費衆多心血而凝結成的一部力作。由於它具有會注的性質，對於各家注解和釋義多有採擷，互相證明，間有駁正，實際上此書也總結四十多年來中外「文心」研究的整體成果，因此，這是一部集大成之作。如果說，黃侃的《文心雕龍札記》、范文瀾的《文心雕龍注》是「文心學」誕生期的代表作；王利器的《文心雕龍新書》、楊明照的《文心雕龍校注》是「文心學」發展期的代表作；王元化的《文心雕龍創作論》是「文心學」與盛期的代表作；那麼，《文心雕龍義證》的出現是否可以說「文心學」進入了一個新的歷史時期呢？

中年學者易中天的《〈文心雕龍〉美學思想論稿》也是一部顯示「文心學」新成果，值得我們重視的一部著作，它之所以值得重視，就在於「文心」研究中眞正進行理論意蘊探討的著作並不多，而其中從宏觀的角度揭示《文心雕龍》蘊含的美學思想的著作尤其少見，《〈文心雕龍〉美學思想論稿》一書在某種程度上彌補了這一缺憾。本書立足於中國美學史整體發展的歷史高度，以六朝時期的中國文化爲背景，從文化哲學這一層面上，對《文心雕龍》作出了整體的審視，揭示出貫穿全書邏輯體系的是「自然之道」；「它以道家的『自然』法則爲外殼，以儒家的倫理情感和功利目的爲內核，以玄學本體論爲高度，以佛教因明學爲邏輯方法，集先秦兩漢魏晉齊梁美學思想之大成，總詩歌辭賦文史論創經驗之精萃，形成一個空前絕後的理論化、系統化的藝術世界觀」，這是「中國美學史上唯一一部藝術哲學著作」。《論稿》作者所以對《文心雕龍》的理論內容做出如此的發掘，完全依賴於其深厚的哲學修養和理論功底。

如果說，易中天的《〈文心雕龍〉美學思想論稿》是近年來宏觀研究的新收穫，那麼，中年學者馮春田的《〈文心雕龍〉語詞通釋》則是近年來微觀研究的新進展。這是作者繼《〈文心雕龍〉釋義》（一九八六年）之後又一部有關詞義通釋的著作。我國《文心雕龍》研究者長期以來深感缺乏一部對詞義進行探源、考釋的工具書，以供隨時檢索之用。本書的出版，在某種意義上是對客觀需求的滿足。值得提出的是，本書不僅對《文心雕龍》的語詞進行了全面、系統的語義分析，而且在這一基礎之上，也對《文心雕龍》的理論內涵進行了探索與辨析，對於我們正確、深入地理解《文心雕龍》全書的理論體系、理論價值，也有一定的幫助。作者把古漢語詞滙學的研究與對《文心雕龍》的理論分析結合起來，這形成了本書與衆不同的鮮明特色。

中年學者劉偉林的《中國文藝心理學史》是一部填補此項研究空白的著作，出版之後受到我國學術界的矚目，被譽爲開山之作，有肯定性的評價。本書用宏觀把握與微觀分析相結合的方法，從心理學、美學、藝術學結合的角度，在世界文藝心理學發展的大背景上來論述中國文藝心理學的思想歷程，寫得既具有面向世界的開放勢態，又符合中國文藝思想演進的實際。在敍述魏晉南北朝時期文藝心理學時，作者單設「《文心雕龍》的文藝心理學」這一節，以《神思》、《情采》、《體性》、《知音》這四篇爲主線，從藝術想像論、藝術情感論、創作主體論、藝術鑒賞論這四個方面，對劉勰的文藝心理學思想作了較爲全面、細緻的分析。過去，個別論文也曾論述過劉勰的文藝心理學思想，但是，作爲全書理論框架的有機組成部分，從經緯相交、縱橫開掘的角度既集中又系統的論述，這是歷史上的第一次。本書的出版，顯示了「文心」研究中新領域開拓的實績。

王運熙先生執筆的《劉勰〈文心雕龍〉》，作爲《魏晉南北朝文學批評史》中的一章，以近十萬字的篇幅論述《文心雕龍》，這在文學批評史專著中未始不是空前之舉。本書的出版，在諸如將文學批評放到整個社會、文化背景中加以考察；對一些重要的概念、範疇注重追本溯源的考察與歷史發展的勾勒；從史實出發，對不同批評家的觀點進行比較，揭示其同中之異與異中之同，力求全面反映眞實面貌；努力發掘新材料，並對思想資料作新的認識，精當地剖析前人的觀點，提出自己的新見解；等等方面，都給人深刻的印象。《劉勰〈文心雕龍〉》這一章同樣給人耳目一新之感，因此，毫無疑問，它是這一時期「文心」研究的新成果。

此外，《文心同雕集》和《文心雕龍研究薈萃》，滙集了中外《文心雕龍》研究前輩和名家諸如戶田浩曉、岡村繁、興膳宏、王元化、楊明照、潘重規、王更生、周振甫、王運熙、吳調公等的數十篇論文，這些成果肯定會在國際學術界產生一定的影響。這也是我國《文心雕龍》研究史上具有開創性的一件新事，是值得重視的。

現在，我們來看單篇論文。五十餘篇論文，按其內容大致上可以分爲以下幾種類別：

首先，是微觀上對《文心雕龍》中某一具體概念進行闡述的，屬於這一方面的論文計有：王鐘陵的《〈文心雕龍·神思〉篇札記二則》（《蘇州大學學報》一九八九年第一期）、馮春田的《劉勰〈文心雕龍·原道〉之「道」本原略考及其特性辨》（《東岳論叢》一九八九年第六期）、王元化的《〈文心雕龍〉的若干範疇》（《暨南學報》一九八九年第一期）、胡健的《「道之文」初探》（《淮陰師專學報》一九八九年第三期）、朱堂錦的《〈文心雕龍·辨騷篇〉「奇」字之議》（《曲靖師專學報》一九九〇年第一期）、寇效信的《〈文心雕龍〉論作品之「氣」》（《陝西師大學報》一九八九年第四期）、李彧的《也爲〈文心雕龍〉書名正義》（《遼寧大學學報》一九九〇年第二期）等。

其次，是探索《文心雕龍》某一理論觀點的意蘊和價值的，屬於這方面的論文計有：王元化的《〈文心雕龍〉新解三題》（《文藝理論研究》一九九〇年第二期）、牟世金的《劉勰論民間文學》（《青海社會科學》一九八八年第五期）、古建軍的《劉勰論文學鑒賞》（《臨沂師專學報》一九八八年第四期）、牟世金的《文律運周，日新其業——〈文心雕龍·通變〉新探》（《文史哲》一九八九年第三期）、趙西堯的《「通變」與「因革」——〈文心雕龍〉學習札記之五》（《許昌師專學報》一九九〇年第三期）、周振甫的《〈文心雕龍〉論文德》（《陰山學刊》一九八八年第三期）、陳理的《〈文心雕龍〉養氣理論新探》（《贛南師範學院》一九八九年第二期）、祖保泉的《〈隱秀〉釋義》（《安徽師大學報》一九八九年第一期）、周汝昌的《〈文心雕龍隱秀篇〉舊題新議》（《名家論學》，復旦大學出版社）等。

再次，是從宏觀角度對《文心雕龍》的理論價值進行整體評價的，屬於這一方面的論文計有：曹順慶的《從整體文學角度認識〈文心雕龍〉的民族特色和理論價值》（《文學評論》一九八九年第二期）、王運熙的《劉勰文學理論的折中傾向》（《暨南學報》一九八九年第一期）、李順剛的《劉勰的文學史觀和史的文學批評》（《河北大學學報》一九九〇年第一期）、馬白的《「天人合一」與〈文心雕龍〉》（《汕頭大學學報》一九八九年第一期）、牟世金的《劉勰藝術構思論的淵源與發展》（《江海學刊》一九八九年第三期）、周勛初的《潘勖〈九錫〉與劉勰崇儒》（《社會科學戰線》一九八九年第一期）、馮春田的《劉勰〈文心雕龍〉「原道」、「徵聖」、「宗經」論的理論及其關係》（《齊魯學刊》一九八九年第五期）、郭德茂的《「有無之辨」與劉勰的哲學觀和文學本體論》（《陝西師大學報》一九八九年第四期）、涂光社的《漢字與古代文學的民族特色——〈文心雕龍·練字〉隨想》（《古代文學理論研究》第十四輯）、諸葛志的《三論〈管錐篇〉對劉勰和〈文心雕龍〉的批評》（《浙江師大學報》一九九〇年第一期）等。

其四，是對《文心雕龍》進行比較研究的，屬於這方面的論文計有：楊緒敏的《〈史通〉與〈文心雕龍〉的比較研究》（《黃淮學刊》一九八九年第四期）、穆克宏的《劉勰與蕭統》（《福建師大學報》一九八九年第四期）、李燃青的《劉勰和別林斯基的情志說》（《寧波師院學報》一九八八年第五期）、饒宗頤的《文心與阿毗曇心》（《暨南學報》一九八九年第一期）、李銳的《劉勰的「隱秀」與德里達的「解構」之異同》（《漢中師院學報》一九八九年第一期）等。

其五，是從文化史、思想史的角度來審視和評價《文心雕龍》的，屬於這一方面的論文計有：曹利華的《〈文心雕龍〉標志著中國傳統美學體系的完成》（《北京師院學報》一九九〇年第一期）、朱良志的《〈文心雕龍・原道〉的文化學意義》（《中國文學研究》一九九〇年第二期）、胡經之的《〈文心雕龍〉——文化融合的結晶》（《北京大學學報》一九八九年第五期）等。

其六，是對《文心雕龍》的邏輯結構、邏輯運用及研究方法的探討，這方面的論文計有：呂永的《〈文心雕龍〉下篇的邏輯結構》（《湘潭大學學報》一九八八年第四期）、夏志厚的《〈文心雕龍〉下篇結構新析》（《華東師大學報》一九八八年第六期）、陳耀南的《〈文心雕龍〉的邏輯運用》（《名家論學》復旦大學出版社）、張辰的《中國古代文學批評方法的瑰寶》（《內蒙古師大學報》一九八九年第四期）、韓湖初的《論〈文心雕龍〉的研究方法》（《華南師大學報》一九九一年第一期）等。

此外，也有從美學的角度探索《文心雕龍》的理論意蘊的，如：劉純文的《〈文心雕龍〉論文學的自然美》（《上海教育學院學報》一九九〇年第二期）、劉淦的《〈文心雕龍〉的象徵主義理論》（《聊城師範學院學報》一九九〇年第一期）等；也有從系統論的角度探索《文心雕龍》的系統思想的，如：李平的《〈神思〉創作系統論》（《文藝研究》一九八九年第五期）等；也有繼續討論《文心雕龍》理論體系的，如：詹鍈的《〈文心雕龍〉的思想體系》（《暨南學報》一九八九年第一期）、賈樹新的《略論〈文心雕龍〉的理論體系》（《東北師大學報》一九八九年第一期），如此等等。

在一九九〇年十一月舉行的中國《文心雕龍》學會第三次年會上，提交大會的三十餘篇論文，除論述《文心雕龍》中某一理論觀點的，如《劉勰論作爲主體情志的怨》、《志深而筆長，梗概而多氣——評劉勰論「建安七子」》《永明詩風與〈文心雕龍〉的「隱秀」論》、《劉勰論文學的「諧」與「隱」》《劉勰文體學「本采」思想初探》等以外，多數論文集中圍繞以下幾個問題來展開：一、從美學角度來研究《文心雕龍》的，如：《〈文心雕龍〉的詩歌美學》《劉勰的審美意象論》、《〈文心雕龍〉審美感應論探微》、《文心美學系統芻議》、《對形式美的追求——評〈文心雕龍〉的藝術技巧論》等。二、展開比較研究的。有幾篇是探討《文心雕龍》與《周易》之間關係的，如：《論〈文心雕龍〉文學觀的〈易〉學淵源》及《〈周易〉與〈文心雕龍〉》等；也有的論文對劉勰與黑格爾進行比較研究，如：《略評劉勰與黑格爾的藝術起源論》等。三、闡明《文心雕龍》的理論價值和現實意義的，如：《從〈原道〉看〈文心雕龍〉的理論價值》、《從劉勰構建文學範疇體系等到的啓示》、《古代文論的現代轉化與〈文心雕龍〉的文化價值》等等。

綜觀兩年來發表的論文，我們不難看出其中顯示的與前幾年有所不同的新特色，這就是：

第一、研究領域正在不斷拓寬。回顧歷史，我們欣喜地看到，在《文心雕龍》研究的每一歷史階段，都有一、二個集中討論的論題，而經過不同意見的爭論之後，認識逐漸趨向於一致，於是便及時轉向另一論題，這使研究領域不斷得到開拓。例如關於劉勰的思想傾向問題，在「文心學」的發展期和興盛期都進行過相當熱烈的討論，當時衆說紛紜，歧義迭出，現在，多數人已有共識，認爲劉勰的世界觀以儒家爲主又綜合了道、佛的思想。這一問題目前已不再成爲熱門話題。又如在興盛期中，《文心雕龍》的理論體系問題，經牟世金先生提出之後，一度成爲人們討論的中心，出現了衆多的主張，現在雖說並未取得一致的意見，但多數人贊同牟世金的說法，認爲《文心雕龍》的理論體系是以「銜華佩實」爲核心，以研究物與性、性與言、言與物三種關係爲綱而組成，因此，現在也已不再成爲討論的熱點。有些問題，例如藝術構思論和風骨問題，雖然目前仍處於見仁見智各有不同的階段，但由於時過境遷，人們就不再停留在舊的論題範圍，而是向前有所發展了。從近兩年來發表的論文中可以看出，研究領域已經有新的開拓，它們不再討論諸如劉勰的生卒年、身世、風骨說等問題，而是把更多的精力放在審視《文心雕龍》全書的理論價值，探索其中蘊含的美學、文藝心理學思想，尋找它在世界美學、文藝理論發展史上應處的地位等等上面。隨著視野的拓寬，人們從《文心雕龍》中不斷發現研究的新課題，這完全是合乎規律的。

第二、學術質量正在不斷提高。儘管在「文心學」發展的各個歷史階段，都有自已較爲突出的代表作，而幾個階段之間又並非是單一的直線發展狀況，但是，總的說來，論文質量的逐步提高似乎是「文心學」演進的一個趨勢。近年來發表的論文，從整體上看學術質量呈上升的勢頭。先就某些以闡述《文心雕龍》中某一術語、概念爲內容的論文爲例，過去往往局限於微觀研究的範圍，以傳統的考證、訓詁等方法，就字義解釋字義，雖然有所收穫，但不免存在語焉不詳，未得精髓的問題。近來的論文，注意了宏觀把握與微觀分析的結合，大處著眼，小處著手，較多立足於全書理論框架的整體，來對某一術語、概念做出詮釋，這樣，問題往往迎刃而解。例如關於「德」的概念，過去歧義較多，現在經過一些論文的闡述，人們的認識正在逐步接近之中。近年來論文質量的提高，還表現在對《文心雕龍》理論價值的整體審視上。牟世金先生早就指出過，隨著研究的深入，人們對於《文心雕龍》這部巨著的性質及理論價值的認識也會逐步深化：在二、三十年代把它看成是文章學，在五、六十年代稱它爲文學理論，到八十年代初期又肯定它是美學理論，近年來的論文從中國文化史、思想史的角度揭示出《文心雕龍》的文化哲學層面，認爲作爲中國文化的結晶，具有中國文化百科詞典的性質。對於《文心雕龍》蘊含的豐富精義的逐步深入揭示，是研究不斷走向深入的一種表現。

第三，研究方法正在日益豐富。近年來的一些論文表明，傳統的方法諸如校訂、考證、訓詁、釋義等仍在運用，但是爲了求得多角度、多層次、全方位地研究《文心雕龍》，它們還往往把美學、心理學、語言學、文化學、比較文學及系統論等不同學科結合起來進行綜合研究。這使論文既有條分縷析之利，又有綜觀全局之便。當前的論文較多集中於兩種方法的運用：一種是比較文學的方法，把

《文心雕龍》與同時代的、前代的、後代的以及外國的理論著作進行比較，分析其異同之處，由此出發來闡發並認定《文心雕龍》的理論價值、獨特貢獻、歷史意義。事實證明，這不失爲用之有效的方法。另一種是把系統論的方法運用於《文心雕龍》研究之中，或闡述其中蘊含的系統觀念，或分析其中包括整體結構，只要不是炫耀名詞，生搬硬套，而是眞正運用其基本原理和方法，應該承認，它完全有助於研究的深入與發展。近年來的某些論文所以能給人耳目一新之感，應該說，這與豐富研究方法是分不開的。

第四、從研究隊伍來看，中青年研究者的湧現與成長，也構成了這一時期的鮮明特色。在「文心學」這一學科中，我們素以擁有一批德高望重的老專家而感到自豪，他們嚴肅認眞的學風、著作等身的成果、獎掖後輩的精神，都給人留下了深刻的印象。而由於歷史的原因及學科的特點，過去，中青年研究者儘管也曾在「文心學」這塊園地裏立下過汗馬功勞，畢竟都屬於小試鋒芒的性質。到了這一時期，情況已大有改觀，我們可以看到，不僅絕大部分論文出於中青年之手，而且，他們之中有好幾位已經把自己的專著奉獻給了廣大的讀者。這說明，中青年研究者已經不容推辭地成爲「文心」研究的主力軍。這一歷史現象的出現，值得我們爲之高興和慶幸。因爲，它從一個側面清晰地反映了「文心學」前進的步伐。

這就是兩年來《文心雕龍》研究的全貌。由此可以得出什麼結論呢？事實證明，《文心雕龍》研究並未陷入困境、走入低谷，而是正在逐步深入、平穩地發展。這是繼興盛期之後又一個新的歷史階段的開始，對於這一新時期，我姑且名之爲深入期。

既然是深入期就帶有深入期的特點，這就是：它處於兩個高潮之間，它既是興盛期之後的總結，又是新的繁榮期的醞釀。不論是從舊時期的總結還是新時期的醞釀的角度，都應該在肯定已有成績的前提下，著重尋找其不足之處。從這個意義上說，當前的《文心雕龍》研究，仍然存在不少問題，對此也應有清醒的認識。這些問題概括說來便是：具有開拓性的、突破性的、高質量的論文還比較少見，這與視野不夠廣闊、理論修養不足、研究方法不夠多樣有關。解決這些問題，我認爲，除了要不斷革新學術觀念、拓寬研究領域之外，還應注意：第一、把宏觀研究與微觀研究結合起來，從文化史、思想史、美學史的角度，立足於中國文化的整體背景，由分析中國傳統的思維方式、價值觀念入手，來透視《文心雕龍》的內在體系及理論觀點，探討各種概念、範疇的具體內涵。

第二、把縱向研究與横向研究結合起來，從世界文明的背景上來審視《文心雕龍》文化理論、美學理論的民族特點，確定其在世界文明史上的地位、作用以及對於中國古代文化的影響。

第三、把傳統方法與其它學科的方法結合起來，儘量吸收鄰近學科的積極成果，從哲學、美學、心理學、語言學、文化學以及系統論等各種角度對《文心雕龍》進行多側面、多角度、多層次的考察與剖析，努力尋找新的突破點。

上述問題的解決需要有一個過程，新的繁榮期不會突然從天而降，而是需要各種條件的準備。因此，我認爲，深入期恐怕將持續五年至十年。也就是說，在今後五至十年內，我國《文心雕龍》研究仍將處於穩定發展的深入期，儘管會出現一批具有較高質量的論著，在一些局部問題上也會提出某些創見，但是，整體說來要有大的突破和發展，這種可能性比較小。然而，新的繁榮期必然要出現，這也是肯定無疑的，只是出現的時間或遲而已。我相信，只要全體《文心雕龍》研究者踏實、勤奮地工作，這一天會早日到來。因爲，如牟世金先生早所指出的，「文心學」是一門具有強大生命力的學科，它必將隨著時間的推移、歷史車輪的前進而日益繁榮昌盛！

「龍學」研究在臺灣①

王更生

臺灣「文心雕龍學」研究，自一九四九年到一九九一年，在這四十多年的時光裏，有數以百計的學者，投下他們大量的智慧和精力，寫下了難以估量的著作。而後續性的發展，正方興未艾。

一、「龍學」研究的回顧

回顧一九四九年前後的臺灣，剛光復不久，有心人士想要掙脫原來殖民地的枷鎖，對我民族傳統文化力圖復興之際，但在臺海烽煙四起，戰雲密佈的情況下，救亡圖存已惟恐不暇，對學術研究來說，更形同侈談。

臺灣之於此時，眞正具有大學規模的除臺灣大學外，實屬少見。像今天的國立臺灣師範大學，初期只不過是一所國語專修學校，以後改制爲省立師範學院。中興大學的前身是臺中農學院，成功大學的前身爲臺南工學院，舉目四顧，今天臺灣從北到南，在三萬六千方公里的土地上，大專校院林林總總，不下一、二百所，這種盛況，在四十年以前，連做夢也沒有想到。

當時的大學校院設有中文系的，又僅限於臺灣大學和省立師範學院兩所而已。這兩所學校當時還正鬧學潮，學生既無心讀書，老師又甫自大陸來臺，待遇菲薄，師資不足，教科書缺乏，參考資料沒有。在這風雨飄搖，遑遑不可終日的情況下，想要爲中文系建基立業，其實際的困難，直如陸地行舟。雖然如此，仍有許多教授們如廖蔚卿先生之在臺大，潘重規先生之在師範學院，他們都是在勉可溫飽的日子裏，爲臺灣「龍學」初期的研究工作，播種育苗，孕育了一線生機。一九五三年，師範學院又在高仲華先生的規劃下，陸續開辦國文研究所碩士班和博士班。玆不僅爲國學研究厚植根基；同時更給「龍學」研究設置了一座發展的溫床。

一九六一年後，臺灣局勢逐漸穩定，由於社會進步、經濟繁榮，各級學校升學競爭激烈。私立大專校院大但紛紛開放，就是原有的公立大專校院也都或改制，或增設，年有數起。如改制的有省立師範學院改爲國立師範大學，臺中農學院改爲中興大學；臺南工學院改爲成功大學；新增的有高雄師範學院，政治大學、清華大學、交通大學、中央大學理學院、海洋學院等。這裏除交大、海洋學院限於性質特殊，未設中文系外，其他大多有中文系或中文研究所的設置。

「龍學」研究隨著教育制度的改革加以擴展，發生很大變化。除了廖蔚卿先生仍在臺大中文系講授《文心雕龍》外，他如師大的潘先生遠赴香江，高先生也應香港聯合書院之聘去了國外；此時《文心雕龍》已政由方遠堯、李日剛二位先生分別擔任。在政大講授此科的是張立齋先生，高雄師院是鍾京鐸先生，私立淡江文理學院是黃錦鋐先生，私立東吳大學華仲麐先生，私立輔仁大學曹昇先生，皆一時之選。經他們裁成而日後又能獨立研究成爲此學中堅的青年學人，如臺大的齊益壽②，師大的王更生、黃春貴、沈謙③，輔仁的王金凌④等。因爲彼此切磋，相激相盪，爲「龍學」研究，帶來突飛猛進的契機。

時間過了一九七一年以後，臺灣因爲對外貿易的大量出超，帶動了國民的收入增加。尤其自蔣經國先生擔任行政院長以後，主動調整大中小學教師待遇，這時，大學教授始有餘力購置圖書，專心致志於教學研究而心無旁騖。當此之時，有很多志同道合的朋友們認爲《文心雕龍》的作者劉勰，不僅持論周延，態度客觀，而且還留下很多研究的空間，等待今人去發揮、去充實，甚而去改進。尤其談到文學理論，他們更把此書奉爲經典之作，以爲「體大慮周，籠照羣言⑤。」

正因爲經濟的過度繁榮，財富迅速集中現象非常嚴重，一切學術活動幾乎都在商業掛帥的前提下，染上功利主義的色彩。一九八一年以後，「龍學」研究雖然持續不斷地推動，但從每年發表的單篇論文質量上，和以往比較，研究的熱度已有銳減的趨勢。最明顯的例子，是早先以研究《文心》曾榮獲碩士、博士的，幾乎很多都不再發表同性質的論文；有的雖有論文發表。又大多不以《文心》的研究爲主流；甚或在大學中文系講授《文心雕龍》的學者們，三、五年內也難得看到一篇夠水平的論文公諸於世。

今後臺灣的學者們，如果不能就此現象加以檢討，並敞開胸襟，放大目力，從《文心雕龍》本身，以及和其他著作相關處去深入研究的話，恐怕很難再有風光的時刻了。

二、「龍學」研究的成果

臺灣學者研究「龍學」，大多循著兩個方向進行，一、是劉勰的史傳，二、是《文心雕龍》全書。關於劉勰史傳的研究內容如出身、世系、背景、行誼、交遊、生卒、著述等；關於《文心雕龍》全書的研究內容如注釋、校勘、板本、文原論、文體論、文術論、文評論和資料彙整、導讀性作品等，都有人從事研究，且各擅勝場，無分軒輊。

在劉勰史傳方面的研究成果：因為《梁書》〈劉勰傳〉和《南史》〈劉勰傳〉記載簡略，於是有人便爬梳叢殘，整紛理蠹，從其他著作中去找關係資料，想替劉勰編年製譜，但關於他的世系、家世、行誼、生卒等，由於資料之殘闕不全，直到今天還是半屬臆測。臺灣學者在這方面的研究成果，有兩篇論文值得一提：一、是師範大學教授王更生的《梁劉彥和年譜稿》，二、是輔仁大學王金凌先生的〈劉勰年譜〉。王氏的〈年譜稿〉發表於一九七三年四月師大《國文學報》創刊號，以後經過他重新增刪後，收入一九七九年由文史哲出版社出版的《重修增訂文心雕龍研究》，並更名為〈梁劉彥和先生年譜〉。本文大致可分譜前、年譜、譜後三部分。譜前為東莞劉氏世系的考訂，年譜為譜主劉勰的生平行誼，譜後為劉勰史傳及後人研考文字的節錄。此文最特殊之點，首先是將劉勰生年推定為宋孝武帝大明八年（四六四），這和范文瀾、華仲麐、張嚴⑥及日本學者興膳宏⑦之說，互有同異。其次，是不採用明照〈梁書劉勰傳箋注〉，李慶甲〈劉勰卒年考〉二家的新說。以為他們「用後說推證前論」，是很危險的。較王〈譜〉發表稍晚的王金凌先生《劉勰年譜》，他除了將劉勰生年延後到宋明帝泰始元年（四六五）以外，其他大致和王更生的〈年譜稿〉沒有甚麼出入。

在注釋校勘方面的研究成果：劉勰以《文心》五十篇三萬七千多字，涵攝了以往二千多年的文學理論，如果文不精深，辭不典奧，根本是無法做到的。所以自北宋辛處信作《文心雕龍注》以後，歷代學者或校或注，頗不乏人。臺灣「龍學」的研究者，堅信完善的校注是通往《文心》的捷徑；於是四十多年來，從事注釋校勘又有作品行世而受到重視的，計有以下數種：首先，是李景濚的《文心雕龍新解》，一九六八年四月經臺南翰林出版社發行，十一月再版，前後不到半年的時光，初版就搶購一空，可見當時受學術界歡迎的程度。同時也反映了當時臺灣學術界的貧乏，而如飢如渴的一斑。

其次，是張立齋於一九六七年發表的《文心雕龍註訂》，他自以爲本書可「正諸本之失，與補其所未備。」一九七四年經正中書局發行了他的第二本著作——《文心雕龍考異》。根據作者自稱：

> 此稿始於編註訂時，逐篇互校，手自甄錄，經過八年之漫長歲月，乃勉完稿。

作者當時年已古稀，精力多感不足，書中無論是正文或校語，脫漏譌誤，難以卒讀，學者如能做適當揀擇，其中可資參考的地方相信一定不少。

至於李曰剛先生的《文心雕龍斠詮》上下冊，二千五百多頁，一百八十多萬言，皇皇巨構，可說是他集二十年講授《文心》的結晶。書中各篇編次，大抵分爲題述、文解、斠勘、注釋四項。雖然作者只：

希望整理出一套完整的資料，給同學們研究之用。

但從全書整體來看，確實是雜鈔今古，讀者如不病其以多取勝，能祛蕪取菁的話，則先生對「龍學」的貢獻，是應該受到肯定的。

最後，是王更生的《文心雕龍讀本》，一九八五年三月，文史哲出版社印行，既名曰《讀本》，自然兼有校勘、注釋和翻譯。各篇內容：先是解題、次正文、次註釋、又次語譯、最後爲集評，和問題討論與練習。語譯係採取直譯方式，並嚴守劉勰行文脈絡，避免強爲牽合之弊，集評⑧，在轉錄明清學者的評語，期讀者和正文相參，收片言雅義，發人深省的效果。

在文原論方面的研究成果：所謂：「文原論」，指劉勰的文學思想，或稱文學基本原理。「龍無頭不行」，這一部分正是「龍學」的關鍵。他的文學思想就在《文心雕龍》卷一〈原道〉〈徵聖〉〈宗經〉〈正緯〉〈辨騷〉等五篇中。從形式結構上說，卷一的五篇好像是五個不同的主題，如從內在聯繫上說，主題只有一個，那就是以《宗經》爲軸心，然後上推中國文學之本源，下考中國文學的流變。研究「龍學」首當會通此點，然後對劉勰之爲文用心，始如百川滙海，萬山朝宗，抓住它的眞象。根據此一認識，來反觀臺灣「龍學」界四十多年，在這方面發表的單篇論文固然有限，就是專書，除蔡宗陽的《劉勰文心雕龍與經學》以外，更找不到第二種。蔡氏此文完成於一九八九年五月，國立臺灣師範大學的博士論文，由黃錦鋐、王更生兩位敎授指導。全書約十五萬言，分十章二十五節。作者於第十章結論中說：

劉勰面臨侈靡淫麗的唯美文風，處於經學式微而佛老並與之際，能高舉徵聖、宗經的旗幟，為正末歸本的準據，對後世文學影響深遠。

在文體論方面的研究成果：《文心雕龍》卷二到卷五的二十篇，是論文敍筆的重點所在。從文學理論看，它是中國文學體裁論，從作者本身看，它更可以說是劉勰的文體分類學。二十篇幾乎佔《文心》全書的二分之一，可見劉勰對這一部分重視的程度如何了。研究劉勰的文體分類，至少必須掌握以下的重點，才能得其精髓。首先、要注意劉勰文體分類產生的背景。其次，是劉勰文體分類的範疇和內容。三、是劉勰文體分類的基本原則。四、是劉勰在文體分類上的創獲。五、是劉勰的文體分類在《文心雕龍》中的地位。六、是劉勰文體分類的現代價值。以這樣的幾個重點回顧臺灣四十多年來的研究成果，還找不出比較成熟的論文。早在一九五九年六月，徐復觀先生於東海大學學報發表的《文心雕龍文體論》，其目的據他自己說，在使讀在能進窺古今文學發展之跡，通中西文學理論之郵，爲建立中國文體論作一奠基嘗試。王更生曾對此文有所批評。云：

徐氏雖然能見其大，但事實上却犯了「以今臆古」的毛病。要知道西方學術重分析，中國學術重綜合，不同的文化體系，自有不同的學術術語，不必强求其同。所謂唐宋以來文體與文類混而不分，固是一弊，但如果合旣無害，那麼分又何益乎？稱《文心雕龍》為文體論可，稱〈明詩〉以下至〈書記〉二十篇為文體論，亦無不可，不必老在術語上做文章。不然，為正其名，反遺其實，是很不值得的⑨。

在文術論方面的研究成果：所謂「文術論」，指的就是文章作法論，又叫文學創作論。劉勰以將近二十個篇幅來論文章寫作軌範，可見這正是他爲文用心的另一重點。根據他自己的說法，這一部分從形式結構上可以分爲剖情、析采兩大類；如從內在聯繫上加以區別，又有通論、細目、餘義、前言之別。臺灣學者在闡揚劉勰文術論方面的論文頗爲豐碩，而眞正著爲專書，受到讀者矚目的，只有黃春貴的《文心雕龍之創作論》，沈謙的《文心雕龍與理代修辭學》二種而已。黃春貴於一九七三年五月以《文心雕龍之創作論》獲國立臺灣師範大學文學碩士，一九七八年四月文史哲出版社正式鑄版發行。書前王更生序，曾對本書提出中肯的評價說：

由於在《文心雕龍》創作論極端難寫的情況下，他竟能淹貫古今中外學理，印證劉彥和一千五百年前的文學創作心路；這種大膽的嘗試，令人由衷欽佩。

沈謙的《文心雕龍與現代修辭學》，是一九九〇年六月由益智書局發行的著作。本書寫作的宗旨，在探究《文心雕龍》所論的比興、夸飾、隱秀等修辭理論與方法，同時並列舉古今文學中最精采的實例予以闡釋詳析。探討其在欣賞與批評中的效用。他這種嶄新的嘗試，實爲今後的「龍學」研究，開闢了一片新天地。

在文評論方面的研究成果：劉勰將文學批評置於文術論之後，在全書組織結構上說，是寓有深意的。所謂「崇替於時序，褒貶於才略，怊悵於知音，耿介於程器。」多屬作品的外延問題。距今一千五百年左右的時代，劉勰就注意到了這四個外延條件和作品的關係；較之現代文學批評方法的詳備，固不可同日而語，但對中國文學批評創業垂統的貢獻，卻是歷久彌篤，不可磨滅！更何況這四篇的內容體大思精，包羅宏富。臺灣學者研究《文心雕龍》文評論，而又有論文公開發表的，顯得相當寂寞，如果單篇的論文不計，計其專門著作之可觀者，沈謙的《文心雕龍批評論發微》可謂其中的翹楚。此書是沈氏的碩士論文，一九七七年五月由聯經出版事業公司印行，書中最精采而價值最高的一部分，是第三章的批評方法。作者羅列了英人聖茨白雷和李辰冬先生二家所謂之「文學批評方法三十種」，以爲其重要者，皆爲劉勰所囊括。王更生序此書云：

能鎔鑄《文心雕龍》於中西學理，雖非的當不易，要亦可覘其變通適會的匠心，為而後言中國文學批評理論者，創發以國族文化為背景的新途徑。

在資料彙整方面的研究成果：學術研究必須具有完備的資料，才能推陳出新，對這一點，臺灣「龍學」界很早就注意到了。譬如一九七〇年十一月由黃錦鋐先生主編，經淡江文理學院中文研究室首先發行了第一本《文心雕龍研究論文集》，可謂開「龍學」研究風氣之先，一九七五年十二月由陳新雄、于大成主編，經木鐸出版社發行的《文心雕龍論文集》，此集專門搜集早期發表而居今難見的資料。一九七九年一月學海出版社印行了黃錦鋐先生編譯的另一種《文心雕龍論文集》，書中除了黃先生本人的《空海文鏡秘府論與文心雕龍的關係》外，其他兩篇：一是楊明照的《文心雕龍范注舉正》，二是日本斯波六郎的《文心雕龍范注補正》。這對以范注作爲研究「龍學」入手門徑的來說，提供了有利條件。一九八〇年九月，王更生交由臺北育民出版社發行了一部《文心雕龍研究論文選粹》，根據該書序例的說明，知道王氏從中外二十六種不同的雜誌和學報裏，數十篇的論文中，選錄了最具代表性的作品三十八篇，而最值得喝采的一點，是王氏在當時兩岸關係對峙，海峽風雲日緊之際，高標學術獨立的旗幟，配合「龍學」研究的需要，選錄了大陸作者包括王元化在內的十四位的大作，爲海峽兩岸的學術交流，做出了實質的貢獻。

此外，有一種著作雖不屬於《文心雕龍》本身，但卻與「龍學」的研究和普及大有關係，那就是導讀性的作品。作這種普及工作的專門著作不多，只有王更生鍥而不捨，從事這方面的努力。一九七六年四月他發表了第一個短篇《如何研讀文心雕龍》，一九七七年三月華正書局出版了他的《文心雕龍導讀》，全書除自序外，連同附錄共九十八面，約六萬言。一九八八年三月作者自以爲十年以來，「龍學」發展已有顯著不同，新出資料更如雨後春筍，於是對舊作重修增訂。修訂後的《文心雕龍導讀》除序文外，全書增加到一百七十一個版面，字數也擴充爲九萬字。王氏在序中曾說：

在新增修的本子裏，有很多看法，自信是今日之我，突破了昨日之我，而有異乎從前的新發現。

至於臺灣「龍學」研究的另一成果，叫做綜合研究。所謂「綜合研究」，是指作者根據《文心雕龍》全書五十篇的架構，從思想上、組織上、理論上，找到劉勰立說謀篇的本原，從而分門別類，運用現在系統分析的觀點，替他建立一套完整的理論體系，然後再透過此一理論體系，上考下求，旁推交通，使劉勰《文心雕龍》五十篇，先由合而分，再由分而合，經過統計、分析、比較、歸納的手法，使《文心雕龍》的精蘊以嶄新的面貌，呈現於現代中國文學理論之林。這一類的作品或專門著作，或單篇論文，均爲數甚多，在此恕不一一列舉了。

三、「龍學」研究的前瞻

展望臺灣「龍學」研究的現況，有不少的同道們抱著悲觀的態度，認爲目前研究的空間已達飽和，不可能再有凌駕前人的發現。筆者堅信任何研究，如果運用不同的方法，不同的觀點，不同的資料或不同的背景，然後再採用不同的角度，來研究《文心雕龍》的話，可得出不同的結果。就拿文原論、文術論、文評論來說，其著作之眞正可觀者，不過一二種而已。像文體論，迄今還看不出有誰在這方面下過澈底研究的工夫。因此，我認爲今後臺灣「龍學」界的做法：首先是篩選既有的研究成果，繼而針對預設的研究目標，找出面臨的瓶頸，搜集見所不及的資料，然後從《文心》本文本義上下切實工夫，再加上志趣和毅力，相信眞積力久，必可把「龍學」研究推向更高的顛峯。以下就個人見聞所得，列舉幾點具體可行的步驟。

首先，要爲《文心雕龍》新注催生：近代學者范文瀾以黃叔琳輯注爲藍本，旁採各家，著爲新疏，被後人推爲善本。但根據王更生一九七九年十一月發表的《文心雕龍范注駁正》，此書嚴重缺失計有六項。楊明照一九九〇年六月發表《文心雕龍有重注的必要》一文，指出范注的缺陷更多達二十項。如果再加上楊氏早期發表的《文心雕龍范注舉正》，以及日本斯波六郎的《文心雕龍范注補正》

的話，范注錯誤之多，可以說如秋風落葉，不勝枚舉了。所以一部完備的《文心雕龍》新注，必須加速完成。才能為臺灣的「龍學」研究帶來轉機。

其次，是擴大「龍學」研究的領域：《文心雕龍》是一道源遠流長的靈泉，我們不能一直牢守《文心》十卷五十篇的壁壘，而是要以《文心》為軸心，擴大它研究的領域。明原一魁序《兩京遺編》說：「陶冶萬彙，組織千秋。」黃叔琳更有「藝苑秘寶，苞羅羣籍，多所折衷。綴文之士，苟欲希風前秀，未有可舍此而別求津逮者」的贊語。可見他對傳統文論的繼承，和對後世文壇影響的實況。所以研究《文心》，一方面作窮源索本的搜求，以見其會通今古的手法，和理論之所從出；另一方面，也可以從文藝美學的立場，與其他藝術如音樂理論、書法理論、繪畫理論、園林理論、建築理論，以及儒學、道學、玄學、佛學的理論，就其雙方的針對性加以研究，以見彼此激盪因襲的關係。這樣看來，想要洞燭劉勰為文用心的所在，必須擴大「龍學」研究的領域。

再其次，強化研究「龍學」的工具學科：「工欲善其事，必先利其器。」「龍學」是我國傳統文學理論的大本營，單就其行文古奧一點兒來說，便久已被人視為有字天書而不敢問津，所以明清以來，學者全把目光投注在校勘、注釋、板本的工作上，但自中西文化交流後，治學方法起了很大變化。譬如拿一九一九年北京文化學社印行的黃侃《文心雕龍札記》，較諸乾嘉諸老的考據，在方法上、體例上、態度上，已有顯著的差異。一九二五年天津新懋印書館發行的范文瀾《文心雕龍講疏》，他雖然自認為是以黃叔琳《輯注》作藍本，事實上，日本鈴木虎雄先生的〈黃叔琳文心雕龍校勘記〉，給他不少的新啓示，才能擴大郛廓，自創格局。《文心雕龍》具有無限地研究潛力，想要鉤深窮高，取精用弘，除了傳統的工具學科外，還應該對哲學、史學、文學史、文學批評史、文學理論史、文藝心理學、藝術論、修辭學、文法學、語意學等，做適度的攝取，這樣，臺灣的「龍學」研究，在新工具學科導引下，必能走出一條光明大道。

最後，是解決「龍學」本身懸而未決問題；學術研究大多見仁見智，各有偏重，於是留下許多百密一疏的空間，像「龍學」的研究與發展，到現在仍然有很多懸而未決的問題：譬如對作者劉勰的研究，有人說劉勰是文學批評家、或文學理論家、文學家、文學思想家。現在我們要問，他到底是個甚麼家？有人說劉勰思想是儒家，也有人說是佛學思想，那麼，他的思想歸屬到底如何？關於劉勰的生卒時間，有人說他生於宋孝武帝大明八年（四六四），有人說他生於宋孝明帝泰始元年（四六五），有人說他卒於梁武帝普通三年（五二二），有人說他卒於梁武帝中大通四年（五三二），其間生卒歧互甚大。我們現在要問他的生卒眞象究竟如何？至於《文心雕龍》的結構，劉勰自己說，書分上下篇，上篇包括文之樞紐與論文敍筆，下筆包括剖情析采，崇替褒貶和長懷序志，但是現在有人說此書可分總論、文體論、創作論、文評論，也有人分爲總綱、各體文章寫作指導、寫作方法統論、附論，又有人說可分爲文原論、文體論、文術論、文評論、緒論。現在我們要問全書的組織結構到底如何？其他像全書的組織體系和思想體系有何不同？文體論和文術論的關係如何？《總術》篇在全書結構中的地位如何？《物色》篇到底是文術論或文評論，其屬性如何？「龍學」理論如何和現在的文學思想、文學體裁、文學創作、文學批評相結合的問題?「龍學」對傳統文論的繼承問題?對後世文論的影響問題?「龍學」學譜的編纂問題?「龍學」研究專門著作的搜集與評介問題?《文心雕龍》術語滙釋問題?以上任何一個問題,都足以讓你耗掉半年或數年或畢生之力而欲罷不能。所以「龍學」研究的提升,當前的首要工作,是解決「龍學」本身懸而未決的問題。

四、結 論

我在一九七四年三月曾經以《近六十年來文心雕龍研究概觀》爲題,寫了一篇長達一萬五千字的論文,登在七卷三期的《中華文化復興月刊》上,一九八九年三月又以〈臺灣文心雕龍學研究的回顧與展望〉爲題,發表於《孔孟學報》第五十七期,文長二萬五千字。時光匆匆,現在距離一九七四已有十七年,去一九八九也有兩年,觀「龍學」研究在臺灣的成長過程,具體成果,以及對未來的展望,筆者立足於「龍學」研究的定點上,眞是充滿喜悅和信心。無可諱言的,我們目前雖然面臨的是一個商業掛帥,功利至上的社會,但只要抱定復興文化的使命,借鑑已往研究的成果,然後再堅此百忍,努力不懈,一定能把這塊辛勤耕耘的園地,化爲百花競豔的樂國。(附臺灣「文心雕龍學」研究專門著作總表於後,備爲參考)

臺灣「文心雕龍學」研究專門著作總表

王更生製一九九一年五月

編序	著作名稱	作者	出版書局	發行時間
1	文心雕龍講義(又名劉勰文學批評理論之疏說與申論)	程兆熊	香港鵝湖學社	一九六三年三月
2	文心雕龍註訂	張立齋	正中書局	一九六七年一月
3	文心雕龍評解	李景濚	翰林出版社	一九六七年十二月
4	文心雕龍新解	李景濚	翰林出版社	一九六八年四月
5	文心雕龍研究	易蘇民編	昌言出版社	一九六八年十一月
6	文心雕龍通識	張嚴	臺灣商務印書館	一九六九年二月
7	劉勰明詩篇探究	劉振國	私立中國文化學院碩士論文	一九六九年六月
8	唐寫本文心雕龍殘本合校	潘重規	新亞研究所	一九七〇年九月
9	英譯本文心雕龍	施友忠譯	臺灣中華書局	一九七〇年十一月
10	文心雕龍研究論文集	黃錦鋐等	淡江文理學院中文研究室	一九七〇年十一月
11	文心雕龍析論	李中成	大聖書局	一九七二年二月

編號	書名	作者	出版	年月
12	劉勰、鍾嶸論詩歧見析論	陳端端	私立輔仁大學碩士論文	一九七二年五月
13	文心雕龍論文集	鄭　雅	光啓出版社	一九七二年六月
14	文心雕龍文術論詮	張　嚴	臺灣商務印書館	一九七三年三月
15	劉勰年譜	王金凌	私立輔仁大學碩士論文	一九七三年五月
16	文心雕龍考異	張立齋	正中書局	一九七四年十一月
17	文心雕龍論文集	陳新雄　于大成	木鐸出版社	一九七五年十二月
18	文心雕龍術語研究	陳兆秀	私立中國文化學院碩士論文	一九七六年六月
19	文心雕龍研究	王更生	文史哲出版社	一九七六年三月
20	語譯詳註文心雕龍	王久烈	弘道文化公司	一九七六年一月
21	文心雕龍導讀	王更生	華正書局	一九七七年三月
22	文心雕龍與儒道思想的關係	韓玉彝	私立輔仁大學碩士論文	一九七七年五月
23	文心雕龍批評論發微	沈　謙	聯經出版事業公司	一九七七年五月
24	文心雕龍之創作論	黃春貴	文史哲出版社	一九七七年四月
25	文心雕龍與佛敎駁論	周榮華	自印	一九七八年六月

	著作	不著姓名		
26	文心雕龍與詩品研究	不著姓名	莊嚴出版社	一九七八年十月
27	文心雕龍論文集	黃錦鋐	學海出版社	一九七九年一月
28	重修增訂文心雕龍研究	王更生	文史哲出版社	一九七九年五月
29	文心雕龍范注駁正	王更生	華正書局	一九七九年十一月
30	文心雕龍釋義	彭慶寰	不著出版處所	一九七九年八月
31	文心雕龍指瑕之研究	陳坤祥	私立中國文化大學碩士論文	一九八〇年六月
32	文心雕龍分析研究	高風	龍門圖書公司	一九八〇年十月
33	文心雕龍研究論文選粹	王更生	育民出版社	一九八〇年九月
34	古典文學的奧秘——文心雕龍	王夢鷗	時報文化出版公司	一九八一年元月
35	注音白話文心雕龍選注	李農	大夏出版社	一九八一年元月
36	文心雕龍與詩品之詩論比較	馮吉權	文史哲出版社	一九八一年十一月
37	文心雕龍文論術語析論	王金凌	華正書局	一九八一年六月
38	文心雕龍之文學理論與批評	沈謙	華正書局	一九八一年五月
39	文心雕龍研究	龔菱	文津出版社	一九八二年六月

40	文心雕龍校詮	李曰剛	中華叢書編審會	一九八二年五月
41	文心與詩心	羅聯絡	自印	一九八三年十一月
42	文心雕龍述秦漢諸子考	顏賢正	私立東吳大學碩士論文	一九八三年五月
43	文心雕龍綜合研究	彭慶寰	不著出版處所	一九八四年三月
44	文心雕龍通詮	張仁青	文史哲出版社	一九八五年七月
45	文心雕龍綴補	王叔岷	藝文印書館	一九七五年九月
46	文心雕龍讀本	王更生	文史哲出版社	一九八五年三月
47	文心雕龍術語初識	陳兆秀	不著出版處所	無發行時間
48	文心雕龍對後世文論之影響	陳素英	私立東吳大學碩士論文	一九八五年十一月
49	文心雕龍之文類論	李再添	新埔工專學報	一九八二年十月
50	文心雕龍術語探析	陳兆秀	文史哲出版社	一九八六年五月
51	文心雕龍通解	王禮卿	黎明文化公司	一九八六年十月
52	文心雕龍與佛教關係之考辨	方元珍	文史哲出版社	一九八七年三月
53	文心雕龍譬喻研究	劉榮傑	前衛出版社	一九八七年十一月

54	重修增訂文心雕龍導讀	王更生	華正書局	一九八八年三月
55	文心雕龍綜論	中國古典文學會	臺灣學生書局	一九八八年五月
56	劉勰文心雕龍與經學	蔡宗陽	國立臺灣師範大學博士論文	一九八九年五月
57	文心雕龍風格論之研究	劉宗修	立宇出版社	一九八九年九月
58	文心雕龍通變觀考探	胡仲權	私立東吳大學碩士論文	一九九〇年四月
59	文心雕龍通變觀與創作論之關係	徐亞萍	高雄師範大學碩士論文	一九九〇年六月
60	文心雕龍時序篇研究	呂立德	高雄師範大學碩士論文	一九九〇年五月
61	文心雕龍與現代修辭學	沈謙	益智書局	一九九〇年六月
62	文心雕龍綜合研究	彭慶寰	正中書局	一九九〇年十月
63	文心雕龍比喩技巧研究	黃亦眞	學海出版社	一九九一年二月
64	文心雕龍新論	王更生	文史哲出版社	一九九一年五月

附　註：

① 關於臺灣「文心雕龍學」研究的狀況，筆者曾於一九七四年在《中華文化復興月刊》七卷三期發表《近六十年來文心雕龍研究概觀》，一九八九年三月於《孔孟學報》五十七期，發表《臺灣文心雕龍學研究的回顧與展望》，可供讀者參考。

② 齊益壽先生，青年學人，現任臺灣大學中文系、中文研究所主任。

③ 黃春貴先生現任國立臺灣師範大學國文系教授。沈謙先生現任臺灣國立空中大學人文學系副教授。

④ 王金凌先生現任教於高雄國立中山大學中文系。

⑤ 見清章學誠《文史通義・詩話篇》。

⑥ 張嚴先生之說，見於一九六九年二月商務印書館出版之《文心雕龍通識》一〇九頁。

⑦ 興膳宏先生之說，見於日本昭和四十五年三月發行的《文心雕龍》書末所附的〈文心雕龍略年表〉。

⑧ 王更生《文心雕龍讀本》中每篇篇末的「集評」，係博通人的說法，備爲讀者的參考，今人周振甫先生《文心雕龍注釋》亦有此例。

⑨ 徐復觀先生的說法，見一九五九年六月臺灣私立東海大學出版的《東海學報》一期四五至一〇〇頁。

《淮南子》與《文心雕龍》

馬　白

《文心雕龍》作爲華夏諸種文化融合的結晶，在中國文化史上踞有十分重要的地位。對這部巨著理論淵源的考索，歷來成爲《文心》研究史上的重要課題。經過中外學者的共同努力，《文心雕龍》受《周易》、《論語》、《孟子》、《荀子》、《老子》、《莊子》乃至《呂氏春秋》等論著影響的軌迹已日益清晰。感到遺憾的是，迄今爲止學術界對於《淮南子》在劉勰完成其理論體系中的作用問題似乎仍然重視不足。過去一些研究者並非完全沒有看到《淮南子》的影響，范文瀾在其《文心雕龍注》中就曾指出過《文心雕龍・原道篇》與《淮南子・原道訓》之間的內在聯繫，也有一些論著在論述《淮南子》時曾順便提到個別思想爲劉勰所接受，但是，整體說來多屬於語焉未詳之列。因此，我感到，對於《淮南子》與《文心雕龍》理論觀點之間繼承關係的全面探索，十分必要。只有把這一問題弄清楚，我們才能夠正確把握並理解《文心雕龍》的思想傾向及其獨特的理論貢獻。過去的一些論者往往把劉勰受道家思想的影響說成是對於老子、莊子思想的直接接受，實際情況恐怕並非如此，應該看到《淮南子》在其中所起的橋樑的作用。《淮南子》的主旨是「持以道德，輔以仁義」（《覽冥訓》）雖然吸收了某些儒家思想，卻是以道家思想爲主。先秦道家思想對於劉勰的影響可能要經過《淮南子》的中介，其具體途徑大體是：《老子》、《莊子》→《呂氏春秋》→《淮南子》→《文心雕龍》。由此可見，《淮南子》是劉勰接受道家思想的直接對象。下面，我們從幾個側面來看一下《淮南子》對《文心雕龍》的影響。

《原道》是《文心雕龍》開宗明義的第一篇，劉勰自述屬於「文之樞紐」。它之所以列在篇首，就因爲它是《文心雕龍》展開理論論述的邏輯起點，這就是說，劉勰關於文學創作、文學鑒賞及文學發展內在規律的揭示，都以「道」的學說爲出發點和歸宿。由此可見，它在全書中所占地位的重要。而正是在這樣的部份，我們明顯地看到了《淮南子》的痕迹。

衆所周知，劉勰「道」的學說按其基本成份而言，旣包括儒家之道，又包括自然之道。從歷史淵源來看，前者的思想主要來自對荀子和《易傳》思想的繼承，這一方面已有不少研究者，包括我自己在內，做過較爲充分的論述，不必在此過多複述；後者的思想主要來自道家，這也是不成問題的。問題在於：它是對於老、莊思想不直接繼承嗎？依我看來，與其說是對老、莊思想的直接繼承，不如說是通過《淮南子》對於老、莊思想的繼承。我們不應忽視《淮南子》的「道」的學說對於劉勰「道」的學說的直接影響。范文瀾早就指明《文心雕龍·原道篇》與《淮南子·原道訓》的聯繫，是十分正研的。當然，兩者的聯繫，不僅表現在概念上，更重要的是表現在理論內涵上。從劉勰「道」的學說中，我們不難看出《淮南子》「道」的學說的存在。

在我國認識史上，是老、莊最早對「道」實現最高的抽象，更賦予它以實體的意義。他們既從本體論的角度把它解釋成是世界的始基和本原，又從認識論的角度以它來表述人們的最高認識。他們從絕對性、永恆性、普遍性、無目的性等幾個方面，來銓定「道」的特點。這是我國理論思維發展中的一次主要飛躍，從們人此可以超越各種具體事物，從宇宙論、本體論及認識論的高度來對世界的總體及其演變進行宏觀的思考和探索。這是老、莊的貢獻。但是，由於歷史條件的限制，老、莊對於「道」的內涵的詮釋及「道」的特點的概括，仍然含混不清，而且含有某種神秘的成份，具有消極順適自然的傾向。這說明「道」的學說有待進一步完善與發展。這一歷史任務，由《淮南子》較好地完成了。《淮南子》是在漢代帝國大一統及自然科學有重大發展的歷史條件下來論述「道」的學說的，它避免了老、莊哲學的缺陷，而顯示了嶄新的特色。不僅是《原道訓》篇，而且還有《繆稱訓》、《天子訓》、《精神訓》、《詮言訓》、《泰族訓》等篇章，都用很多篇幅論述了「道」的特性及宇宙流化，萬物生成的過程。綜觀這些論述，我們不難看出，盡管《淮南子》「道」的學說中仍然存在一些神秘的因素，但是，給人的突出印象的卻是對大自然及其造化之功的歌頌，已把人的眼光從人的自身轉向外部世界的引導，是從宇宙產生、演化的高度對於自然界和社會人生奧秘的探尋。《淮南子》也正是在這些方面給《文心雕龍》以重要影響。具體地說，就是：

第一，《淮南子》對豐富多采、其美無比的物質世界的歌頌影響《文心雕龍》對各種「文」的肯定。

衆所周知，《文心雕龍．原道篇》所說的「文」，有廣義與狹義之分。廣義的「文」即「道之文」，是指物質世界各種具體事物的聲、色、味等外觀形態；狹義的「文」即「人文」，是指人類所創造的文化，這中間極爲重要的方面是作爲人的性靈表現的文章。但是，按照劉勰論述的邏輯層次，後者依賴前者而產生，即：先有客觀現實各種美的形態，然後才可能有人類的文化，包括各種美文在內。《文心雕龍》對於「人文」的論述就是以歌頌與肯定「道之文」的存在爲前提的。《文心雕龍》肯定天之文，說：「日月疊璧，以垂麗天之象」；肯定地之文，說：「山川煥綺，以鋪理地之形」；肯定萬物之文，說：「傍及萬品，動植皆文：龍鳳以藻繪呈瑞，虎豹以炳蔚凝姿；雲霞雕色，有踰畫工之妙；草木賁華，無待錦匠之奇。……至於林籟結響，調如竽瑟；泉石激韻，和若球鍠。」在這裏我們可以看到，《文心雕龍》充分呈現並強調了「道之文」的「聲」、「色」、「形」、「象」諸種具體外觀形態，它用「疊璧」、「煥綺」、「藻繪」、「炳蔚」、「雕色」、「賁華」來說明形文的存在；用「結響」、「激韻」來說明聲文的存在。所謂「形立而文生矣，聲發而章成矣」，正指的是「形」、「聲」等外觀形態對於「文」的重要性。人類文化就在這一基礎上產生「夫以無識之物，郁然有彩，有心之器，其無文歟」，就是對於狹義的「文」依賴於廣義的「文」的一種說明。這一思想明顯來自《淮南子》。

《淮南子》認爲「道」是無形無象卻又是一種實有。《原道訓》說：

忽兮怳兮，不可爲象兮……幽兮冥兮，應無形兮。

夫無形者，物之大祖也；無音者，聲之大宗也。……所謂無形者，一之謂也。」

「道」就是「一」，它無形無象，非人們的感覺所能直接把握，它是事物內部、現象背後所蘊藏的內在的東西。它並非烏有而是一種實體，它本身雖無形無象卻又支配與制約各種有形、有聲、有味的具體事物，所以，它又「無形而有形生焉，無聲而五音鳴焉，無味而五味形焉，無色而五色成焉。是故有生於無，實生於虛。……音之數不過五，而五音之學不可勝聽也；味之和不過五，而五味之化不可勝嘗也；色之數不過五，而五色之學不可勝觀也。」（《原道訓》）《淮南子》通過對無形的「道」的屬性的概括，正表達了對於一個具有聲、色、味各種形態的物質世界的歌頌。正因爲如此，在《墬形訓》中歷數了東、南、西、北、中各方的自然與物產之美。這與《文心雕龍》對於各種「文」的肯定，在思想上是完全一致的。

《文心雕龍》在論述上述各種「文」時還一再強調它們「與天地並生」，出於「自然」，「自然之道」的表現，賦予它「自然」的特性。這一思想也與《淮南子》相接近。《淮南子》也賦予「道」的自然的特性。《原道訓》說：「是故天下之事，不可爲也，因其自然而推之；萬物之文，不可究也，秉其要歸之趣。」又說：「蛟龍水居，虎豹山處，天地之性也。兩木相摩而然，金火相守而流，圓者常轉，窾者主浮，自然之勢也。」《主術訓》也說：「夫舟浮於水，車轉於陸，此勢之自然也。」《淮南子》這裏所說的「自然」，指的是事物發展的必然趨勢。《淮南子》認爲人的行動不能違背自然規律，但應該「因其可也」、「因其然也」即在掌握自然規律的基礎上，發揮人的主觀能動性，改造自然、利用自然，從而「埏埴而爲器，窬木而爲舟，鑠鐵而爲舟，鑄金而爲鐘」，（〈泰族訓〉），這是對老、莊「自然」、「無爲」學說所作出的新解釋。《文心雕龍》所說的「自然之道」，顯然也是吸收了《淮南子》的「自然」學說的。

第二、《淮南子》對宇宙演化、萬物生成具體過程的論述影響到《文心雕龍》對「文」的起源的探尋。

按照《文心雕龍》的論述邏輯，是從「文」的產生、起源入手來闡明「文」的本質及其特點的。因此，「文」的發生學成爲《文心雕龍．原道》的主要內容。前面說過，「文」有廣義與狹義的兩種，所以，實際上，《文心雕龍．原道》在不同的段落分別說到了兩種「文」的起源。過去一些論者往往混淆狹義之文的起源與廣義之文的起源，恐與《文心雕龍》的原意並不相符。對於狹義之「文」的起源，《文心雕龍》的解釋是：「人文之元，肇自太極，幽贊神明，《易．象》惟先。庖犧畫其始，仲尼翼其終。而乾坤兩位，獨制《文言》，言之文也，天地之心哉！」它所勾勒的「人文」產生的過程大體上是：道→太極→兩儀→《易．象》→文。明顯可以看出，這一思想來自《易傳》。不少論者對此做過論述，不必多加重複。但是，我覺得在《原道篇》的開頭部份還談到廣義之「文」的起源問題，《文心雕龍》對此的解釋是：「仰觀吐曜，俯察含章，高卑定位，故兩儀既生矣。惟人參之，性靈所鍾，是謂三才。爲五行之秀，實天地之心，心生而言立，言立而文明，自然之道也。」這就是說，生有道，由道產生宇宙，宇宙分爲天地，產生人，（天、地、人的「三才之道」又「兼而兩之」卽包含陰和陽的對立統一方面），然後才產生萬事萬物。這一過程用公式來表示就是：道→宇宙→天地→陰陽→萬物。這使我們想起《淮南子》關於宇宙演化、萬物生成的學說。

在《淮南子》看來，「道」是產生萬事萬物的本原。〈原道訓〉說：「夫太上之道，生萬物而不有，成化象而弗宰，」又說：「道者，一立而萬物生矣。是故，一之理，施四海；一之羣，際天地。」〈說林訓〉也說：「未有天地，而生天地，至深微廣大矣。」正是在這一基礎之上，《淮南子》論述了宇宙演化、萬物生成的具體過程。《天文訓》的一段話最具代表性，它說：「道始於虛霩，虛霩生宇宙，宇宙生元氣，元氣有涯垠，清陽者薄靡而爲天，重濁者凝滯而爲地。……天地之襲精爲陰陽，陰陽之專精爲四時，四時之散精爲萬物。」這一過程用公式來表示，就是：道→虛霩→宇宙→元氣→天地→陰陽→四時→萬物。把《淮南子》與《文心雕龍》相比較，可以看出，它們對於道化生萬物歷程的看法，是何等的相似。附帶說說，漢代偉大的自然科學家張衡的宇宙變化學說，與上述思想也大致相同（見《後漢書・天文志》上劉昭柱引張衡《靈憲》文），它們共同構成了中華民族探索天地產生奧秘歷程的重要環節。

第三、《淮南子》從宇宙論的角度論述「道」的特性影響到《文心雕龍》從本體論的高度對於「文」的本質的揭示。

我在《論〈文心雕龍〉在中國文學史上的地位》一文中曾提出，在中國美學史上是劉勰第一個從本體說的高度來論述文藝的本質，這使我國古代美學提高到一個新的水平。而他之所以能做到這一點，是與理論思維上接受《周易》和玄學的影響分不開。我至今認爲這一看法是符合實際的，但是必須加以補充，這就是還必須把《淮南子》的影響估計在內。劉勰比他以前的理論家高明之處就在於他從論述宇宙本體的高度來揭示文藝的本質，「道之文」這一結論就是他對於文藝本質的回答。這就是說，在《文心雕龍》看來，世界上最高的實體就是「道」，它獨立於世而又無處不在，各種具體事物都是「道」的存在方式、表現形態。因此，作爲狹義的「文」的組成部份，文藝的本質正在於顯示表現「道」。這是〈原道〉篇開宗明義所闡述的思想。爲什麼劉勰能從本體論的角度論述文藝本質這一樣個歷史上從未有人涉及的理論問題？我認爲，這固然是接受《周易》及玄學思想的結果，但是，更加直接的影響恐怕來自《淮南子》。〈原道訓〉、〈繆稱訓〉、〈說林訓〉、〈說山訓〉、〈俶其訓〉等篇章對於「道」的內涵及特性的概括，對於宇宙本體的重視，正是《文心雕龍》所汲取的思想養料。

〈原道訓〉說：

> 夫道者，覆天載地，廓四方，柝八極，高不可際，深不可測，包裹天地……故植之而塞於天地，橫之而彌於四海，施之無窮而無所朝夕，舒之幎於六合，卷之不盈於一握。

又說：

所謂一者，無匹合於天下者也。卓然獨立，塊然獨處；上通九天，下置九野；圓不中規，方不中矩；大渾而為一葉，累而無根，懷囊天地……。

〈繆稱訓〉說：

道至高無上，至深無下，平乎准，直乎繩，圓乎規，方乎矩，包裹宇宙而無表裏，洞同覆載而無所礙。

〈說林訓〉說：

無古然今，無始無終。

所謂「卓然獨立，塊然獨處」就指的是「道」不依賴世界萬事萬物的獨立性；這種「道」又無所不在，因此稱它「覆天載地」、「上通九天，下置九野」「懷囊天地」；它又「高不可際，深不可測」、「彌於四海，施之無窮」卽在時間與空間上都具有無限性。因此，「道」又可稱之爲「一」。這就是《淮南子》對於宇宙本體的考察。如果不是《淮南子》開闢了探索宇宙本體的道路，很難設想《文心雕龍》會開闢一條探索文藝本體的道路，去接觸一個嶄新的理論問題，從而揭開古代文論新的一頁。這該不是虛妄推測吧！

二

「神思」說是《文心雕龍》的又一重要理論問題。在《文心雕龍》的邏輯結構中，〈神思〉篇列爲下篇的第一篇，也顯示了其地位的重要性。所以，有的論者把《神思》篇視爲《文心雕龍》創作論的總綱，這是很有道理的。對於「神思」說的理論淵源，不少研究者已經做了富有成效的探索工作，揭示了一些重要的思想來源，認爲主要來自宋尹學派老莊、荀子以及佛學的影響。我認爲，這一切無疑都是正確的。但是，需要補充的是，要看到《淮南子》的影響及其所起的作用。

談到《淮南子》對於《文心雕龍》「神思」說的影響，我們不能不首先來看對「神思」概念的詮釋。何謂「神思」？這是《神思》篇所首先需要解決的問題。《文心雕龍》對此的回答是：「古人云：『形在江海之上，心存魏闕之下』，神思之謂也。」這裏所謂「古人云」，論者多認爲係指《莊子·讓王》中「中山公子牟謂瞻子曰：身在江海之上，心居乎魏闕之下，奈何？」這一段記載，這當然是言之成理的。但是，如果我們不僅着眼於詞句，而且要着眼於理論觀點的繼承從這一解度來考慮，似乎又不能排除《淮南子》直接影響的可能性。《俶眞訓》中有這樣一段話：

是故身處江海之上，而神游魏闕之下……

這與《神思》篇關於「神思」概念的解釋的那段話相比較，可以看出，不僅理論觀點而且在詞句本身都幾乎相同，這決非是偶然的。値得着重提出的是，在這段話中，《淮南子》直接運用了「神游」這一概念，這更可說明與《文心雕龍·神思》篇的直接聯繫。因爲《莊子·讓王》篇的主旨在於闡述重視生命、輕視利祿的人生哲學，莊子引用中山公子牟的話，只是用來說明有人重視利祿名位而輕視生命，就本身說並不具有文藝心理學的性質。而《淮南子·俶眞訓》中這段話已經完全不同。它的主旨已不在闡明人生哲學，而是在說明一種思維活動的方式，所以，它已經從屬於文藝心理學的範圍。從這個意義上，我們完全有理由說，從理論觀點繼承的角度着眼，與《神思》篇的關係更加密切的，恐怕是《淮南子·俶眞訓》而並非《莊子·讓王》篇。《莊子·讓王》篇的思想只有經過《淮南子》的改造，變爲文藝心理學的思想之後，才能成爲《文心雕龍·神思》篇的直接繼承對象。

其次，我們來看對於「神思」特徵的規定。《文心雕龍·神思》的篇批指是：

文之思也，其神遠矣。故寂然凝慮，思接千載；悄焉動容，視通萬里；吟咏之間，吐納珠玉之聲；眉睫之前，卷舒風雲之色；其思理之致乎？故思理為妙，神與物游。

這段話，除了指明作家的思維活動始終不脫離具體、感性的材料，並與感性之波緊密聯繫之外，主要揭示了「神思」的超時空性，它無遠不到，無高不至，有無比廣濶的活動範圍。如果我們追根溯源，可以知道，《淮南子》中已有類似觀點的表達。請看〈覽冥訓〉中的這段話：

夫目視鴻鵠之飛，耳聽琴瑟之聲，而心在雁門之間。一身之中，神之分離剖判；六合之內，一舉千萬里。

所謂「心在雁門之間」而「神之分離」，「一舉千萬里」等等正說的是思維活動的超時空性。雖然這段話並非專指作家的思維活動而言，但是應該說是包括作家的思維活動在內的。

值得注意的是，《淮南子》提到了「神之分離」問題。有的論者早就指出過「神思」學說是以形神分離的哲學觀爲其理論基礎的，並且例舉了莊子、玄學、佛學的諸種觀點來說明《文心雕龍》「神思」說產生的歷史背景，這無疑是十分正確的。我所要補充的是，《淮南子》的形神理論同樣應該成爲《文心雕龍》「神思」說的理論前提。只是《淮南子》的形神理論，與上述諸說多少有些不同。不同之一在於，它認爲構成人的生命的基本要素有形、神、氣三個方面，這是發前人所未發的。《原道訓》說：「形、神、氣志，各居其宜，以隨天地之所爲。夫形者，生之舍也；氣者，生之充也；神者，生之制也。」形指人的軀體，氣指運行於體內的物質，神指人的精神，這三大要素的提出，成爲人認識自身構造發展史上的重要里程碑。不同之二在於，它強調上述三者之間具有相互依賴、相互依存的一面。《原道訓》已指出：「一失位，則二者傷矣」，如果形、氣、神三者「失其所守之位」，必然產生「擧錯不能當，動靜不能中」的後果。但是，《淮南子》仍然認爲在三者之中「神」是處於支配地位的，《原道訓》說：「以神爲主者，形從而制；以形爲制者，神從而害」，《精神訓》也說：「心者形之主也，而神者心之室也」，這都強調了「神」的主導作用。「以神爲主」，本是一個正確的論斷，可是《淮南子》有時又把「神」的作用強調到不適當的地步，認爲活人的精神可以離開形體，死人的精神可以作爲一種精氣而永存。如《精神訓》說：「夫癩者趨不變，狂者形不虧，神將有所遠徙，孰暇知其所爲？故形有摩而神未嘗化者……化者復歸於無形也。不化者與天地俱生也。」《詮言訓》也談到：「萬乘之主卒，葬其骸於廣野之中，祀其鬼神於明堂之上，神貴於形也。」從承認形神相互依存到走向形神分離並信奉有神論，這是《淮南子》二元論傾向的必然結果。但是，正是因爲高度重視「神」的作用，卻對於文藝領域的「神思」說起到了某種催化作用。從從這個意義上，莊子、玄、佛的形神分離學說與《淮南子》的形神分離學說，都爲《文心雕龍》的〈神思〉說奠定了基礎。

最後，《淮南子》對《文心雕龍》「神思」理論的影響還表現在「虛靜」說上。《文心雕龍·神思篇》用「陶鈞文思，貴在虛靜」來說明虛靜的心理狀態，是神思活動展開的必備條件。因此，「虛靜」學說成爲「神思」理論中一個重要的內容。對於《文心雕龍》「虛靜」說的理論淵源，目前學術界見仁見智各有不同，較爲完善的說法是劉勰較多吸收了老莊的思想，同時又兼採儒、佛的學說。在這個問題上，我所持的觀點是：與其說《文心雕龍》直接吸收老莊的思想，不如說是通過《淮南子》來吸收道家思想，同時又兼採儒佛，似乎更加確切一些。這是因爲《淮南子》中包含有豐富的「虛靜」學說，它不可能不對《文心雕龍》發生影響。《淮南子》是從幾個不同層面來提出並論述「虛靜」思想的：有論「道」的本體的，如〈精神訓〉說：「夫靜漠者，神明之定也。虛無者，道之所居也。」〈俶眞訓〉也說，「虛無寂寞，蕭條霄雿。無有仿佛氣遂，而大通冥冥者也。」又說：「至道無爲」。這些說法把虛靜視爲「道」的特性和本來形態。有論人性的，如〈原道訓〉說：「人生而靜，天之性也。」〈俶眞訓〉說：「和愉安靜，性也。」〈人間訓〉說：「淸淨恬愉人之性也；儀表規矩，事之制也。」這些說法認爲，人性來自天道，天道自然無爲，人性亦應仿效。也有論精神修養的，如〈俶眞訓〉說：「若夫神無所掩，心無所載，通洞條達，恬漠無事，無所凝滯，虛寂以待。……此眞人之道也。」又說：「是故聖人之學也，欲以通性於初，而游心於虛也。達人之學也，欲以通性於遼廓。而覺於寂寞也。」在思想修養上，《淮南子》所以主張「貴虛」，提倡少欲寡求、排除雜念，好靜不動，反對感情上的激烈起伏，就因爲在他看來，「用也假之於弗用也」，「虛室生白，吉祥止也」(〈俶眞訓〉)。「用」卽是有和動，「弗用」卽是無和靜，《淮南子》主張有生於無，這就是對於「虛靜」的張揚。「白」，道也；「止」，止舍也。《淮南子》認爲，唯有保持寂寞、虛靜、平和的心理狀態，才能產生豐富深邃的思想，實現把握「道」的目的。這些盡管仍然主要從道德修養的角度着眼，可是其中所包含的思想卻又與創作原理相通，所以容易轉化爲文藝心理思想。需要特別提出的是，虛靜說經歷了一個由先秦時期的哲學觀到六朝時期的文藝思想學說的發展、演變過程，在這一轉折中《淮南子》起着重要的作用。這是因爲《淮南子》除上述幾個方面外，還直接談到了審美主體的能動性問題。它說：「夫載哀者，聞歌聲而泣。載樂者，見哭者而笑。哀可樂者，笑可哀者，載使然也。是故貴虛。」(〈齊俗訓〉)所謂「虛」者，無所載於哀樂也。這就提出了一個審美過程中主動與被動辯證統一的問題，在《淮南子》看來，愈是「虛」卽愈是被動，愈能「載」卽愈能發揮主動作用。《淮南子》的這種思想既爲《文心雕龍》在〈神思〉等篇中對藝術構思時作家心理過程的探討奠定了基礎，又爲《文心雕龍》在〈知音〉等篇中對文藝欣賞中讀者精微心態的考察創造了前提。《淮南子》承上啓下的歷史功績，是不容抹煞的。

三

文質統一觀是《文心雕龍》貫串全書的核心思想，不論是文體論還是創作論和批評論，都在強調文質炳煥即內容與形式的結合。劉勰在《徵聖》篇中把「志足而言文，情信而辭巧」視爲「含章之玉牒，秉文之金科」，又在〈序志〉篇中自述「下篇」的中心是「割情析采」，這一切都說明文質兼重是劉勰文學觀的基本內容。有的論者提出《文心雕龍》的理論體系是以「銜華佩實」爲核心，以研究物與性、性與言、言與物三種關係爲綱而組成，這是完全符合實際的。

對於《文心雕龍》文質統一觀的理論淵源，不少論者經過辛勤的探索，令人信服地指明了既有對於以孔子爲首的儒家思想的繼承，又有對於老莊爲代表的道家思想的吸收。這是正確的結論。不過，如果具體審視《文心雕龍》的理論來源，我們可以發現，對先秦時期，它主要繼承孔子的學說；對兩漢時期，它主要吸收《淮南子》、揚雄和王充的觀點。揚雄和王充的影響，因並非本文的任務，這裏暫且不作論述，下面着重介紹《淮南子》對《文心雕龍》的影響。

《文心雕龍》在〈徵聖〉、〈附會〉、〈封禪〉、〈風骨〉、〈體性〉、〈鎔裁〉、〈事類〉、〈隱秀〉等篇章中反復闡述了文質統一的道理，而〈情采〉篇的論述最具代表性。它說：「水性虛而淪漪結，木體實而花萼振，文附質也。虎豹無文，則鞹同犬羊，犀兕有皮，而色資丹漆，質待文也。」《文心雕龍》用「文附質」與「質待文」來說明文與質的必須結合，而反對兩者的分裂或對立。論思想淵源，這裏固然有孔子「文質彬彬，然後君子」的成份，但已未始不存在《淮南子》的理論影響。

《淮南子》整體說來也是主張文質統一的。〈俶眞訓〉說：「夫有病於內者必有色於外矣。」〈繆稱訓〉說：「文者所以接物，情繫於中而欲發外者也。以文滅情則失情，以情滅文則失文。文情理通，則鳳麟極矣。」《淮南子》認爲，病的「質」與病的「色」（「文」）是統一的，有其內必有其外，這是就各種事物的共同性而言的。單就文藝作品來說，《淮南子》既反對「以文滅情」，又反對「以情滅文」，而要求「文情理通」，這正是內容與形式兼善的主張。由此可見，《淮南子》與《文心雕龍》在這一問題上有着共同的思想傾向。

在文質統一的前提下，《文心雕龍》更加強調「質」的主導作用，主張內容決定形式。〈體性〉篇說：「情動而言形，理發而文生，蓋沿隱以至顯，因內而符外者也。」〈情采〉篇也說：「故情者，文之經；辭者，理之緯。經正而後緯成，理定而後辭暢，此立文之本源也。」正是堅持內容決定形式的原則，他肯定了「爲情造文」的正確方向，而反對「爲文造情」的錯誤傾向，對晉宋以來文學領域中所出現的「稍入輕綺」（〈明詩〉篇）、「率好詭巧」（〈定勢〉篇）等不良傾向進行了嚴肅的指責。這是《文心雕龍》的觀點。而實際上，《淮南子》早在《文心雕龍》之前就明確地表述了這樣的主張。它在〈本經訓〉中用「必有其質，乃爲之文」這一命題來強調內容的主導作用。在他看來，人具有喜怒哀樂等各種感情，這些感情需要通過一定的形式才能加以表達，因此，「鐘鼓管簫、干鏚羽旄，所以飾喜也；衰絰苴杖，哭踊有節，所以飾哀也；兵革羽旄、金鼓斧鉞，所以飾怒也。」〈主術訓〉也強調了「有充於內，而成像於外」的原則。這就是質決定文、內容決定形式的理論。

就質決定文、內容決定形式本身而言，儒家與道家持相同的觀點。不同之處在於對「質」的內涵理解有所區別。一般說來，儒家所說的「質」，指的是儒家之「道」，也就是它們所主張的仁義等倫理道德觀念；而道家所說的「質」，指的是文體的眞摯的感情。用這一事實來衡量《文心雕龍》的文質觀，我們可以看出，它受影響更多的不是儒家，而是道家，而在道家之間，我們不能排除《淮南子》所起的作用。《淮南子》「必有其質，乃爲之文」的命題中，就包含着持發眞摯感情的要求，在它看來，質對於文的決定作用就表現在「情發於中而形於外」。〈齊俗訓〉說：「且喜怒哀樂，有感而自然者也。故哭發之於口，涕之出於目，此皆憤於中而形於外者也。……故強哭者，雖病不哀；強親者，雖笑不和。情發於中而聲應於外。」〈脩務訓〉說：「夫歌者，樂之徵也；哭者，悲之效也。憤於中則應於外，故在所以感。」〈氾論訓〉說：「……及至韓娥、秦青、薛談之謳，侯同、曼聲之歌，憤於志，積於內，盈而發音，則莫不比於律，而自於人心。何則？中有本主，以定清濁，不受於外，而自爲儀表也。」〈覽冥訓〉也說：「昔雍門子以哭見於孟嘗君，已而陳辭通意，撫心發聲，孟嘗君爲之增欷歍唈，流涕狼戾不可止。精神形於內，而外諭哀於人心，此不傳之道。使俗人不得其君形者而效其容，必爲人笑。」〈泰族訓〉也說：「今夫〈雅〉、〈頌〉之聲，皆發於詞，本於情……」這些論述都表明，只有眞摯的感情發之於中，多種完善的形式才能應之於外。這就是質決定文的觀點。《文心雕龍》所表達的觀點與此十分接近。它也非常強調眞摯的感情對於文學創作的重要性。〈情采〉篇全文的主旨重在說明：「爲情而造文」與「爲文而造情」的區別在於，前者是「吟咏情性」，「約者寫眞」，因之是「有實性」的；而後者則是「采濫忽眞」，「眞宰弗存」，因之是「無其情」的。按照「情發於中而形於外」的規律，有什麼樣的感情必然會有什麼樣的表達方式。這也就是質決定文的觀點。

按照文質統一的觀點，《文心雕龍》也承認「文」卽形式的能動作用。就肯定「文」本身的能動作用而言，儒家與道家所持的觀點也是相同的。不同之處在於對於「文」的內涵的理解有所區別。一般說來，儒家所說的「文」多指人工雕琢之美，而道家所說的「文」多指不加文飾的天然之美。《淮南子》對於「文」的看法主要來自道家。〈說林訓〉說：「白玉不琢，美珠不文，質有餘也。」這是對天然之美的推崇。而對於人工雕琢之美，他持堅決反對的態度。〈詮言訓〉說：「故文勝則質揜，邪巧則正塞之也。」又說：「飾其外在傷其內，扶其情者害其神，見其文者蔽其質。」有人根據上述言論，得出《淮南子》否定《文》的能動作用的結論。這是一種誤解，實際上它只是對於脫離「質」的人工文飾的反對，而不是對於整個「文」的能動作用的否定。〈修務訓〉說：「今夫毛嬙、西施，天下之美人，若使之銜腐鼠，蒙蝟皮，衣豹裘，帶死蛇，則布衣韋帶之人，過者莫不左右睥睨而掩鼻。嘗試使之施芳澤，正娥眉，設笄珥，衣阿錫，曳齊紈，粉白黛黑，佩玉環，揄步，雜芝若，籠蒙目視，冶由笑，目流眺，口曾撓，奇牙出，酺酺搖，則雖王公大人有嚴志頡頏之行者，無不憚悇癢心而悅其色矣。」這就是說，毛嬙、西施論其「質」來說是「天下之美人」，但還必須「施芳澤，正娥眉，設笄珥，衣阿錫，雜芝若……」卽賦予某種「美」的形式，這樣才能使人「悅其色」，產生美感，否則便會「睥睨而掩鼻」卽給人以醜陋的感覺。《淮南子》這一番記述分明在肯定並強調「文」的能動作用。那麼，《文心雕龍》持何種觀點？前面雖經說過，《文心雕龍》所說的「文」有廣義與狹義之分。對於廣義的「文」，他持「文原於道」這一觀點，認爲「文」出於自然，不論是動物、植特還是花草、山川，其形、聲、色自然成文，「無待錦匠之奇，夫豈外飾，蓋自然耳」。對於狹義的「文」，他認爲除上述特性外還滲透人的性靈智慧，因此又發自人的情性。《詮賦》篇所說「原夫登高之旨，蓋睹物興情。情以物興……」以及〈神思〉篇所說「故思理爲妙，神與物游。神居胸臆，而志氣統其關鍵；物沿耳目，而辭令管其樞機……」，都提出了由物到情以及由情到文（言）的關係問題，闡明了文又來自人的情性的觀點。《文心雕龍》認爲，既然狹義的文發之於自然，本之於人的情性，因此它主張必須自然，而切忌造作；提倡本然，而反對雕琢。〈隱秀〉篇對此有專門的論述：「雕削取巧，雖美非秀矣。故自然會妙，譬卉木之耀英華；潤色取美，譬繒帛之染朱綠。朱綠染繒，深而繁鮮；英華曜樹，淺而煒燁」。它提倡「自然會妙」而反對「雕削取巧」的態度是十分明確的。對於《文心雕龍》的這一觀點，我們同樣需全面地去理解：它所反對的只是刻意追求雕琢之「文」，而並不否定「文」的能動作用。〈情采〉篇說：「夫鉛黛所以飾容，而盼倩生於淑姿；文采所以飾言，而辯麗本於情性。」《文心雕龍》的這段話告訴我們：「飾容」和「飾言」是必要的，但必須基於「淑姿」和「情性」，離開了這一前提的各種修飾是應該反對的。應該懂得「聯辭結采，將欲明理」，只有「理正而後摛藻」，「使文不滅質」，這才是正確的做法。〈詮賦〉篇明確提出「詞必巧麗」的主張，這是對「文」的能動作用的高度肯定，但是它緊接着就提出應該做到「麗詞雅義，符采相勝」。這就是說：沒有文采不成美文，但是沒有雅義也難以顯出詞采之美。這實際又在闡明文質統一的觀點。這就是

《文心雕龍》的觀點。比較《淮南子》和《文心雕龍》，我們可以發現，兩者在思想縱向、行文邏輯等方面，是何等的相似！這難道是偶然的嗎？

四

《文心雕龍》作爲一部體大慮周，具有嚴整體系的理論巨著，之所以能夠取得超越前賢的重大成就，我想，自覺的方法論意識是十分重要的原因之一。從某種意義上甚至可以說，《文心雕龍》對傳統理論所實現的重大突破，首先是方法論的勝利。因此，一些論者十分重視對於《文心雕龍》方法論的研究，這是容易理解的。論者已經注意到了蘊含於《周易》、《老子》、《莊子》等典籍中的儒、道、玄諸家的樸素辯證法，是《文心雕龍》方法論的基礎，筆者自己也寫過《從方法論看〈周易〉對〈文心雕龍〉的影響》一文，對於《周易》在方法論上對《文心雕龍》的影響問題，做過一些具體的分析。但是，我認爲，過去對於《淮南子》在方法論上給予《文心雕龍》直接的影響問題，似乎注意不夠。實際上，《淮南子》所蘊含的辯證方法十分突出，《要略》篇對全書的方法論有理論上的說明，由此可見，它具有高度自覺的方法論意識。如果我們把《淮南子》與《文心雕龍》的方法論進行對照研究，不難發現內在的淵源關係。它們共同運用的方法論，主要是下列幾個方面。

第一、執本統末

主張把事物區分爲本與末即本質與現象、整體與局部、主要與次要，然後着眼於本質、整體與主要方面，對事物進行整體判斷與總體考察，是《淮南子》與《文心雕龍》方法論上的共同特色之一。

《淮南子》十分強調本末之分，主張執本以統末。《説林訓》説：「觀本而知末，觀技而睹歸，執一而應萬，握要而治詳，謂之術。」〈泰族訓〉説：「夫守一隅而遺萬方，取一物而棄其餘，則所得者鮮，而所治者淺矣。」《要略》篇説：「總萬方之指，而歸之一本……」，又説：「理萬物，應變化，通殊類，非循一迹之路，守一隅之指。」〈兵略訓〉説：「今夫天下皆知事治其末，而莫知務脩其本，釋其根而樹其枝也。」〈氾論訓〉也主張要用「以近喻遠」、「以小知大」、「觀小節知大體」的方法。〈要略〉篇甚至説「能得本知末者，其唯聖人也」，由此足見對此種方法的高度重視。

《文心雕龍》的方法論與此一脈相承，它的重要特點也在於執正統末，即着眼整體，注重總體考察，運用的是整體思維，正因爲如此，他認得前賢文論著作存在「各照隅隙，鮮觀衢路」的問題；也看到玄學的貴有派與貴無派，「徒鋭偏得，莫詣正理」，由於各執一端，不能認識眞理；於是，明確提出了「擘肌分理，唯務折衷」（以上均見〈序志〉篇）的方法論綱領，作爲全書的指導思想。在〈知音〉篇，他也明確反對「各執一隅之得，欲擬萬端之學」的做法。「務先大體，鑒必窮源，乘一總萬，舉要治繁」，〈總術〉論的這段話雖然是作爲寫作原則而提出的，但是也未始不可把它視爲《文心雕龍》全書的方法論基礎。

《文心雕龍》執本統末、注重整體的首要表現，當然在於從「道」即宇宙整體出發來考察並揭示「文」的本質特點。在它看來，「文」不僅以「道」爲本質，而且要以表現「道」爲自己的本質。

《文心雕龍》這一本體論觀點的提出，完全是整體思維的產物。

《文心雕龍》執正統末、注重整體，還具體表現爲重視對事物作多側面的分析，堅持對立面統一原則。《定勢》篇在談到奇正關係時說：「然淵乎文者，並總群勢；奇正雖反，必兼解以俱通，剛柔雖殊，必隨時而適用」，這「並總群勢」及「兼解以俱通」的要求，正是執正統末方法論的一種表現。《文心雕龍》全書深入探討了諸如文與質、華與實、奇與正、情與采、事與義、神與物、意與言、雅與俗、風與骨等關係，避免了「守一隅而遺萬方，取一物而棄其餘」的弊病，做到了對事物的全面考察，因此立論顯得辯證而穩妥。

《文心雕龍》執正統末、注重整體的方法論，還表現爲透過現象抓取本質以及在多種聯繫之中理出基本線索。《文心雕龍》不止一次地強調此種方法，稱之爲「貴乎體要」（〈序志〉）、「治繁總要」（〈奏啓〉）、「貴乎精要」（《書記》）、「務總綱領」（〈附會〉）、「宜撮綱要」（〈諸子〉）等等。《文心雕龍》在《序志》篇中自述，在全書之首安排〈原道〉、〈徵聖〉、〈宗經〉、〈正緯〉、〈辨騷〉等五篇「文之樞紐」，是「綱領論」的做法；同時，又用《序志》來「以馭群篇」；這一切都是執正統末的要求。《文心雕龍》對於各種具體問題的論述，也都體現了「體要」的原則。

第二、原始要終

鋪觀列代，追源溯流，考察事物發展、演化的全過程，探求其中的規律性內涵，也是《淮南子》與《文心雕龍》方法論的共同特色。

《淮南子》曾對此反覆予以強調。〈詮言訓〉說：「水出於山而入於海，稼生於野而藏於廩，見所始則知終矣。」《泰族訓》說：「聖王之設教也，必察其終始……觀其源而知其流……」〈要略〉在總結本書的方法論時，也把「以觀終始」列爲重要的方法之一。「原始與終」的方法就淵源說來自《周易》，〈繫辭〉曾說過：「《易》之爲書也，原始要終以爲質也。」這是對「原始要終」方法的最早說明。《淮南子》的方法論無疑有吸收《周易》之處，但它畢竟不是建立在以道家思想爲主幹的基礎之上的，因此，已與《周易》有所不同。《文心雕龍》的「原始要終」，很有可能是經過《淮南子》的中介而接受《周易》影響的。

「原始表末」是《文心雕龍》是串全書的一個重要方法。不少篇章反覆強調了對此種方法的運用。《史傳》篇說：「丘明同時，實得微言，乃原始要終，則爲傳體。」〈附會〉篇說：「原始要終，疏條布葉。」《章句》篇說：「尋《詩》人擬喻，雖斷章取義，然章句在篇，如繭之抽緒，原始要終，體必鱗次。」《時序》篇說，「故知文變染乎世情，興廢繫乎時序，原始以要終，雖百世可知也。」《文心雕龍》不論是文體論還是創作論、批評論都用這一方法來進行論述。

文體論部份是《文心雕龍》運用「原始要終」的範例。作者在〈序志〉篇中曾自述這一部份的寫作原則及寫作方法是：「原始以表末，釋名以章義，選文以定篇，敷理以舉統」，由此可見，「原始以表末」是「敷理以舉統」的基礎，考察某種文體的產生及其演變成爲《文心雕龍》文體論的主體。〈明詩〉篇通過追溯詩歌由四言至五言、六言的發展，揭示出各個時代文學作品思想、藝術的不同特色，由此得出結論：「故鋪觀列代，而情變之數可鑒，撮舉同異，而綱領之要可明矣。」〈詮賦〉篇對賦體的探討，始於「蓋別詩之原始，命賦之厥初」，然後，「討其源流」，敍述了從先秦至漢代賦體的發展、變化。在經過這一番歷史的考察之後，才「敷理以舉統」，指出：「文雖新而有質，色雖糅而有本，此立賦之大體也。」人們公認《文心雕龍》的文體論具有各種文體簡明發展史的性質，這與它運用「原始要終」的方式是直接有關的。

《文心雕龍》的創作論，同樣的「原始要終」爲其方法論基礎。〈神思〉篇居創作論之首，具有總綱的性質，它論創作時說：「故思理爲妙，神與物游。神居胸臆，而志氣統其關鍵，物沿耳目，而辭令管其樞機。樞機方通，則物無隱貌，關鍵將塞，則神有遯心。……是以意授於思，言授於意；密則無際，疏則千里。」這段話論及文學創作全過中程物、情、言三種因素之間的關係，而且勾勒了由物到情、由情到言的發展歷程。創作論的其它篇章都是這一過程的具體表現，如：〈體性〉篇從「情動而言形」、「因內而符外」的原理來論述作家個性與作品風格的關係；〈定勢〉篇揭示了「因情立體，即體成勢」的內在規律。這一切都說明《文心雕龍》對於創作規律的揭示是與對創作過程的考察緊密相連的。歷史主義正是它的顯著特色。

《文心雕龍》的批評論，也貫串了「原始要終」的方法與原則。按照〈序志〉篇的說法，《文心雕龍》的下篇包括創作論與批評論兩大部份，首先是「剖性析采」的創作論，緊接創作論之後的是從〈時序〉到〈程器〉的五篇批評論。由文學創作到文學批評，這一論述順序本身就體現了事物的發展過程，顯示了「原始要終」的原則。《知音》篇是對於文學批評態度、步驟等各種具體問題的探討，在這裏，根據「沿波討原」的方法，明確區分了「綴文者情動而辭發」與「觀文者披文以入情」的不同，指出：創作的規律是由內到外，而批評的規律則是由外到內。所謂由外到內，就是從分析作品形式諸因素入手去了解作品的內容。按照批評的過程來說，這也是體現了事物由產生到發展的演變歷程的，毫無疑問，這中間也有「原始要終」的思想存在。

第三、辨別同異

運用比較的方法，把局部與整體聯繫起來進行考察，分析事物的共同性與個別性，辨明同中之異以及異中之同，也是《淮南子》與《文心雕龍》共同具有的方法論。

《淮南子》在〈要略〉篇中明確指明要「通同異之理」。事物總是既有共同性又有個別性，在《淮南子》看來，只有既看到前者又看到後者，才能正確認識事物。事物總有共同性的一面，因此，「佳人不同體，美人不同面，而皆說（悅）於目」（〈說林訓〉）；事物之間也總是有所區別的，因此，「以水和水不可食，一統之想不可聽」（〈說林訓〉），「故同不可相治，必待異而後成」（〈說山訓〉）。《淮南子》告訴我們，對於事物的認識尤其要分辨同中之異及異中之同。「湯放其主而有榮名，崔杼弒其君而被大謗，所爲之則同，其所以爲之則異」，「柳下惠見飴，日可以養老；盜跖見飴，日可以黏牡，見物同，而用之異。」（〈說林訓〉）《淮南子》對於事物的分析分明運用的是辨別同異的方法。

《文心雕龍》也是運用異同法著稱的。〈明詩〉篇說：「撮舉同異，而綱領之要可明矣。」這裏明

《淮南子》與《文心雕龍》

確是把「撮舉同異」作爲重要的方法論原則而提出的。我在一九八四年十一月上海舉行的中日學者《文心雕龍》學術討論會上提到的論文《論〈文心雕龍〉的系統觀念和系統方法》中已經對貫串《文心雕龍》全書的「撮舉同異」論做過分析。在那篇文章中，我曾經說過，〈序志〉篇所說的「囿別區分」，正是一種同中求異法，是運用分析和演繹，着重認識事物與事物以及事物內部各組成部份之間的區別的。例如，在〈辨騷〉篇中，劉勰把《楚辭》與《詩經》相比較，指出：《楚辭》的「典誥之體」、「規諷之旨」、「比興之義」、「忠怨之辭」這四個方面是「同於風雅者也」，而其「詭異之辭」、「譎怪之談」、「狷狹之志」、「荒淫之意」這四個方面又是「異乎經典者也」。《文心雕龍》通過比較，辨別了《詩經》與《楚辭》的同中之異，揭示了《楚辭》思想、藝術上獨具的特色。

而〈雜文〉篇所說的「類聚有貫」、〈序志〉篇所說的「彌綸羣言」，正是一種異中求同法，是運用綜合和歸納，着重認識事物與事物以及事物內部各組成部份之間的聯繫，從而把握整體特徵的。例如，在〈論說〉篇中，劉勰用「議者宜言，說者說語，傳者轉師，注者主解，贊者明意，評者平理，序者次事，引者胤辭」這段話，分別論述了「議」、「說」、「傳」、「注」、「贊」、「評」、「序」、「引」等八種文體各自的寫作特點。然而，劉勰在看到各種文體的特殊性時，並未忽視其整體上的共同特徵，因此，他說「八名區分，一揆宗論」，指出其共同特徵是「彌綸羣言，而研精一理者也」。又如，在〈序志〉篇中，劉勰對於前代的理論著作曾一一指出它們各自存在的問題：「魏〈典〉密而不周，陳〈書〉辯而無當，應《論》華而疏略，陸〈賦〉巧而碎亂，《流別》精而少巧，〈翰林〉淺而寡要」。

在此基礎之上，劉勰又概括出它們的共同性問題，這就是：「各照隅隙，鮮觀衢路」，「未能振葉以尋根，觀瀾而索源」。這一切，無疑都是異中求同法。

經過上述幾個方面粗略的考察，我們不難看出：《淮南子》與《文心雕龍》在理論觀點及思維方式上都有很多相同之處。這充分說明《淮南子》這部融合儒道的著作曾經給予《文心雕龍》以重大而直接的影響。確認這一事實無非是爲了說明《文心雕龍》作爲一部體系完整、規模宏偉的巨著，其理論淵源是各方面的，而不是單一的。我們理應從事實出發，對曾經給予《文心雕龍》影響的前代著作，給予認眞而仔細的分析，這樣才能做到還歷史的本來面目。我的一些淺見是否能夠成立，有待專家的指正。

一九九一年四月二十日—五月二十日
廣東汕頭—日本福岡

《文心雕龍》和《詩品》比較札記

——其文學獨立的思想基礎——

甲斐勝二

《梁書·徐摛傳》曰：

（徐摛）幼而好學，及長，遍覽經史。屬文好爲新變，不拘舊體。……摛文體既別春坊盡學之，宮體之號，自斯而起。高祖聞之怒，召摛加讓，及見，應對明敏，辭義可觀，高祖意釋。因問五經大義，次問歷代史及百家雜說，末論釋教。摛商較縱橫，應答如響，高祖甚加歎異，更被親狎，寵遇日隆。……中大通三年，遂出爲新安太守。至郡，爲治淸靜，教民禮義，勸課農桑，期月之中，風俗便改。

上段記述，可以看作蕭綱《戒當陽公書》中所謂「立身之道，與文章異。立身先須謹重，文章且須放蕩」的一個實例，牠說明當時的文學創作已經離開了政治倫理的束縛。魏晉以來，文學的地位漸趨提高，至劉宋時代，或許可以說在社會上已獲得了和儒學並駕齊驅的地位。所以有位先生便認爲這時文學獲得了獨立①。不過，我們用「獨立」兩個字時，似還應該愼重。所謂「獨立」，筆者以爲是離開其他的標準，具有獨自的組織體系②。在南朝，特別是齊梁時代，文學批評曾出現過一個高峰，所以我們可以說，這一時期對文學的獨立，具有很多理論上的貢獻，從魏晉時代開始的文學「自覺」，至此眞正進入了完成期。筆者在這篇短文裏，擬就當時的兩種文論——劉勰《文心雕龍》和鍾嶸《詩品》——對這一問題的看法，加以比較，借以說明這兩部理論著作在「文學獨立」觀上的區別。關於《文心雕龍》和《詩品》的文學觀的異同，學術界已經有了比較詳細的研究③。不過，兩者對文學的看法在當時社會思想中占有怎樣的地位，這個方面的比較研究，至今好像還沒見到。而實際上，這一問題的研討，對於了解當時的文學理論怎樣處理文學和社會的關係，是十分必要的。牠對我們研究唐代以後的文學理論，想必也有很大的參考價値。

一

討論這個問題之前，應當先述一下當時文人社會思想的大概情況。筆者以爲，離開當時的社會條件，所謂獨立也就無從談起，因爲文學的獨立只有在其社會思想中得到確認才能夠成立。例如，我們社會裏有很多種自成體系而獨立的社會文化活動，這些活動如果失掉了社會的支持和認可，便不能成立。

先討論一下當時文人社會的基本思想什麼。筆者以爲，當時雖然玄學、老莊、佛學思想十分流行，可是這種現象大都限於個別文人的志向和趣味，而整個社會的基本思想，仍是儒學爲主導。下面略舉幾點。

第一、從《宋書·禮志》、《南齊書·禮志》等來看，朝廷內有關兼禮的議論中，一般不會出現老莊和佛典的記述，而他們只用有關儒學的書，主要是用五經來討論。對此，反倒在私人家訓裏能看見言及老莊等有關玄學的書。齊王僧虔《誡子書》曰：

汝開《老子》卷頭五尺許，未知輔嗣何所道，平叔何所說，馬鄭何所異，指例何所明，而便盛於麈尾，自呼談士，此最險事設令袁令命汝言易，謝中書挑汝言莊，張吳興叩汝言老，端可復言未嘗看邪，談故如謝，前人得破，後人應解，不解卽輸賭矣。且論注百氏，荊州八袠，又才性四本，聲無哀樂，皆言家口實，如客至之有設也。

這現象，說明玄談中多有比賽個人才智的因素，好像還沒有超出個人的交流領域而進入治理國家的範圍。佛學的情況也和玄學一樣。梁武帝晚年的確信佛，但是他又置過五經博士，大興儒學。雖然國家制度被影響和改變，但他基本上是崇奉治理國家的儒家思想。因爲他晚年經常講佛典，他是一般在寺廟或重雲殿宣講④，而不是設在朝廷大堂內講授，他並且在宮殿裏立士林館讓儒者虞荔當館長。

第二、當時一般文人的教育，是首先學完小學，然後再學習《孝經》、《論語》等儒學經典。魏代玄學之士鍾會談到自己的幼時教育曰：

年四歲授孝經，七歲誦論語，八歲誦詩，十歲誦尚書，十一歲誦易，十二誦春秋左氏傳、國語，十三誦周禮、禮記，十四誦成侯易記。

以後他「涉歷衆書，特好易，老子。」⑤

宋、齊、梁代個人傳記中經常出現「幾歲通《孝經》、《論語》」的記錄，甚至有「七歲讀五經，略知大旨」⑥，而且《顏氏家訓・勉學篇》言及當時子弟教育曰：「士大夫子弟，數歲已上莫不被教，多者或至禮、傳，少者不失論」。筆者以爲，齊梁時代的幼年教育方法，大概和魏代差不多。也就是說，喜歡玄學、老莊、佛學的文人，一般是先學好幾種儒學經典，此後再開始學習玄學、佛學等其他學術。

第三、在當時的隱者之中也有相當喜歡儒學的人。例如，明僧紹、顧歡、臧榮緒等。這個現象說明，儒學不僅在朝廷具有指導意義，而且在一般文人思想中也占着很重要的地位。所以，從學術的觀點來看，朝士王儉編的學術圖書目錄《七志》和隱士阮孝緒編的目錄《七錄》具有同樣的意義，因爲二者都是把儒學經典，特別是五經，放在第一位。這不只是襲用漢劉歆《七略》的體例，並且說明當時人們對學術的一般公認性的看法。

如果上述理由能夠成立，那麼可以說當時社會中儒學仍然占有相當重要的地位。特別是當時仍爲封建社會，皇帝的權力雖然比漢代低些，但指導朝廷的基本思想還是儒學，而不是玄學和佛學。所以，南朝不少皇帝都立五經博士，立學館。宋代初次立文學館時，第一位就是儒學館。這是因爲如上所述當時一般文人幼年學過儒學經典，此外在仕宦爲上的士人社會，除了隱逸以外，他們又似不容易離開朝廷，那麼這便難怪他們的思想中一般占居最正統地位的就是儒學。因此，雖然當時專門研究儒學的人並不太多，可是，筆者以爲，儒學在當時社會中已經獲得了作爲其基本思想的地位。然而，我們要注意的是，這時儒學思想的支配力量又與漢代不完全一樣。相對而言，此時對個人的約束力不算太嚴，並且離開政治社會而限於個人交流領域其思想相當自由，而且其交流中有着各自獨特的評價標準。王僧虔〈戒子書〉又曰：

或有身經三公，蔑爾無聞，布衣寒素，卿相屈體，或父子貴賤，兄弟聲名異，何也，體盡讀數百卷書耳。

這段文章說明，當時有了按着個人的才智評價的風氣。所以玄談也可以能流行。

總之，筆者以爲當時文人社會中，特別是在朝廷，儒學還占有基本思想教義的地位，而在個人交流領域中則又可相當自由地談玄學，信佛教。

二

在這一情況下，《文心雕龍》和《詩品》的文學理論，特別是其文學獨立的思想基礎在當時占有怎樣的地位呢。

《文心雕龍》文學獨立的基礎大概有兩種，第一是其「道」代表的所謂「自然」，第二是從「道」導出來的五經。第一個「道」，究竟屬於什麼思想，這個問題現在暫且不論，在此我們只注意其作用。這「道」的作用，簡單地說就是確保文章華美的修辭性。〈原道〉曰：

傍及萬品，動植皆文，龍鳳以藻繪呈瑞，虎豹以炳蔚凝，雲霞雕色，有踰畫工之妙，草木賁華，無待錦匠之奇，夫豈外飾，蓋自然耳。至於林籟結響，調如竽瑟泉石激韻，和若球鍠，故形立則章成矣，聲發則文生矣。夫以無識之物，鬱然有彩，有心之器，其無文歟。

這裏的「文」，都是形體之美、聲音之美。劉勰很重視當時流行的麗文及其修辭技法，並且當他講到具體修辭技法時，經常利用「自然」的法則來解釋。例如，《聲律》曰：「夫音律所始，本於人聲者也。聲含宮商，肇自血氣，先王因之，以制樂歌」。《麗辭》曰：「造化賦形，支體必雙，神理爲用，事不孤立。夫心生文辭，運裁百慮，高下相須，自然成對。」第二個從「道」導出來的五經，保證了文章的內容和整體構成。〈宗經〉曰：

故文能宗經，體有六義，一則情深而不詭，二則風清而不雜，三則事信而不誕，四則義直而不回，五則體約而不蕪，六則文麗而不淫。

劉勰在開頭五篇所謂「文之樞紐」裏巧妙地把修辭和內容二者聯繫起來，主張質和文的統一，卽要求「文質彬彬」。不過，劉勰雖然很重視修辭性，但他理論的根基則可以說還是儒家的五經。因爲他把當時有關的文體滙合起來，都維繫在五經之下，他講寫作的方法時，也主要是依據「宗經」的原則，並不是無條件地許可麗文。〈辨騷〉中對楚辭的批評，便從這一標準出發的。劉勰的這種宗經思想，我們可以說體現了一種時代的共識，他是站在當時這種共識的基本思想上來討論文學的。事實上，當時五言詩已非常流行，而一般情況下作四言詩的人並不多。劉勰卻在〈明詩〉主張「四言正體」、「五言流調」。但是，那種出現在朝廷中的郊廟歌，大致用四言寫成。皇太子釋奠時，文人應詔的詩都是四言詩。所以，筆者以爲，在一般正式的儀典，四言詩在社會中仍然保持其正統的地位。劉勰批評用語中「奇」字的用法，也可以從這方面來解釋。有位先生說過：「劉勰在論奇時，注意以雅正的儒家經典文風來約束奇，所謂「執正馭奇」(〈定勢〉)，他認爲逐奇失正，文風就流於奇詭。」⑦並且這種宗經思想使《文心雕龍》帶有很強的政治性。

對此，《詩品》的詩論雖然也很重視《詩經》，但卻沒有劉勰那樣濃厚的宗經思想。鍾嶸第一次講詩的產生時，引用了〈毛詩序〉的看法，同時他重視《詩經》派的詩人，所以這就難免他有些地方對詩歌諷諫功用有較高的評價。可是從整體來看，他的審美標準及其形成的基礎大致不超出個人趣味。鍾嶸《詩品序》講到詩的產生時說：

氣之動物，物之感人，故搖蕩性情，形諸舞詠，照燭三才，暉麗萬有，靈祇待之以致饗，幽微藉之以昭告，動天地，感鬼神，莫近於詩。

這好像是爲後面強調諷諫作用作準備。可是，當他談及〈毛傳〉所謂興、比、賦時，卻曰：

宏斯三義，酌而用之，幹之以風力，潤之以丹彩，味之者無極，聞之者動心，是詩之致也。

這種感動與詩歌諷諫作用又似乎沒有多少關聯。論其效用時還說：

凡斯種種，感蕩心靈，非陳詩何以展其義，非長歌何以騁其情，故曰：「詩可以羣，可以怨」，使窮賤易安，幽居靡悶，莫尚於詩矣。

這裏引用了《論語・陽貨》中的話，可是「可以羣，可以怨」的理由，似不是何晏集解所云「羣居相切，怨刺上政。」而是「使窮賤易安，幽居靡悶。」這說明，對鍾嶸來說，詩的最重要的功能，就是使人愉悅或寬慰。鍾嶸專門選錄五言詩而不選四言詩，其目的正是出於讓人高興這一目的而考慮的。鍾嶸評價五言詩的滋味時曰：

夫四言，文約意廣，取效風騷，便可多得。每苦文繁而意少，故世罕習焉。五言居文詞之要，是衆作之有滋味者也，故云會於流俗。

鍾嶸好像知道五言的正統性不如四言詩，但他卻選擇了讓一般人高興的五言詩，這是頗具意義的。其「會於流俗」句，說明鍾嶸不是立足於朝廷那種大雅之堂論詩，而是著眼在一般人的情感趣味上評詩。對此我們一看他作《詩品》的動機便很清楚了。他說：

今之士俗，斯風熾矣。纔能勝衣，甫就小學，必甘心而馳騖焉。於是庸音雜體，人各為容。……觀王公搢紳之士，每博論之餘，何嘗不以詩為口實，隨其嗜欲，商榷不同，淄澠並泛，朱紫相奪，喧議競起準的無依。近彭城劉士章疾其淆亂，欲為當世詩品，口陳標榜，其文未遂，感而作焉。

這段文章說明，鍾嶸《詩品》是爲當時愛好五言詩者解決評價問題而作，所以他在《詩品》中不強調由來已久的政治諷諫性的詩論傳統。鍾嶸這種看法，在其評語中也能看出。如對「奇」字的用法，有位先生便說：「《詩品》所謂奇，比較單純，只有肯定義的，指體製風貌、用詞造句上的奇特不凡。《詩品》的奇，有時稱爲警策，與平庸、平鈍的詩風相對立。」⑧這種用法和劉勰把「奇、正」作對的用法便不太一樣，這種不同，筆者以爲是從兩個人的立論基礎的差異而來的，卽劉勰是站在社會教義方面來用「奇」字，而鍾嶸則是站在個人與趣方面來用「奇」字。所以鍾嶸用「平」字來批評那些不能讓人高與的表現。另在「怨」字上也可看出這種用意。鍾嶸的評語中這箇「怨」字占有很重要的地位。其「怨」字含義大致表現在對個人憤激之情方面的評價，而向社會諷諌的內容並不太多。有位先生說過：「他所肯定的怨情，如上文所說，內容也是比較廣泛的，怨刺時政的僅佔少數，在思想內容要求上與漢儒有所區別⑨。對此，劉勰用「怨」字時，經常帶有諷刺性。《文心雕龍、明詩》曰：「太康敗德，五子咸怨，順美匡惡，其來久矣」，又曰：「逮楚國諷怨，則離騷爲刺」。這種不同也是從兩個人的立論基礎的差異而來的。

總之，鍾嶸《詩品》詩論形成的基礎，是在當時一般個人的自然情感方面，而不是在經典所講的政治思想上，而且其對象是一般五言詩的愛好者。所以鍾嶸在評價時，分爲上中下品只論其藝術上的成就⑩。這一點便和《文心雕龍》所體現的濃厚的宗經思想形成鮮明的對照。這種不同，是由他們理論立脚點的差異而產生的。

三

如上所述，齊梁之時，雖然文人社會，特別是朝廷內的指導思想還是儒學，但在人們交際領域則另有評價個人才智的風氣。學術是其一，另還有棋、書、畫等方面。所以當時時編輯過《棋品》、

《書品》、《古畫品錄》等，以評價其人的才能。當時文壇領袖沈約晚年就談過：「天下唯有文義、棋、書」⑪。這句話說明棋和書的地位與文義（學問）具有同等的價值。難怪不少傳記中經常可以看見「棋幾品」，「善隸書」等記載。鍾嶸也對評詩的方法曰：

> 昔九品論人，七略裁士，校以賓實，誠多未值，至若詩之為技，較爾可知，以類推之，殆均博奕。

這裏的「博奕」實際和「奕棋」意思差不多⑫。由此可見，鍾嶸把評詩放在與棋同樣的地位。棋同是讓人高興的一種藝術活動。因而，這種比較也是很自然的⑬。在這種個人的興趣比較自由廣泛的情況下，鍾嶸提出的詩論主張，當然具有比較穩固的立脚點。愛好五言詩者看〈詩品序〉，肯定都相信五言詩的合理性。這可以說是主張文學獨立的一種方法。相比之下，劉勰採取的文學獨立的方法則顯得很古老，好像不如鍾嶸。所以有位先生說過：「鍾嶸《詩品》問世之前，沒有脫離儒家經學的專門詩學。……待到鍾嶸的《詩品》問世，才使詩學脫離經學的獨立，才提出了粗具規模的純文學性的詩學」。⑭可是，筆者以爲，這是經過個人解放運動後的觀念，而在當時社會中，鍾嶸看法的立脚點則主要在個人興趣方面，有著容易使詩文創作脫離社會現實而囿於個人小天地的可能。這對以詩諷上的文人來說，等於放棄《詩經》的固有傳統，把詩看作「棋」一樣的玩戲物。試看最初引用的徐摛傳，徐摛的處世理論和作詩理論並不一致。高祖重視他的原因，不是因他有宮體詩的才能，而是他有從五經直至佛學的學問。武帝認爲他爲朝廷效力，因而對他格外寵愛。這說明，當時詩文雖然離開了政治倫理，但其地位，對朝廷文人，不過是一種玩物而已，好像與治理國家沒有什麼大的關係。對此，鍾嶸或許是有意要站在個人情性的立場，用《詩經》、《楚辭》的傳統，作一箇歷代五言詩批評的體系，可是，到頭來卻限於一箇很小的世界⑮。劉勰的理論看去雖然很古老，但是，筆者以爲，這正是在當時社會中賦予文學以獨立地位的最有效的方法。其理論觀點，雖然有輔助封建社會之嫌，可是這種缺點在當時社會很難避免，因爲那時個人思想還沒有戰勝社會教義的力量，而其社會基本教義是儒教。我們所要重視的是，其中對社會責任感，自覺性的強調，和引入「道」的概念以彌補了五經中不易見到的修辭特點，例如聲音之美，描寫之美等。

繼劉勰和鍾嶸之後，特別是到了明代，隨著思想和經濟的發展，重視個人性情的思想經常與社會教義發生衝突，個性解放的文學理論中，當然出現向社會教義挑戰並試圖改善社會教義的主張。不過，筆者以爲，在此之前，爲了超出個人與趣的小圈子並獲得一般社會的承認，除了傳統儒學立場外，很難有別的方法。

比較《文心雕龍》和《詩品》的學者歷來比較多，不過，管見所及，不少學者似乎還沒有考慮到上面的差別，而簡單地把二書放在文論的立場研究。這種研究法雖然取得了不少成就，給我們許多有意的啓示，但如果沒有考慮到其在社會思想中的地位，似乎也很難得到正確的理解。

比較這二部文論著作時，有一箇差異我們還應該注意到，即《文心雕龍》可以稱爲《文術精說》的創作論⑯，而《詩品》則是詩歌鑑賞評價論。嚴格地說，創作論和鑑賞評價論是兩箇方面，不可混爲一談。盡管如此，上述看法似乎仍有一定的道理。在論述過程中，難免要出現一些差錯，但願以此作爲一種嘗試。

（一九九一、六、二）

注

①《中國文學理論史》（蔡鍾翔、黃保眞、成復旺著，北京出版社一九八七）篇二編魏晉南北朝概述：「南朝的歷代皇帝也都看重文人和文學。宋文帝立儒、玄、史、文四館，宋明帝立總明觀，分儒、道、文、史、陰陽五部。從此文學得了與儒學平起平坐的獨立地位。」又參考《中國文學思想史》（青木正兒著，孟慶文譯，春風文藝出版社一九八八）中古文藝至上時代，二南北朝修辭主義項。

②還有一箇經濟上的問題，但現在暫且不提。

③參考《文心雕龍》與《詩品》在文學觀上的對立（興膳宏，《日本研究《文心雕龍》論文集》所收、齊魯書社一九八三），劉勰與鍾嶸文學觀「對立說」商榷（鄔國平，《文藝理論研究一九八四—三》所收），劉勰和鍾嶸文學批評方法的比較（譚帆，《學術月刊一九八五—四》所收），《魏晉南北朝文學批評史》（王運熙、楊明著，上海古籍出版社一九八九—六）第四章第五節鍾嶸詩論與劉勰詩論的比較，等等。

④《南史、梁本紀》曰：「中大通元年六月，都下疫甚，帝於重雲殿爲百姓設救苦齋，以身爲禱。」《法苑珠林・敬佛篇、觀佛部、感應緣》云：梁祖登極之後，崇重佛教，廢絕老宗，每引高僧，談敍幽旨，又造等身金銀兩軀，於重雲殿，晨夕禮事。」筆者以爲，重雲殿是武帝個人講佛教的宮殿。

⑤《三國志、魏書、鍾會傳》裴松之注引其《母傳》。

⑥《南史、顧野王傳》。又《梁書、昭明太子傳》曰：「太子生而聰叡，三歲受孝經、論語，五歲遍讀五經，悉能諷誦。」

⑦《魏晉南北朝文學批評史》第四章鍾嶸《詩品》第五節鍾嶸詩論與劉勰詩論比較。

⑧同上。

⑨同上書第四章第二節論詩歌的特徵和思想藝術標準。

⑩參考同上書第四章第三節論歷代五言詩。

⑪《梁書、朱異傳》曰：（朱異）既長，乃折節從師，遍治五經，尤明禮、易，涉獵文史，兼通雜藝，博奕書算，皆其所長。……（沈）約乃曰：天下唯有文義棊書，卿一時將之，可謂不廉也。

⑫《中國圍棋史趣話》（朱銘源著，蜀蓉棋藝出版社一九九〇—六）附錄，對渡部義通《古代圍棋的世界》評語說：「渡部氏下結論：弈、博都是圍棋的通稱。」博弈在三國時代可作圍棋解釋，……《吳志、孫和傳》：蔡穎好弈，太子孫和命韋昭寫篇《博弈論》諷勸：「夫一木之枰，孰與方國之封，枯棋三百，孰與萬人之將」又《魏志》王粲觀人圍棋壞，粲爲復之，不誤一道。王粲死了，曹植作《仲宣誄文》曰：「何道不洽，何藝不閑，棋局逞巧，博弈爲賢。」筆者以爲，參考⑪的記述，梁代也可以作圍棋解釋。

⑬參考《漢魏六朝文學論集》（逯欽立著、陝西人民出版社一九八四）所收鍾嶸《詩品》叢考，四《詩品》體例。

⑭《中國文學理論史》第四章純文學性詩學的開端——鍾嶸《詩品》。

《文心雕龍》和《詩品》比較札記

⑮ 蕭綱有和鍾嶸類似的看法。吳光興先生說：「在理論上，蕭綱公開確定，講審美的文學，和講道德的生活，是完全不相干的兩個領域。……這既超越了中國正宗詩教對文學的道德教化的功利要求，……而是表現了一種較清醒和自覺的審美追求。……但是，蕭綱的文學有一個致命的弱點，在將道德驅趕出詩國的同時，他錯誤地將容易與道德發生瓜葛的個人情志以及日常生活情感一並放逐。於是，詩歌永遠喪失了「感動」式的強衡動，只剩下甜蜜蜜的軟刺激。」（論蕭綱和中國中古文學，《文學評論一九九一—一》）

⑯ 參考《文心雕龍》書名發微，李慶甲（《文心識隅集》所收上海古籍出版社一九八九。）

附記：寫作這篇文章以前，得到了王運熙先生的寶貴意見，借此地方，表示謝意。

錢基博《文心雕龍校讀記》探究

顔 瑞 芳

一、前 言

自南朝齊和帝中興年間，《文心雕龍》書成①，歷隋唐、兩宋，無論是否如當代學者所謂：「唐人對《文心雕龍》加以評論者寥寥無幾，這些評論也沒有發生什麼大的影響。……在宋代，論及《文心雕龍》的人也很少，影響遠不及唐代之大。這是由於《文心雕龍》的思想，很難與宋代推崇陶淵明，崇尚平淡之美的風尚合拍。」②或言「宋朝以後，文學批評並不以客觀作品爲主，並不想建立一套客觀的評價標準與修辭法則。反而強調主體，強調『默會致知』」③分別從美學風尚的轉變、批評觀點的移易，來解釋《文心雕龍》在這時期遭受冷落的原因；不過，以《文心雕龍》的鑒周識圓、體大思精，而須待七百年後，兩宋交替之際的辛處信始爲之作注，且辛處信的《文心雕龍注》，亦早已史留空目，不見原書④，則終究是一件憾事。

明清以來，《文心雕龍》受到越來越廣泛的注意⑤，爲之評點、校注之學者代有其人，重要者如明王惟儉《文心雕龍訓故》、楊升菴《文心雕龍》批點，清黃叔琳《文心雕龍輯注》及紀昀《文心雕龍》評。民國以後，《文心雕龍》成爲各大學中文系研讀的科目，黃季剛先生講學北大，於民國初年撰成《文心雕龍札記》若干卷；范文瀾則以六年漫長時光，成《文心雕龍注》百餘萬言，黃札范注，久已蜚聲學界，後之治《文心雕龍》者，亦多由此取徑。而與黃、范二書同時之錢基博先生《文心雕龍校讀記》，則幾已湮沒於時光洪流，不爲人知，這未始不是另一件憾事！

二、錢基博其人其事

錢基博，字子泉，又字啞泉，別號潛廬，自署著書之室曰「後東塾」，江蘇無錫人。生於淸光緒十三年二月初二日（一八八七年二月二十四日）。卒於民國四十六年（一九五七年）⑥，年七十一歲。

錢家三世傳經，爲童子師。基博五歲從長兄受書，九歲畢《四書》、《易經》、《尙書》諸書，皆能背誦。十歲，伯父仲眉敎爲策論，課以熟讀《史記》、儲氏《唐宋八家文選》，而性喜讀史。十六歲，草〈中國輿地大勢論〉，刊於梁啓超主編之《新民叢報》，又倣陸機〈文賦〉，撰〈說文〉一篇，刊於劉師培主編之《國粹學報》，意氣甚盛。唯父祖者公誡以杜門讀書，毋得以文字標高揭巳，以是益加沈潛力學。

辛亥軍興，錢氏投身軍旅。民國元年，加入由吳敬恒、蔡元培等發起之「進德會」。二次革命失敗後，直隸都督趙秉鈞、江蘇都督馮國璋皆以秘書招，謝不往。會無錫第一小學國文敎員缺，校長顧祖瑛欲延聘之，唯以薪資微薄，基博文章又有高名，辭頗囁嚅。基博笑曰：「吾家三世爲童子師，何所不足於我乎？」欣然以往，自是委身杏壇。其後歷任江蘇第三師範學校國文經學教員、聖約翰大學國文教授、國立清華大學國文教授、第四中山大學中國語文學系主任、私立無錫國學專修學校教務主任、光華大學中國文學系主任及文學院院長、藍田師範學院國文系主任等。嘗自謂其讀書講學之生活：「生平無營求，淡嗜欲而勤於所職；暇則讀書，雖寢食不輟，怠以枕，餐以飴，講學孜孜，以摩諸生，窮年累月，不肯自暇逸。」宜乎其服膺諸葛武侯澹泊明志，寧靜致遠之高識。

錢氏詁經譚史，旁涉百家，自謂集部之學，海內罕對。子部鉤稽，亦多匡發。自言所著文章「取詁於許書，緝采斆蕭選，植骨似揚馬，駛篇似遷愈。雄厚有餘，寧靜不足；密於綜覈，短於疏證。」又自題楹聯云：「書非三代兩漢不讀，未爲大雅；文在桐城陽湖之外，別闢一塗。」慨然有韓昌黎「非三代兩漢之書不敢觀」之志。其嘗於民國十八年撰《韓愈志》，又於四十六年初加以增訂，並於臨終前爲增訂本《韓愈志》作序，⑦可見其對韓文之喜愛與重視。

錢氏著作刊布於世者不下二十種，除《韓愈志》外，尤有《韓愈文讀》、《明代文學》、《現代中國文學史》、《古籍舉要》、《四書解題及其讀法》、《周易解題及其讀法》、《讀莊子天下篇疏記》、《板本通義》、《駢文通義》、《古文辭類纂解題及其讀法》、《後東塾讀書記》、《名家五種校讀記》、《文心雕龍校讀記》等，其中，後兩種分別列爲「無錫國學專修學校」叢書之第九、第十種。⑧

三書——讀書、教書、著書，是錢氏一生之最佳注腳。因其所學既精且博，發爲文章，每能左右逢源、旁徵博引，別具洞見。則其《文心雕龍校讀記》，雖已爲學界遺忘半個世紀，然必當有其不可輕忽之價值。

三、《文心雕龍校讀記》成書梗概

(一)著述原因

作爲「無錫國學專修學校」之講義，《文心雕龍校讀記》之作，蓋爲抉發《文心雕龍》成篇之微旨，使學者於研讀各篇之前，先有一提綱挈領之認識，而更能掌握彥和爲文之用心。

然而，載籍浩瀚，《文心雕龍》之研究，於當時亦猶未盛，錢氏何以鍾情於是書，而取之以爲講授之資？觀其《文心雕龍校讀記》「跋」，或可略知一二：

彥和《文心》，蓋發憤鬱組之所為作。其大指歸於振經誥以捄雕藻，先理道而後文華。……原道以開宗，徵聖以明義，裁叡浮濫，還宗經誥。蓋樹八家古文之規模，而掃六朝儷體之縟蕪者也。

此乃就文學思想之正確，肯定《文心雕龍》之崇高價值。「跋」又云：

特其文章，好為偶對，駢四儷六，足於徐庾外獨樹一幟。孝穆長書記，而善於言事；子山工碑版，而擅鋪敘。而彥和《雕龍》，則善議論，而工析理，咸以所長，鼎足千古。

則彥和之文章，尤其議論、析理之長，自亦足爲學者師法之典範。

尤當注意者，錢氏於〈序志〉「發指」中，嚴詞批評黃季剛《文心雕龍札記》之非：

彥和自序《文心》之作，本乎道，師乎聖，體乎經，而致慨於「去聖久遠，文體解散，辭人愛奇，言貴浮詭。飾羽尚畫，文繡鞶帨。離本彌甚，將遂訛濫。」矯世救枉，意躍言表。而見近人黃侃《文心雕龍札記》，乃謂「彥和之意，以為文章本貴修飾」，可謂強作解人矣。庸詎知原道、宗經，彥和所論，乃唐韓愈古文之先聲乎？

按：黃氏《文心雕龍札記》於序志篇「古來文章，以雕縟成體」句下云：「此與後章文繡鞶帨離本彌甚之說似有差違，實則彥和之意，以爲文章本貴修飾，特去甚去泰耳。全書皆此旨。」⑨大抵而言，錢氏以爲《文心》要旨乃「振經誥以捄雕藻，先理道而後文華」——先「道」後「文」，對黃氏以「文章本貴修飾，特去甚去泰耳」——「道」「文」並重之觀點論《文心》，頗不爲然。因此，《文心雕龍校讀記》「跋」又云：「論者乃謂彥和之意，以爲文章本貴修飾，尙得謂之知言乎？」猶怏怏於黃氏之論。由是觀之，《文心雕龍校讀記》之作，與不滿黃氏之曲解《文心雕龍》之用心，而思有以正之，當不無關係。

㈡成書與出版

《文心雕龍校讀記》「跋」語寫於民國十九年九月十八日，則全書當完成於是時之前。而今所見版本爲民國二十四年六月三十日，由無錫國學專修學校梓行。錢氏另一著作《古籍舉要》書序寫於十九年八月，《現代中國文學史》自序亦作於同年十一月，時正值四十四歲之盛年也。

黃季剛先生於民國三年至八年之間，講《文心雕龍》於北京大學，作爲札記三十一篇，極爲學界所重視。民國八年後，黃氏任敎武昌高等師範學校，將札記印作講義，北平文化學社亦曾將神思以下二十篇刊布，⑩故錢氏得見而品論之。至於范文瀾（字仲澐，浙江紹興人）之取黃叔琳《文心雕龍輯注》，參以顧千里、黃蕘圃合校本，譚復堂校本，鈴木虎雄校勘記，及趙萬里校唐人殘寫本，別撰新疏，於民國八年始稿，至十四年十月一日，經天津新懋印書館正式梓行，名《文心雕龍講疏》，十八年，北平文化學社刊行《文心雕龍注》上册、中册⑪，其時間猶在錢氏爲《校讀記》作「跋」之前，而書中並未有一語提及范注，其原因未得而知。

㈢全書體例

《文心雕龍校讀記》依劉勰原書五十篇之順序，由〈原道〉第一，至〈序志〉第五十，每篇皆分「發指」與「校勘」兩部分。玆以〈辨騷〉第五爲例（參見《文心雕龍校讀記》第七頁書影）：

其「發指」部份，篇幅最長者爲〈宗經〉第三之五百六十言，餘如〈原道〉、〈徵聖〉、〈明詩〉、〈史傳〉、〈比興〉、〈練字〉、〈總術〉等篇，亦皆有頗爲詳贍之申論，於此亦可約略看出錢氏措意之重心所在。篇幅最短者厥爲〈夸飾〉第三十七，只以四十二字論之，而〈指瑕〉篇則直言：「此篇未能揭要。」

「校勘」方面，據錢氏於「跋」中自謂其取以互讎之本有四：

1. 乾隆三年黃叔琳校注紀昀評朱墨刊本

辯騷第五

發指　正緯者正緯之非配經而作辯騷者辯騷之以繼詩而起然體慢於三代而風雅於戰國所貴酌奇而不失其真翫華而不墜其實與宗經卒稱楚豔漢侈流弊不還意正相發此劉氏之所欲辯也紀昀言詞賦之源出於騷浮豔之根亦出於騷辯字極爲分明誠哉是言也

校勘　小雅怨誹而不亂黄本漢魏本張本依許天敍改嘉靖本誹作謗　駟虬乘翳嘉靖本漢魏本張本同黄本駟作駉形近而譌　夷羿彃日木夫九首嘉靖本彃作蔽夫作天黄本漢魏本張本依孫汝澄改彃依謝兆申改夫　語其夸誕則如此黄本漢魏本張本同嘉靖本夸作本　固知楚辭者體慢於三代嘉靖本慢作憲黄本漢魏本張本依朱謀㙔據朱本楚辭改　故能氣往轢古黄本漢魏本張本同嘉靖本往作性形近而譌　豔溢錙毫嘉靖本作絕益稱豪黄本漢魏本張本依朱謀㙔改宋本楚辭改

明詩第六

《文心雕龍校讀記》第七頁書影

2. 涵芬樓影印明嘉靖刊本

3. 乾隆辛亥金谿王氏重刊漢魏叢書本

4. 乾隆五十六年長洲張松孫注本

總計全書校勘五百一十二處，其努力固値得推許，不過由於取材所限，加以范文瀾及其後之劉永濟、楊明照、王利器等學者之卓越成就，錢氏在《文心雕龍》校勘上之成績，自難與諸賢比肩。因此，居今而論，其《校讀記》之價値，還在於「發指」方面。

四、《文心雕龍校讀記》「發指」論析

錢氏《文心雕龍校讀記》藉「發指」以提要鉤玄，闡發彥和五十篇之要指所歸，猶賜初學之士以鑰匙，助其開啓《文心雕龍》堂奧之大門，誠可謂用心深遠。語云：隨俗騰說，千篇不値一文；覃思妙語，片言或抵千金。「發指」雖率多蕞爾短製，然自有其獨詣之精彩。以下依其闡述之方式分別言之：

㈠比較異同，以彰明指歸

《文心雕龍校讀記》「發指」中，最常運用之方法厥爲「比較法」。而其所取以相互比較者，有以《文心雕龍》前後篇章之比較；有以《文心雕龍》與同時代之文論主張相比較；有以《文心雕龍》與後代文評觀念相比較。蓋《文心》之作，雖各篇有各篇之立論重心，而篇與篇之間亦自有其聯繫與照

應，固不可不互爲參證；卽其與前後代文論，有名同而實異者，有名異而實近者，亦不可不斟酌辨明。

甲、《文心雕龍》各篇之相互比較

〈原道〉、〈徵聖〉、〈宗經〉爲彥和文學思想之核心，而「道沿聖以垂文，聖因文以明道」，⑫三篇實有密切之關係。錢氏《校讀記》「發指」中，於〈徵聖〉、〈宗經〉之異同，有精到之闡發：

此篇與前篇〈徵聖〉貌異心同，徵聖亦言宗經，惟〈徵聖〉明斯文之足言；〈宗經〉徵文理之宗匠。〈徵聖〉論繁略隱顯，以明修辭之有法；〈宗經〉徵詩書五經，以見立言之攸體。……

作者先總說其所謂〈宗經〉、〈徵聖〉貌異心同之理由，接著列舉〈徵聖〉：「文成規矩，思合符契。或簡言以達旨，……體要與微辭偕通，正言共精義並用。」以印證其「論繁略隱顯，以明修辭之有法。」列舉〈宗經〉：「論說辭序，則易統其首；……六則文麗而不淫。」以印證「此則徵詩書五經，以見立言之攸體也。」結語則謂：「本經術以爲文宗，斯豈六代文士所知？而卒之曰：『楚豔漢侈，流弊不還；正末歸本，不其懿歟！』斯其不愜雕藻，何啻大聲疾呼！」論〈徵聖〉、〈宗經〉而拈出彥和「不愜雕藻」之用心，亦隱然有意批駁黃季剛「彥和之意以爲文章本貴修飾」也。

〈神思〉「發指」，則扣緊「上篇以上，綱領明矣。」「下篇以下，毛目顯矣。」⑬之區分，進一步加以闡述：

前二十五篇，重在辨體，〈原道〉以標首，而揭自然以為宗；後二十五篇，蕲於明法，〈神思〉以提綱，而䠶虛靜以見意。

將〈神思〉於下篇之地位，與〈原道〉於上篇之地位相提並論；而以〈神思〉「虛靜」，與〈原道〉「自然」遙相呼應，皆會心有得之精論。其謂「前二十五篇，重在辨體」，「後二十五篇，蕲於明法」，與范文瀾所論：「《文心》上篇剖析文體，爲辨章篇製之論；下篇商榷文術，爲提挈綱維之言。」⑭正相符合。

此外，〈正緯〉「發指」：「經用明道，緯實詭理，而曰無益經典，有助文章，此可以定文學與理學之畦封。然經教不刊，故曰宗；緯文倍適，必以正。」〈明詩〉「發指」：「原詩之所爲作，曰『人稟七情，應物斯感；感物吟志，莫非自然。』與原道篇開宗明義稱『自然之道』同指。」或比較其異，或覈論其同，皆有助於讀者對《文心雕龍》之融貫。

乙、與同時代文論之比較

錢氏《文心雕龍校讀記》中，所參較之兩晉南北朝文論作品，主要有：陸機〈文賦〉、鍾嶸《詩品》、蕭統《昭明文選》序、沈約《宋書·謝靈運傳》。如〈明詩〉「發指」謂：

鍾嶸品詩，最其論旨，亦以勿墮理障、勿用事、勿拘四聲為尚，要厥歸趣，不出「感物吟志，莫非自然」之旨，其論有與劉氏〈明詩〉相發者：鍾嶸謂：「吟咏情性，亦何貴於用事？『思君如流水』，既是卽目；『高臺多悲風』，亦惟所見；……觀古今勝語，多非補假，皆由直尋。」

此劉氏稱建安以明詩，所謂「造懷指事，不求纖密之巧；驅辭逐貌，惟取昭晰之能」者也。……

……惟鍾嶸品詩，裁其品藻；而劉氏明詩，晰其流變，斯不同耳。

指出《詩品》論詩與彥和〈明詩〉，於反對過份雕琢、用事，有足相發者。而《詩品》評郭璞詩「文體相輝，彪炳可翫，始變永嘉平淡之體，故稱中興第一。」與〈明詩〉云「景純仙篇，挺拔而爲俊矣。」之觀點亦合。末謂《詩品》旨在裁品藻，〈明詩〉重在晰流變，一語卽道盡兩者之不同。

〈祝盟〉「發指」則藉「祝」、「盟」二體以「誠」、「信」爲體要，說明劉勰論文「以立誠爲宗，不以能文爲本。」與蕭統選文，因「老莊之作，管孟之流，蓋以立意爲宗，不以能文爲本」⑮而略諸，其觀念正大相逕庭：

祈福以降神之謂祝，而曰：修辭立誠，在於無媿。約誓以告神之謂盟，故知信不由衷，盟無益也。蓋以立誠為宗，不以能文為本。祝史陳信，資乎文辭，而卒言之曰：非辭之難，處辭為難。卽此可證《文心》、《文選》之歧趨。

〈論說〉「發指」則比較劉勰、陸機二人討論「論」、「說」二體之得失：

……陸士衡〈文賦〉：「論精微而朗暢，說煒曄以譎誑。」煒曄譎誑之說，信如彥和所譏矣。至云「論精微而朗暢」，則與彥和之言相發。「精微」以意言；「朗暢」以辭言。彌綸羣言，斯朗暢矣；研精一理，斯精微矣。

《文心雕龍‧論說》云：「披肝膽以獻主，飛文敏以濟辭，此說之本也。」而陸氏直稱『說煒曄以譎詿』，何哉？」此錢氏所謂彥和之譏也。蓋劉勰既主張先道後文，又特別強調文人「程器」之重要，則譎詿云云，自與其文學思想扞格不入。〈論說〉又謂：「論也者，彌綸羣言，而研精一理者也。」錢氏持此語與陸機精微朗暢之說相生發，當足以讓陸、劉二人頷首稱善。

餘如〈銘箴〉「發指」引〈文賦〉「銘博約而溫潤，箴頓挫而清壯」之說以相參；〈聲律〉「發指」引沈約「宮商相變，低昂舛節」⑯之說相證，惜錢氏於此並未詳加申論。

丙、與後代文論之比較

錢基博於《文心雕龍校讀記》「跋」云：「黃校注頗有遺議，而紀評之於訓詁義理，則覈審歸於至當。」對黃注、紀評之優劣略加比較。而〈原道〉「發指」亦云：「紀昀評『齊梁文藻日競雕華，標自然以爲宗，是彥和喫緊爲人處。』誠哉是言也。」此外，《校讀記》未有引述其他評注家言。不過，於宋代以後之文論主張，卻頗有涉及，如〈原道〉「發指」，比較周敦頤「載道」與劉勰「原道」說之區別：

周濂溪稱文以載道，所以顯文章之大用；而劉勰則論文原於道，所以探制作之本原。以爲濂溪就文章之發用言「載道」，彥和自文章之本原論「原道」，兩者貌似異而神實合。〈諸子〉「發指」則比論《古文辭類纂》與《文心雕龍》於「諸子」、「論」二種文體之離合關係：

桐城姚鼐為《古文辭類纂》，以為「論辨者，蓋原於古之諸子，各以所學著書詔後世。」而彥和則別諸子以離於論，以為「陸賈《新語》、賈誼《新書》、……咸敘經典，或明政術。雖標論名，歸乎諸子。何者？博明萬事為子，適辨一理為論。彼皆蔓延雜説，故入諸子之流。」辭若相破而義相成。

《古文辭類纂》分文體爲十三類[17]，與《文心雕龍》分爲二十種文體，一百七十九種子目[18]，其詳略繁簡自有極大差異，故於兩種相關文體有或分或合之不同。

《文心雕龍校讀記》引論劉熙載《藝概・文概》多見，如〈總術〉「發指」云：

> 總術者，總百慮於一致，以是為術焉爾。興化劉熙載〈文概〉曰：「《國語》言：『物一無文』，後人當更知物無一則無文。蓋一乃文之真宰，必有一在其中，斯能用夫不一者也。」此之謂總矣。然而，總之必有其術焉。〈文概〉又曰：「《文心雕龍》謂：『貫一為拯亂之藥』，余謂：貫一尤以泯形迹為尚。唐僧皎然論詩所謂『抛鍼擲線』也。又曰：「一語為千萬語所託命，是為筆頭上擔得千鈞。然此一語正不在大聲以色，蓋往往有以輕運重者。」此則總術之謂也。

錢氏此處接連引用〈文概〉之三段文字，以說明「總術」之方，首在「一」以總之，而其化境則在泯形滅迹、抛鍼擲線、以輕運重，有致「一」之功，而不見用「一」之力。而〈練字〉「發指」亦引〈文概〉所謂：「文中用字，在當不在奇」之說，與錢氏主張之「文之工拙，原不在字之奇否」相證，從另一個角度詮釋劉勰「避詭異」[19]的觀點。

又如〈附會〉「發指」引曾文正公〈復陳右銘太守書〉：「一篇之內，端緒不宜繁多，譬如萬山旁薄，必有主峯；龍袞九章，但挈一領。否則，首尾衡決，陳義蕪雜，玆足戒也。」以與劉勰「總文理，統首尾，定與奪，合涯際，彌綸一篇，使雜而不越」之術相互發明，雖時移世殊，而「附辭會義，務總綱領」⑳之馭文理則，固無古今之別也。

㈡分析字句，以窮究義蘊

除藉「比較法」以參酌引證，《文心雕龍校讀記》中，偶亦針對某一術語，不憚其煩，反覆剖析。如〈徵聖〉「發指」云：

……「銜華佩實」四字，厥為彥和衡文之準繩。而綞以贊曰：「精理為文，秀氣成采。」秀氣成采之謂「銜華」；精理為文之謂「佩實」。《昭明文選》序謂：「老莊之作，管孟之流，蓋以立意為宗，不以能言為本。」而鍾嶸品詩則曰：「永嘉時，貴黃老，稍尚虛談，於時篇什，理過其辭，淡乎寡味。」此佩實而不銜華者也。……及其大壞也，儷偶章句，使枝對葉，文不足言，言不足志，此銜華而不佩實者也。銜華而不佩實，其敝極於齊梁之雕藻；佩實而不銜華，其末流為宋元之語錄。為失不同，其敝則一。唯銜華而佩實，乃聖文之雅麗。佩實斯雅；銜華則麗。……

此段文字完全扣緊「銜華佩實」四字發揮，先引贊語：「精理爲文，秀氣成采」，分別爲「佩實」、「銜華」作注脚，再從文學流變之立場，說明華、實不能兼顧，在不同時代所產生之流弊。透過層層分析，將「聖文之雅麗，固銜華而佩實也」之義蘊，闡發得淋漓透澈。

㈢追溯源流，以洞曉本末

錢氏於「發指」中，對文體之原始本末，間亦能在《文心雕龍》「原始以表末」之基礎上，加以闡發。如〈史傳〉「發指」：

史之與傳，本不連類。……記事謂之史，轉經謂之傳，來歷既殊，用途不同。……傳之隸史，肇於馬遷以配本紀。蓋紀者，編年也；傳者，列事也。紀以包舉宏綱，猶春秋之經；傳以委曲衆端，猶丘明之傳。丘明則傳以解經；馬遷則傳以釋紀也。而彥和謂左氏「附經間出，於文為約，而氏族難明。及史遷各傳，人始區分，詳而易覽，述者宗焉。」厥為史家有傳之俶落。……彥和妙識文心，而史學非其當行，亦復洞明本末如此。

將史、傳由春秋時代「本不連類」之關係，至司馬遷隸傳於史之來龍去脈，推衍得更爲明晰。

五、錢氏研究《文心雕龍》之特色

民國以來，中外學者頗多致力於《文心雕龍》之研究，或注釋、或校勘、或翻譯、或探究其「文論術語」，或與西方文學理論比較研究，使「龍學」成爲當代之顯學。在衆著紛陳中，《文心雕龍校讀記》是否有其獨樹一幟之特色，爲他書所無可取代者？吾人以爲，最値得一提者，厥爲其致力於貫通《文心雕龍》與唐宋八大家（尤其是韓愈）間之關係，使兩者之文學思想與創作理論相呼應。

錢基博先生在《韓愈志・古文淵源篇》謂：

……有嬌劉勰，颷起孤寒，嘗夜夢執丹漆之禮器，隨仲尼而南行，……於是撰《文心雕龍》五十篇，論古今文體，而冠以〈原道〉、〈徵聖〉、〈宗經〉三篇。……其大指歸於振經誥以捄雕藻，探理道而砭文華；儻樹八家古文之典則，而掃六朝儷體之縟蕪者乎！

認爲彥和「振經誥」、「砭文華」之文學思想，對唐宋八大家之古文創作，有絕大之影響。同樣之論點，亦出現於《文心雕龍校讀記》「跋」及〈序志〉、〈徵聖〉兩篇之「發指」中㉑，若非錢氏自矜爲會心有得之見，寧須如此不憚其詳？

此外，錢氏又從幾個不同角度，論及《文心雕龍》與唐宋八家之關係：

㈠彥和「理」、「氣」之說，開八家之先聲

〈風骨〉「發指」云：

劉氏以為豐藻克贍，風骨不飛，則振采失鮮，負聲無力，是以綴慮裁篇，務盈守氣。茲術或違，無務繁采。〈神思〉一篇，旣云「酌理以富才」，及此著論，又欲盈氣以振采。曰理與氣，文心攸寄。實開八家之先聲，而為六朝之異軍。

指出〈神思〉所云之「理」與〈風骨〉所論之「氣」，開八家之先聲。蓋唐宋八家之寫作理論中，頗注重明道與養氣㉒。關於「明道」，柳宗元〈答韋中立論師道書〉云：「及長，乃知文者以明道；是故不苟爲炳炳烺烺，務采色、夸聲音，而以爲能也。」歐陽修亦謂：「大抵道勝者，文不難而自至也。」㉓而蘇軾則稱許韓愈「道濟天下之溺」㉔，可見八家「先理道而後文華」之不虛。關於「養氣」，韓愈謂：「氣盛，則言之短長與聲之高下者皆宜。」㉕蘇轍則指出「文者，氣之所形。然文不可以學而能，氣可以養而致。」並指出養氣之方，在周覽名山大川、交遊天下豪俊、瞻仰賢人光耀。㉖柳宗元亦有爲文四懼：戒輕心、怠心、昏氣、矜氣。此皆養氣之至理名言。今之學者論八家養氣之說，往往推源於孟子㉗，殊少提及《文心雕龍》。

㈡彥和「通變」說與古文創作之關係

〈通變〉「發指」云：

《舊唐書·韓愈傳》載：「愈常以為魏晉以還，為文者多拘偶對，而經誥之指歸，不復振起，故所為文，抒意立言，自成一家。」而劉氏言通變，則曰：「楚漢侈而豔，魏晉淺而綺，宋初訛而新」、「矯訛翻淺，還宗經誥」、「文律運周，日新其業」。變則可久，窮而反本。蓋齊梁之綺麗既成濫調，則經誥之古文轉屬新聲。通變寓於復古，推陳斯以出新。文章轉變，此其關樞。

劉勰認爲要拯救當時「飾羽尙畫，文繡鞶帨，離本彌甚，將遂訛濫」㉘之積弊，只有「還宗經誥」一途，何況「經典沉深，載籍浩瀚，實羣言之奧區，而才思之神皐也。」㉙故若能秉有常之體，變無方之數，必能「騁無窮之路，飮不竭之源」。而韓愈於〈答劉正夫書〉謂：「或問：『爲文宜何師？』必謹對曰：『宜師古聖賢人。』曰：『古聖賢人其爲書具存，辭皆不同，宜何師？』必謹對曰：『師其意不師其辭。』」此種「師其意不師其辭」之主張，與劉勰於「宗經」之基礎上談「通變」——卽錢氏所謂「通變寓於復古，推陳斯以出新」，其基本精神實相交通。

㈢八家之中，昌黎擅於興，東坡兼長比興

〈比興〉「發指」云：

比者切類以指事，興則環譬以託諷。……詩有比興，文亦有比興。周秦諸子，去古未遠，孟子得比，莊周善興。戰國一策，處世橫議，恢廓聲勢，辭兼比興。至唐宋八家，昌黎感慨身世，託諷龍馬；東坡颺言切事，尤工設譬以稱於世。

前人喜以比興論詩，錢氏則取以論文，頗具創發性。其謂孟子得比、莊周善興、《戰國策》辭兼比興。而昌黎之託諷龍馬㉚，亦文中之「興」；東坡颺言切事是「比」，工於設譬是「興」。東坡文淵源於《莊子》、《戰國策》，其兼長比興固宜；韓昌黎文出於《孟子》，而能變其比體，成其興製，蓋劉熙載所謂「惟善用古者能變古」㉛也。善用古者「師其意」，能變古者「惟陳言之務去」㉜，此韓文之所以出於《孟子》，而終不同於《孟子》。

唐宋八家之中，柳宗元大量運用比喻、寓言，創作許多類比貼切、興寄獨到之作品，如〈罵尸蟲文〉、〈臨江之麋〉、〈蝜蝂傳〉、〈宋清傳〉等，其善用比興不下韓、蘇，惜錢氏並未加以並論。

六、結　語

錢氏嘗自評其文「密於綜覈，短於疏證。」以此言評其《文心雕龍校讀記》，亦至爲切當。不過，其短處自有前賢後生所可補足者，其長處亦有歷代學者所未至者。尺有所短，寸有所長，在「龍學」之研究範疇中，《文心雕龍校讀記》仍有其無可取代之一面。

《文心雕龍校讀記》之價值，不在於資料之宏富或校訂之周洽，而在於其思想、見解之高度啓發性。首先，作者憑其博學廣識，運用比較、分析、溯源等方法研究《文心雕龍》，尤其參酌取證、旁推交通歷代之文論主張，引出許多値得繼續研究之問題。

其次，由於錢氏兼治韓昌黎文，《文心雕龍校讀記》成書前一年，錢氏卽已寫成《韓愈志》，故而對於劉勰「還宗經誥」之文學思想，與韓愈慨嘆魏晉以還「經誥之指歸，不復振起」之憂患，能兼融俱通，而體察出其間之呼應關係，其再三強調：「庸詎知原道、宗經，彥和所論，乃唐韓愈古文之先聲乎？」直是晨鐘醒人。當學者們猶汲汲於「文心雕龍對唐宋兩代沒有多大影響」之論題，而半世紀以前，錢氏卽默默地，爲彥和思想在唐代文學理論和創作中找到出路。且錢氏致力於結合《文心雕龍》與唐宋八大家之研究，雖所得有限，但畢竟指出一條値得嘗試之途徑。

總括而言，由於錢基博先生是大學問家，而非《文心雕龍》之評注家或專門研究者，故其於《文心雕龍》，旣少疏證入妙之功，亦無鑽礪過分之病，而能著眼大局，立定主意，以闡發彥和爲文之用心。就初學者而言，它固然是探索《文心雕龍》堂奧之入門書；對《文心雕龍》之夙好者而言，它亦開啓許多扇窗口，大有助於研究視野之開拓。

附註

①關於《文心雕龍》之成書時間，請參閱王師更生《文心雕龍導讀》四、〈文心雕龍成書的年代〉。華正書局民國七十七年三月，重修增訂一版。

②李澤厚、劉綱紀《中國美學史》第二卷，第十七章第十節〈文心雕龍的歷史地位〉。谷風出版社民國七十六年十二月，臺一版。

③龔鵬程〈文心雕龍的價值與結構問題〉，文載《書目季刊》第二十一卷第三期。

④有關辛處信注《文心雕龍》之詳情，請參王師更生〈王應麟和辛處信文心雕龍注關係之探測〉一文。

⑤李澤厚、劉綱紀《中國美學史》分析其原因：「這主要是由於明清古文寫作大有發展（但性質不同於唐代古文）；八股文的出現又使文章寫作與士人的入仕做官緊密相聯，對文章作法的考究流行起來，而《文心雕龍》恰好是第一本詳論文章作法的書，並帶有很大的實用性，所以它的引起廣泛注意是很自然的。」

⑥錢基博先生之生平，參見〈錢基博自傳〉（原載《光華大學半月刊》三卷八期，成偉出版社印行之《現代中國文學史》收爲附錄）、關志昌〈錢基博〉（《傳記文學》第二三四期）、姜穆〈錢鍾書以默獲存〉（《三十年代作家論・續集》，東大圖書公司）等文。

⑦自序云：「余年四十三歲，寫《韓愈志》，迄今七十一，忽忽二十八年，覆勘一過，隨篇增訂。末篇〈韓集籀讀錄〉第六，從前祇論韓文，題〈韓文籀續集〉；其實韓詩亦別出李、杜，以開宗而自創格。……」

⑧其他尚有陳衍《通鑑紀事本末書後》、陳鼎忠《孟子概要》、陳衍《史漢文學研究法》、唐文治《禮記大

義》、《十三經提綱》、《周易消息大義》、朱文熊《莊子文義》、馮振《老子通證》、葉長青《文史通義注》。

⑨ 見《文心雕龍札記》頁七，文史哲出版社，民國六十二年六月再版。

⑩ 參見潘師石禪《文心雕龍札記》跋，及王師更生〈研讀文心雕龍的門徑〉文中「重要參考資料簡介」。

⑪ 參見王師更生《文心雕龍范註駁正》一、〈范註成書經過〉。華正書局，民國六十八年十一月初版。

⑫ 《文心雕龍·原道》

⑬ 《文心雕龍·序志》

⑭ 見范文瀾《文心雕龍注》，頁四九五。學海出版社，民國六十六年八月初版。

⑮ 梁蕭統《昭明文選》序。

⑯ 沈約《宋書·謝靈運傳論》。

⑰ 姚鼐《古文辭類纂》所分文體十三類爲：論辨、序跋、奏議、書說、贈序、詔令、傳狀、碑誌、雜記、箴銘、頌贊、辭賦、哀祭。

⑱ 詳見王師更生《文心雕龍研究》第八章〈文心雕龍文體論〉(文史哲出版社，民國七十八年十月增訂三版)、《文心雕龍新論》貳、〈劉勰文體類分學的基據〉(文史哲出版社，民國八十年五月初版)及廖蔚卿《六朝文論研究》第八章「文體論」。(收於《六朝文論》，聯經出版事業公司，民國六十七年四月初版)

⑲ 《文心雕龍·練字》：「是以綴字屬篇，必須揀擇：一避詭異，二省聯邊，三權重出，四調單複。」

⑳ 《文心雕龍·附會》

㉑「跋」及〈序志〉「發指」之相關文字見前引文，〈徵聖〉「發指」則曰：「彥和言：『子政論文，必徵於聖；稚圭勸學，必宗於經』（按：此四句王利器據唐寫本校訂爲「論文必徵於聖，窺聖必宗於經」）何必不與《舊唐書・韓愈傳》稱『經誥之指歸』同趣！」

㉒參見李一之《唐宋八家談文集》引言。正中書局，未著出版年月。

㉓歐陽修〈答吳充秀才書〉。

㉔蘇軾〈潮州韓文公廟碑〉。

㉕韓愈〈答李翊書〉。

㉖蘇轍論氣之主張，見〈上樞密韓太尉書〉。

㉗如楊勇〈論韓文之文氣〉一文中論韓文文氣之成因曰：「韓公的氣，乃由孟子和唐獨孤及、梁肅所影響而成。」一文載《韓愈研究論文集》，廣東人民出版社，一九八八年出版。

㉘《文心雕龍・序志》

㉙《文心雕龍・事類》

㉚韓愈〈雜說四首〉其一、四分別爲「龍說」、「馬說」。

㉛劉熙載《藝概・文概》云：「韓文起八代之衰，實集八代之成。蓋惟善用古者能變古，以其無所不包，故能無所不掃也。」

㉜韓愈〈答李翊書〉

作者簡介 以論文先後爲序

町田三郎 一九三二年一月卅一日生。日本群馬縣人。東北大學文學博士、現任九州大學中國哲學史研究室教授、九州中國學會會長。專攻先秦、兩漢思想史。著有《秦漢思想史》。近十年來兼治日本江戶、明治期之漢學。編有《龜井南冥、昭陽全集》，撰述日本幕末、明治時代漢學家及其著作之論文，如安井息軒之《管子纂詁》，竹添光鴻之《棧雲峽雨日記》，關於《漢文大系》等十數篇。

楊明照 字弢甫，四川省大足縣人。現年八十二歲。四川大學中文系教授。撰有《文心雕龍校注》、《文心雕龍校注拾遺》、《劉子校注》及《學不已齋雜著》四書問世。《抱朴子外篇校箋》上册已打紙型，下册三年後脫稿。全書共百餘萬字，均由中華書局印行。其它舊稿將依次理董出版，爲弘揚祖國優秀文化聊盡綿薄。

岡村繁 一九二二年生。九州大學名譽教授，久留米大學教授。著書：《陶淵明》（ＮＨＫ，昭和四九年）、《文心雕龍索引》（采華書林，昭和五七年）、《中國文學專題三講》（淡江大學，一九八四年）。

竹村則行　一九五二年生。九州大學助教授。論文：〈白居易和天寶遺民〉（文學研究八四，一九八七），〈元曲梧桐雨〉和〈明皇擊梧桐圖〉（東方學八二，一九九一）。

周龍梅　一九六〇年。編譯：《日語漢字小詞典》（廣東科技出版社。一九八八，共編），《村上春樹短編小說集》（南京譯林出版社，印刷中，共譯）

黃錦鋐　男，福建省，莆田縣人，民國十一年生，臺灣省立師範學院國文系畢業，日本國立九州大學文學博士。曾任私立淡江文理學院教授兼中文系主任兼文學部主任。國立臺灣師範大學國文系教授兼主任兼國文研究所所長，現任臺灣師範大學教授。著有《秦漢思想研究》，《莊子及其文學》，《莊子及郭象》，《中學國文教學法》，及有關學術論文等多篇。

王運熙　復旦大學中文系教授，主要著作有《中國文學批評史》（主編）、《魏晉南北朝文學批評史》、《文心雕龍論集》等。

香港中文大學教授。

黃維樑　廣東澄海人，一九四七年生。一九六九年畢業於香港中文大學中文系。一九七六年獲美國俄亥俄州立大學（The Ohio State University）文學博士學位。一九七六年起，任教於香港中文大學中文系。一九八一年秋，任美國威斯康辛大學（The University of Wisconsin at Madison）東亞語文系客座副教授。著述以文學評論爲主，作品見於香港、臺灣、大陸、新加坡、馬來西亞、美國等地刊物。已輯印成書者有：《中國詩學縱橫論》，臺北，洪範，一九七七。《火浴的鳳凰：余光中作品評論集》（編著），臺北，純文學，一九七九。《清通與多姿——中文語法修辭論集》，香港，文化事業有限公司，一九八一；臺北，時報出版社，一九八四。《怎樣讀新詩》，香港，學津，一九八二。《突然，一朵蓮花》，香港，山邊社，一九八三。《中國現代中短篇小說選》上册（與劉紹銘合編），香港，友聯，一九八四。《香港文學初探》，香港，華漢，一九八五。《大學小品》，香港，香江，一九八五。

穆克宏 一九三〇年出生。現任福建師範大學中國語言文學系教授、古籍數理研究所所長。專攻中國古代文論和六朝文學。主要著作有《玉臺新詠校註》（點校）、《文心雕龍選》、《文心雕龍研究》等專書及《蕭統〈文選〉三論》、《試論〈玉臺新詠〉》、《漢魏六朝文體論的發展》等論文。

郁 沅 五十四歲，一九六五年北京大學中國文藝思想史專業研究生畢業，現爲湖北大學中文系教授。主要論著有《中國古典美學初編》《古今文論探索》《魏晉南北朝文論選》《文學理論教程》等。

羊列榮 湖北大學文藝學研究生。

謝 昕 湖北大學文藝學研究生。

方元珍 湖北省黃陂縣人。民國四十七年生。中國文化大學中國文學研究所博士班研究生。曾任中國文化大學講師，現任國立空中大學人文學系講師。著有《文心雕龍與佛教關係之考辨》。

蔡宗陽 字伯龍，號逸廬，臺灣省嘉義縣人。一九四五年生。國立臺灣師範大學國文學系、國文研究所碩士班、博士班畢業。曾任中學訓導主任、師大課外活動組主任、助教、講師。現任國立臺灣師範大學國文系所副教授兼中國語文學會執行秘書。求學心路歷程：先從黃師錦鋐學《莊子》，撰碩士論文《莊子之文學》，復從黃師錦鋐、王師更生游，撰博士論文《劉勰文心雕龍與經學》。著有《文燈》、《國學淺說》等書。

張少康 北京大學中文系教授，主要著作有《先秦諸子的文藝觀》、《文賦集釋》、《中國古代文學創作論》、《文心雕龍新探》、《古典文藝美學論稿》等書。

馬　白 汕頭大學中文系教授，主要著作有《文學縱横論》等。

王更生 現年六十三歲，國家文學博士、考試院文官高等考試教育行政人員及格。曾任小學教師、主任、代理校長，公私立中等學校教師、主任，公私立大專院校講師、副教授、教授、校長，現任國立臺灣師範大學國文系、國文研究所教授。主要著作有《文心雕龍研究》、《文心雕龍新論》、《文心雕龍讀本》、《文心雕龍范注駁正》、《文心雕龍導讀》、《國文教學新論》、《晏子春秋研究》、《晏子春秋今注今譯》、《中國文學的本源》、《中國文學講話》等。

甲斐　勝二　一九五七年，生於宮崎縣。一九八二年，畢業九州大學大學院碩士課程。現在福岡大學人文學部副教授。主要研究六朝文學和文論，其論文有：《文心雕龍》的基本特色、同其二、同其三等。

顏瑞芳　臺灣省臺南縣人，民國四十八年生。國立臺灣師範大學國文系、國文研究所碩士班畢業，博士班肄業。曾任臺北縣泰山國中教師、中央日報長河版編輯，現任師大國文系助教。著有《劉基宋濂寓言研究》及單篇論文數篇。